孔学门径

马平安 著

中国工人出版社

目录

第一章　孔子、孔学与儒学

孔子小传

公元前 551 年 9 月 22 日（周灵王二十一年，鲁襄公二十二年夏历八月二十七日），孔子生于鲁国陬邑昌平乡（今山东曲阜城东南）尼山附近，因父母祷于尼山而生，故名丘，字仲尼。

司马迁说，孔子的祖先是宋国人。

微子被周公封为宋国的开国君主，微子去世后，遵循殷商传弟不传子的古老风俗，传位于弟弟微仲，微仲是孔子第十四世祖。微仲又三传而至宋湣公。宋湣公有二子弗父何与鲋祀。他也传弟不传子，立弟宋炀公。可是鲋祀不服，杀了宋炀公，欲推兄长弗父何即君位，弗父何断然拒绝。他推掉君位，让鲋祀做国君，自己为上卿。这位弗父何，正是孔子的第十世祖。从弗父何这里，孔子先世开始由诸侯之家转为公卿之家。此后，从正考父到孔父嘉，孔子家族一路下滑，到孔父嘉之子木金父，为避祸逃奔鲁国，身份也因此一落千丈，由公卿之家再降为上层社会的最低一级——士。

我们来看看孔子家族的一路衰落：

商汤（天子）——微仲衍（诸侯）——弗父何、正考父、孔父嘉（卿大夫）——木金父（士）

从商之王族到周之诸侯，再到宋国公卿，最后降为鲁国的士，失去了世袭封地，孔子的祖先最终沦落到必须靠俸禄生存的地步，而要俸禄就必须服务于更高一级的贵族。木金父之孙孔防叔，便是鲁国贵族臧孙氏的家臣，出任臧孙氏采邑——防的邑宰，大约相当于今日的乡长或村长。到孔子父亲叔梁纥时，孔子家族已经完全下降为士，因为他的身份就是鲁国昌平乡陬邑宰。

关于孔子的诞生，历史上的记载大都带有比较神秘的色彩。

在多数人的眼中，认为孔子既然是天下公认的圣人，其诞生必然就应当与普通人不同。历代多事者往往根据自己的需要和主观的想象，不断地对此进行加工创造，不断地添油加醋，故使这件本来再正常不过的事情因此而变得复杂与扑朔迷离起来。

司马迁在《史记·孔子世家》中说：

> 叔梁纥与颜氏女野合而生孔子。

大家知道，司马迁是中国人公认的历史学家的鼻祖。学界一直将他的《史记》作为信史来读。也就是说，对于太史公说史，国人一直持着完全信任的态度。

然而，在孔子出生这个问题上，司马迁却用了“野合”二字。

这“野合”二字，却从此让孔子的孕育诞生，平添了一种神秘与浪漫的味道。

也许，在司马迁的时代，“野合”二字的含义与今天我们理解的完全不同。但这只是一种假设，一种猜测，目前还无从求证。

公元前 549 年（周灵王二十三年，鲁襄公二十四年），孔子三岁时，父亲叔梁纥死，孔母颜徵在携孔子移居曲阜阙里。

孔子曾说过：

> 吾少也贱，故多能鄙事。
>
> 吾不试，故艺。(《论语·子罕》)

因为幼年贫穷没有地位，所以必须从事许多被人认为是鄙贱低下的事情；因为不能出仕，所以才有机会习得许多生存应该具备的技艺。一个三岁的孩子，在一个十八岁的年轻寡妇抚养下，将会直面多少风雨坎坷？又是如何走上了一条不凡的人生之路？更为不幸的是，公元前 535 年（周景王十年，鲁昭公七年），在孔子十七岁时，母亲颜徵在去世了。这位被孔家赶出家门、含辛茹苦地抚育孔子长大的年轻女人，在生活重压下，过早地结束了自己短暂的一生。母亲的去世，以及安葬母亲所借的花费，都要由这个尚未成年的孔子来承担。这也是孔子少年时“故多能鄙事”的一个主要原因。也就是在其母亲颜徵在去世这一年，孔子赴季氏宴，被季氏的家臣阳虎拒之门外，这对孔子是一个巨大的刺激，从此，他更加发奋学习，决心通过“学而优则仕”来改变自己贫困卑微的命运。

公元前 533 年（周景王十二年，鲁昭公九年），孔子十九岁，娶宋人亓官氏为妻。转过年，孔鲤出生。鲁昭公听说孔子喜得贵子，派人给孔子送了一条大鲤鱼，表示祝贺。孔子非常欣喜，他看看鲁昭公送来的这条活蹦乱跳的大鲤鱼，当即决定，儿子的名就叫鲤，字就叫伯鱼。

> 伯鱼之生也，鲁昭公以鲤赐孔子。荣君之贶。(《孔子家语·本姓解》)

鲁昭公赐鱼，让孔子感到无上的荣耀，更让孔子对鲁昭公充满感激之情。这种因感激而生的报君之意，此后伴随了孔子一生。

孔鲤出生的第二年，即公元前 531 年（周景王十四年，鲁昭公十一年），为了家庭的生计，孔子不顾差事的卑微，开始任季氏家委吏（管仓库的小吏），不久，又改任季氏家乘田吏，管理牛羊畜牧。在这些工作的任上，孔子都做得尽心尽力，一丝不苟。司马迁说：

> 孔子贫且贱。及长，尝为季氏史，料量平；尝为司职吏而畜蕃息。(《史记·孔子世家》)

公元前 525 年（周景王二十年，鲁昭公十七年），孔子二十七岁，鲁国有个附庸小国的国君郯子，到鲁国朝见昭公。郯子自称是少昊氏子孙，孔子称之为“夷”。在鲁昭公举行的宴会上，叔孙昭子问郯子“少皞氏鸟名官”的缘故，引出郯子一大篇古代官名由来的议论，特别夸扬“我高祖少皞挚之立也，凤鸟适至，故纪于鸟”。孔子听说后，就去向郯子请教学问。这是孔子拜名人为师的头一次确凿记录，给孔子留下的印象是何等深刻，这由他到死还在念叨“凤鸟不至”（《论语・子罕》）就可见一斑。当时，郯子虽是小国之君，但普通卑贱者要当面向他请“学”大概还不容易。那年孔子二十七岁，已有十二年学历，由此事也可知他在鲁国已经有点小名气了。[1]

公元前 523 年（周景王二十二年，鲁昭公十九年），孔子二十九岁，学琴于师襄子。对于此事，司马迁在《史记・孔子世家》中有详细的记载：

> 孔子学鼓琴师襄子，十日不进。师襄子曰：“可以益矣。”孔子曰：“丘已习其曲矣，未得其数也。”有间，曰：“已习其数，可以益矣。”孔子曰：“丘未得其志也。”有间，曰：“已习其志，可以益矣。”孔子曰：“丘未得其为人也。”有间，有所穆然深思焉，有所怡然高望而远志焉。曰：“丘得其为人，黯然而黑，几然而长，眼如望羊，如王四国，非文王其谁能为此也！”师襄子辟席再拜，曰：“师盖云《文王操》也。”

公元前 522 年（周景王二十三年，鲁昭公二十年），孔子辞去了在季氏家所从事的“鄙事”职务，独立创办了完全属于自己的

[1] 蔡尚思著：《孔子思想体系》，上海古籍出版社 2013 年版，第 16 页。

“私学”机构。孔子创办私学，解决了自己与家人的经济来源，不再让自己困身于“为五斗米折腰”的尴尬境地。更重要的是，通过创立私学，孔子找到了一条实现自己人生理想的栖身之所，这是他能实现“三十而立”的主要原因之所在。

公元前518年（周敬王二年，鲁昭公二十四年），孔子三十四岁，适周问礼于老聃，观明堂，拜社稷，同年返鲁。

孔子在东周，见到了老子，并向他学礼。

司马迁说：

> 老子者，楚苦县厉乡曲仁里人也，姓李氏，名耳，字聃，周守藏室之史也。（《史记·老子韩非列传》）

老子学识渊博、熟悉历史，精通古代典章礼仪制度，通上下古今之变，社会阅历丰富而又年高德劭。据说，孔子见到老子，向他求教，大概是孔子先侃侃而谈，向老子展示了一下自己对于历史文化掌握的程度与见解。老子听后，不以为然地说：“你所说的那些人，他们的骨头都已经腐烂了，只是他们的言论还在罢了。君子如果时运好，能得到明君的帮助，就出来做官，成就一番事业；可是如果时运不济，没有明君，那就不妨随波逐流，一切听之于命运的安排，没有必要去勉强为难自己。”（《史记·老子韩非列传》）老子对孔子的教导之言，对正值气盛年轻的孔子而言，不啻是醍醐灌顶。此前的孔子，以孤贫之身锐意进取，不折不挠地向着既定目标前行。老子这样不客气地教导孔子，如同当头棒喝，或许对当时正值血气方刚的孔子，还一时接受不了，但对于孔子此后的人生，又何尝不是一种十分明确的预言呢？

公元前 517 年（周敬王三年，鲁昭公二十五年），孔子三十五岁。鲁昭公率师攻打季孙氏。季孙、叔孙、孟孙三家联合反抗昭公，昭公兵败奔齐。孔子因鲁内乱经泰山适齐，遇一女子哭诉亲人被虎咬死仍不愿离开此地时，不由发出“苛政猛于虎”的慨叹。这一年，孔子到齐国后为高昭子家臣，并由高昭子引见得以拜见齐景公。司马迁说：“孔子适齐，为高昭子家臣，欲以通乎景公。”（《史记·孔子世家》）高氏自齐襄公时起，与国氏并为国卿，是齐国最有影响的贵族巨室之一。孔子希望通过这条渠道，达到他通君从政的目的。

公元前 516 年（周敬王四年，鲁昭公二十六年），孔子三十六岁，在齐，闻《韶》乐，三月不知肉味，音乐修养得到很大的提高。同时，孔子也得到了齐景公的问政。他在答齐景公问政时说：政治首先在于正名，恢复“君君，臣臣，父父，子子”的社会秩序；其次，政治在“节财”。孔子的主张得到齐景公的认可。为了表示对孔子的信任和优待，齐景公准备把尼谿这地方的土地分封给孔子作为食邑（《史记·孔子世家》）。另外，他还私下透露说，将以鲁国对待季氏那样待孔子“以季孟之间待之”（《论语·微子》）。然而，齐国当权者却不同，他们反对齐景公对孔子的重用。据《墨子·非儒》中记载，晏婴听到齐景公将要重用孔子的消息后，不以为然。他找到齐景公，在景公面前批评孔子学说，指责孔子宣扬的那一套礼乐，使人“累寿不能尽其学，当年不能行其礼”，“其道不可以期世，其学不可以导众”，等等。

公元前 515 年（周敬王五年，鲁昭公二十七年），孔子三十七岁。齐大夫扬言欲害孔子，孔子被迫返鲁。孟子说：“孔子之去齐，接淅而行。”（《孟子·万章下》）当时孔子正在淘米，便决定离开齐国，以致淘的米要边走边滤干，完全是一副仓皇出逃的模样。

孔子适齐，是他一生从事政治活动的一次预演。用自己的政治智慧干政，孔子对此是充满信心的。但是，他充满希望，却到处不见用，到处碰壁，这就是孔子在政治上的一生。此后，他再也没有到过齐国。

公元前514年（周敬王六年，鲁昭公二十八年）孔子返鲁后，对政治有些灰心丧气，又重新潜心学问，集中精力办理自己的私学，此后有好多年，他都没有再从事实际的政治活动，只不过是偶尔对当时发生的政治事件进行若干评论。例如，公元前514年，晋国六卿灭掉祁氏、羊舌氏两家贵族，将后者的采邑分成十县，由六卿之子分任县大夫，严重削弱了晋国公室。但孔子却对主持其事的晋国执政魏舒加以称赞，说他“近不失亲，远不失举，可谓义矣”（《左传·昭公二十八年》）。这似乎是在支持晋国六卿破坏旧传统。但到下一年，即公元前513年，晋国六卿里的赵鞅、中行荀寅在晋国征铁铸刑鼎，刻上范宣子所作的刑书时，孔子却对此大加讥评，说是“晋其亡乎，失其度矣”。孔子的意思很明白，废弃了西周初晋国初祖唐叔的法度，使民众拿刑鼎作根据，就不会尊事贵人，固有社会等级秩序就会加速崩溃。孔子说：“贵贱无序，何以为国？”（《左传·昭公二十九年》）这很明显地是在反对晋国六卿破坏旧传统。自此以后，凡事关保存传统的礼，他便不再动摇，自觉地站在反改革一边。由此也可理解孔子为什么自述“四十而不惑”。所谓惑，他本人曾下过定义：“爱之欲其生，恶之欲其死，既欲其生，又欲其死，是惑也。”（《论语·颜渊》）是非爱憎没有固定标准，对于同一种人同一类事便会作出极端相反的判断，这就叫乱。显然，他对于晋国礼乐征伐自大夫出所作的矛盾评价，正反映了他还没有克服“心惑”，还没有最终确定自己的好恶标准。因此，所谓不惑，只能理解为他从此确定了自己的政治立场，这就是所谓的“克己复礼”（《论语·颜渊》）。但孔子虽然已对世道的变化“不惑”，却还没有找出自以为是最好的救世药方，即所谓“知天命”。他为此又探求了十余年。“孔子不仕，退而修《诗》《书》《礼》《乐》，弟子弥众，至自远方，莫不受业焉。”（《史记·孔子世家》）

公元前506年（周敬王十四年，鲁定公四年），孔子四十六岁，他带学生往观鲁桓公庙，问欹器，发挥“持满”之道说：“吾闻宥坐之器者，虚则欹，中则正，满则覆。”（《荀子·宥坐》）这表明，他对老聃的教诲是听了进去的。

公元前505年（周敬王十五年，鲁定公五年），孔子四十七岁，鲁国季平子卒，季氏家臣阳虎乘机作乱篡政。阳虎欲劝孔子出仕，孔子避之。《论语·阳货》篇留下了二人一段相当精彩的场景和对话：

> 阳货欲见孔子，孔子不见，归孔子豚。孔子时其亡也，而往拜之。遇诸涂。谓孔子曰：“来！予与尔言。”曰：“怀其宝而迷其邦，可谓仁乎？”曰：“不可！”“好从事而亟失时，可谓知乎？”曰：“不可！”“日月逝矣，岁不我与。”孔子曰：“诺，吾将仕矣。”

公元前 502 年（周敬王十八年，鲁定公八年），孔子五十岁，季氏家臣公山不狃招孔子出仕，被子路劝阻。《史记·孔子世家》中很详细地记载了这件事情的始末：

> 公山不狃以费畔季氏，使人召孔子。孔子循道弥久，温温无所试，莫能己用，曰："盖周文武起丰镐而王，今费虽小，傥庶几乎！"欲往。子路不说，止孔子。孔子曰："夫召我者岂徒哉？如用我，其为东周乎！"然亦卒不行。

关于这件事情，《论语·阳货》篇也有记载：

> 公山弗扰以费畔，召，子欲往。子路不说，曰："末之也已，何必公山氏之之也？"子曰："夫召我者，而岂徒哉？如有用我者，吾其为东周乎！"

根据上述两种史料中的记载，对于公山弗扰的邀请，孔子确实心动了，差一点就铸成了大错，幸亏身边有子路这样忠直之人的劝阻才让他晚节有保。

公元前 501 年（周敬王十九年，鲁定公九年），孔子五十一岁时，终于有了从政的机会，这一年，他出任中都（今山东汶上县西）宰。第二年，孔子又相继升小司空。夏、鲁、齐夹谷（今山东莱芜南）之会，孔子以大司寇身份为定公相礼。会盟前，孔子说"虽有文事，必有武备"。因为进行了周密的准备，鲁国取得了这次政治外交的重大胜利，齐国被迫归还郓、灌、龟阴等地。

公元前 499 年（周敬王二十一年，鲁定公十一年），孔子五十三岁，任鲁国大司寇。在大司寇任上，孔子杀少正卯，采取纵深改革“堕三都”，企图从三家贵族手中收回权力归鲁君。堕郈邑（今山东东平县南）、费邑（山东费县）较顺利，堕成邑（今山东宁阳东北）受阻，导致“堕三都”的改革半途而废。

公元前 497 年（周敬王二十三年，鲁定公十三年），孔子五十五岁，在鲁国政治斗争中失败的孔子，被迫去鲁适卫，从此开始他长达 14 年流亡列国的羁旅生涯。

孔子离鲁至卫的路上，替他驾车的弟子是冉求。进入卫境后，孔子曾赞叹卫国人口众多，引出一场师生问答的故事：

> 子适卫，冉有仆。子曰：“庶矣哉！”冉有曰：“既庶矣，又何加焉？”曰：“富之。”曰：“既富矣，又何加焉？”曰：“教之。”（《论语·子路》）

由此可见，当时孔子期望自己在卫国会受到重用，所以准备了施政方案。然而，卫灵公却使孔子失望，表面上给孔子礼遇，骨子里却对孔子并不信任。孔子拿到的俸禄虽富，却没有任何材料说明他曾经参与政事。不多久，卫灵公便对孔子起了疑心，派人公开监视他的行动。孔子待不下去。大约在鲁定公十三年冬，“孔子来，禄之如鲁。后有隙，孔子去。后复来”（《史记·卫康叔世家》）。不过，这一来一去，都没有越出卫境。原来，孔子带着弟子离开卫都，路经匡地（今河南睢县西），忽然受到匡人包围。

据说是因为孔子师徒经过匡时，为孔子驾车的弟子颜刻，因旧地重游而忆起往事，望着城墙一处豁口，用马鞭指着说，他以前随军攻打匡邑，就从那里破城而入。这话恰巧为路边匡邑百姓听见，立即想起当年阳虎率军攻城的惨状，又看到坐在车上的孔子很像阳虎，于是他们立即把阳虎又来匡的消息报告给邑宰匡简子。匡简子马上带领甲士追捕孔子师徒一行。孔子师徒被围困长达五日之久，弟子沮丧，孔子安慰大家说：

> 文王既没，文不在兹乎？天之将丧斯文也，后死者不得与于斯文也；天之未丧斯文也，匡人其如予何？（《论语・子罕》）

孔子以周文王后的文化遗产继承者自居，认为上天如果要消灭这种文化，那就不会让他掌握这些文化了；上天若是不想消灭这种文化，那匡人又能把他怎么样呢？由此可见，孔子所谓“五十而知天命”，很可能就是表明他在那时已经自居为斯文领袖。[1]

再度回到卫国后，“灵公老，怠于政，不用孔子。孔子喟然叹曰：‘苟有用我者，期月而已，三年有成。’”（《史记・孔子世家》）孔子见卫灵公夫人南子，子路不悦。卫灵公与南子还让孔子为次乘游览市容，孔子为此不禁发出了“吾未见好德如好色者也”（《论语・子罕》）的感叹。

公元前 494 年（周敬王二十六年，鲁哀公元年），孔子五十八岁，中牟宰佛肸邀请孔子，孔子意欲应邀赴中牟，遭子路反对未

[1] 蔡尚思著：《孔子思想体系》，上海古籍出版社 2013 年版，第 35 页。

能成行。《论语·阳货》篇中比较详细地记有此事：

佛肸召，子欲往。子路曰："昔者，由也闻诸夫子曰：'亲于其身为不善者，君子不入也。'佛肸以中牟畔，子之往也，如之何？"子曰："然，有是言也。不曰坚乎？磨而不磷；不曰白乎？涅而不缁。吾岂匏瓜也哉？焉能系而不食？"

上述这个故事只能说明：孔子虽然年逾五十，可并未完全达到他所说的"知天命"的境界。

公元前 493 年（周敬王二十七年，鲁哀公二年），孔子五十九岁，因为在卫三年多而不得用，遂决计离卫而去。孔子师徒过曹，适宋，至陈。孔子适宋途中，受宋司马桓魋威胁而微服适郑，然后到陈。

公元前 492 年（周敬王二十八年，鲁哀公三年），孔子六十岁，到陈。鲁国权臣季桓子病重时，曾嘱其子季康子要召回孔子以相鲁，但季康子未按其父嘱行事，只召孔子弟子冉求回国。孔子在陈国三年，同样郁郁不得志，"会晋楚争疆，更伐陈，及吴侵陈，陈常被寇。孔子曰：'归与归与！'"（《史记·孔子世家》）

公元前 489 年（周敬王三十一年，鲁哀公六年），孔子六十三岁，在从陈国前往楚国途中被陈蔡两国大夫派人所困，绝粮七日，一种不安的情绪开始在弟子们的中间蔓延。直性的子路忍不住了，他质问孔子：

在陈绝粮，从者病，莫能兴。子路愠见曰："君子亦有穷乎？”

孔子作答：

君子固穷，小人穷斯滥矣！（《论语·卫灵公》）

对于这件事，《荀子·宥坐》中有这样一段重要的记载：

孔子南适楚，厄于陈、蔡之间，七日不火食，藜羹不糁，弟子皆有饥色。子路进而问之曰：“由闻之：为善者天报之以福，为不善者天报之以祸，今夫子累德、积义、怀美行之日久矣，奚居之隐（穷困）也？”孔子曰：“由不识，吾语女。女以知者为必用邪？王子比干不见剖心乎！女以忠者为必用邪？关龙逢不见刑乎！女以谏者为必用邪？吴子胥不磔姑苏东门外乎！夫遇不遇者，时也；贤不肖者，材也；君子博学深谋不遇时者多矣！由是观之，不遇世者众矣，何独丘也哉！”

经过匡蒲之难与陈、蔡绝粮，孔子对人生的理解与对自己事业的认识有了一个更准确的定位，他越来越清楚地意识到了上天赋予他的真正使命是什么。

在流亡途中，孔子还遇到隐者长沮、桀溺、荷蓧丈人和楚狂接舆等隐士的讽谏。《论语·微子》篇记载了楚国狂人接舆与孔子之间发生的故事：

楚狂接舆歌而过孔子曰："凤兮，凤兮，何德之衰？往者不可谏，来者犹可追。已而，已而，今之从政者殆而！"孔子下，欲与之言。趋而辟之，不得与之言。

这首歌当然是楚狂接舆唱给孔子听的，但是并不直说，而是以凤凰暗喻讥讽孔子。古人往往用麒麟、凤凰代表人中的君子，认为只有太平盛世才能出现这两种祥物，如果在乱世出现，那麒麟、凤凰就相当危险了。接舆的意思相当明显，他在告诫孔子："你想把这个时代挽救过来，这是挽救不了的啊！算了吧，算了吧，这个糟透了的时代是没法挽救了，你这个时候出来求仕实在是太不明智了。"这个故事，多少代表了楚地隐士们对孔子"知其不可而为之"的一片劝谏的苦心。

在楚地，楚大夫诸梁（采邑在叶，人称叶公）问政于孔子，孔子以"近者说（悦），远者来"对之。叶公又问子路孔子是什么样的人物，子路不知如何回答。孔子闻曰："女奚不曰：'其为人也，发愤忘食，乐以忘忧，不知老之将至云尔。'"（《论语·述而》）

公元前488年（周敬王三十二年，鲁哀公七年），孔子六十四岁，由负函（今河南信阳）返卫。其时卫出公与其父蒯聩争夺君位，政局混乱。子路向孔子询问为政之道，孔子说："必也正名乎！……名不正则言不顺，言不顺则事不成，事不成则礼乐不兴，礼乐不兴则刑罚不中，刑罚不中，则民无所措手足。"（《论语·子路》）此后孔子在卫，潜心教学和整理典籍。

公元前484年（周敬王三十六年，鲁哀公十一年），孔子六十八岁，应鲁执政季康子之请，由卫返鲁，至此结束了长达

14 年的流亡生活，这时，他已经进入了垂暮之年。多年周游诸侯各国冀图出仕的失败经历，对孔子刺激很大，既然不复梦见周公，他也就无意再继续求仕。经过近七十年的人生坎坷，孔子早已经达到了“知天命”“耳顺”的境界，彻底清楚了自己的人生定位，这就是要在有生之年，赶快抓紧时间，完成自己“为往圣继绝学”、整理古代文化典籍的历史使命。归鲁后，面对鲁哀公问政，孔子说：“政在选臣。”（《史记·孔子世家》）又问：“何为则民服？”回答说：“举直错诸枉，则民服；举枉错诸直，则民不服。”（《论语·为政》）季康子问政，孔子说：“政者，正也，子帅以正，孰敢不正？”（《论语·颜渊》）季康子又通过冉有问“田赋”之事，孔子说：“君子之行也，度于礼。施取其厚，事举其中，敛从其薄。如是则以丘亦足矣。若不度于礼，而贪冒无厌，则虽以田赋，将又不足。且子季孙若欲行尔法，则周公之典在，若欲苟而行，又何妨焉。”（《左传·哀公十一年》）季康子不纳，亦不用孔子。孔子亦决心不再求仕，潜心整理《诗》《书》，定《礼》《乐》，作《春秋》，继续授业讲学。

公元前 483 年（周敬王三十七年，鲁哀公十二年），孔子六十九岁，子伯鱼卒；孙子伋（字子思）出生。

公元前 481 年（周敬王三十九年，鲁哀公十四年），孔子七十一岁，作《春秋》。司马迁说：

> 子曰：“弗乎弗乎，君子病没世而名不称焉。吾道不行矣，吾何以自见于后世哉？”乃因史记作《春秋》，上至隐公，下讫哀公十四年，十二公。据鲁，亲周，故殷，运之三

代。约其文辞而指博。故吴楚之君自称王，而《春秋》贬之曰“子”；践土之会实召周天子，而《春秋》讳之曰“天王狩于河阳”，推此类以绳当世。贬损之义，后有王者举而开之。《春秋》之义行，则天下乱臣贼子惧焉。

孔子在位听讼，文辞有可与人共者，弗独有也。至于为《春秋》，笔则笔，削则削，子夏之徒不能赞一辞。弟子受《春秋》，孔子曰：“后世知丘者以《春秋》，而罪丘者亦以春秋。”（《史记·孔子世家》）

就在这一年，弟子颜回死，孔子痛哭，说：“噫！天丧予！天丧予！”（《论语·先进》）颜回是孔子心目中最合适的文化传人，他先于孔子离世，这对孔子的打击是巨大的。

公元前480年（周敬王四十年，鲁哀公十五年），孔子七十二岁。卫国发生政变，蒯聩逐其子卫出公而自立，是为卫庄公。在这场劫难中，长期一直忠心耿耿追随孔子的子路死于难，孔子终于因为连年哀痛而彻底病倒，从此日衰一日。

公元前479年（周敬王四十一年，鲁哀公十六年），孔子七十三岁。相传这年夏天，孔子在某天早晨倚门而歌：

泰山坏乎！
梁柱摧乎！
哲人萎乎！

歌声哽咽、苍凉。唱完，不禁老泪纵横。

接着，孔子对前来看望他的子贡交代后事：

“天下无道已经很久了，没有一个当权者能够尊重我的主张。夏朝人死了，灵柩停放在东边的台阶上。周朝人死了，灵柩停放在西边的台阶上；殷朝人死了，灵柩是停在正厅的两根柱子中间。我昨天晚上做了一个梦，梦见我就坐在两根柱子中间，接受别人的祭奠。所以我告诉你，我是殷商人的后代，你要按商代的礼仪来安葬我。”（关于孔子临终前的情况，可参见《史记・孔子世家》《礼记・檀弓上》《左传》以及《孔子家语・终记》等资料。）

从这天起，孔子便卧床不起，七日后，即夏历二月十一日，他溘然长逝。

鲁哀公特写诔文：“旻天不吊，不慭遗一老，俾屏余一人以在位，茕茕余在疚。呜呼哀哉！尼父！无自律。”（《左传・哀公十六年》）孔子死后，众弟子将他葬于曲阜城北泗水南岸。弟子以父礼为他守墓三年，唯子贡为老师守墓凡六年。

笔者看来，在孔子的一生中，他想要做成的事情很多很多。但是，这些想完成的事情都不能算作他的人生理想。其实孔子的人生理想并不复杂，首先，他有着自己的人间大同梦；其次，他想重建东周，也就是恢复周公制礼作乐规范社会秩序的事业；再不然，退而求其次，从大夫、配臣那里夺权，实现公室集权，彻底改变诸侯国中那种卿大夫、配臣执国命的不正常的状态。最后，如果以上都实现不了，那就放下一切，读书育人，春日放歌，悠游林下，去享受自己精神上天人合一的自然状态吧。孔子的一生，平凡而伟大。平凡表现在他如普通人那样正常地生活；伟大则集中在他对自己理想、目标追求的执着以及对自己修身的践履远远超过我们这些凡夫俗子的想象。虽然孔子想通过仕途来实现他的政治梦想，然而客观评说，他并不适合做官，他的长处在于教书育人与做教化的学问，他一生成功与失败的经历已经充分证明了这一点。总的来看，孔子通过自己一生顽强而不懈的努力，对中国政治与文化的传承与发展，起到了十分关键的作用，他对我们人类的最大贡献，就是提出了“仁”的思想，主张人与人之间应该遵守“礼乐”，形成起一种和谐发展的共生关系。至于这种理念实践的途径，在他看来，就是应该以“中庸”为原则，用“礼”施政，人人讲究“修齐治平”，积极建立起一个具有良好的道德与法制环境的有秩序有理想的大同社会。从这个意义上讲，他应该是中国的苏格拉底、佛陀或者莎士比亚。

儒、孔学与儒学

孔学是一门博大精深的学问，其有着丰富的内涵和外延，在讲清楚这个问题之前，有必要先弄清楚与之相关的几个概念问题。

首先，我们来明确一下“儒”的概念。

大家都知道，孔子继承了夏商周三代文化精神，尤其是西周以来的文化底蕴，在此基础上创立了属于自己的学派——儒家学派。但这一学派为什么叫儒？儒与孔子之间到底有着怎样的联系？这是在探讨孔学之前必须明确的一个问题。

从先秦史料上看，儒是先于儒学而产生的一种职业，以司礼为业。“因为儒家思想继承的内容包括礼并且尤为倚重，从而让儒者不论职业还是思想都完成了身份的统一，这个学派因此由其追随者职业身份而得名。”[1] 儒作为一种职业，很可能从夏商时期就已经开始，与作为高级神职人员的“巫”“祝”不同，其身份地位比较低下，主要是为人操办婚丧嫁娶仪式而获取生存之资的一种低贱的职业。职业儒的这种性质在《墨子》一书中多少可以得到证明。

《墨子·非儒下》是这样描述职业儒的：

> 夫夏乞麦禾，五谷既收，大丧是随，子姓皆从，得厌饮食，毕治数丧，足以至矣。因人之家翠，以为，恃人之野以为尊，富人有丧，乃大悦，喜曰：“此衣食之端也。”

墨子认为，以“儒”为职业者不亲自从事耕稼，以别人家田野里的收成作为自己的生活依靠，富人家有丧事便大喜，说找衣食的机会又来了。从墨子的这段话中，可知儒这种工作，就是为人操办丧事仪式，也可能包含喜事和其他类似的礼俗仪式，有极为显著的社会职业色彩。

据《周礼》记载，周代的丧礼活动十分复杂而讲究。从人死到下葬前的礼仪程序就多达50余项，几乎每一个程序都离不开相礼助丧的民间术士的指导与安排。相礼设物执事、升降周旋、一举一动都有严格规定；各个程序环节所需之不同丧具以及它们应该如何使用和放置等也都有其一定之规；另外，对参加丧事的亲友，“相礼”亦有指导之责任。这种复杂且谨严的相礼业务，若非谙悉

---

[1] 关万维著：《先秦儒法关系研究——殷周思想的对立性继承及其流变》，上海人民出版社2015年版，第112页。

丧礼的专门职业，实莫能为。

作为职业儒，孔子在其中曾经投入了很大的精力和热情。古籍中记载孔子早期从事相礼助丧活动的代表性事例，要算是鲁昭公二十四年他在洛邑跟随老子助葬于乡党一事了。送葬途中，遇上日蚀。当时孔子大概担任相礼在前面引导灵车行进，故老子直接向他发出指令，要他把灵车停下来。孔子认为中途止柩与礼不合，老子向他作了解释（《礼记·曾子问》）。孔子这次在全国礼乐中心的京师之地担任相礼，且与老子这样的习礼大师讨论“止柩”之是非，说明他对相礼业务已相当熟悉，由此可以推断，在此以前，孔子必定从事过专门的助丧相礼业务，对于相礼这项工作，孔子是相当娴熟的。向老子请教相礼及其他学问，大大丰富了孔子关于周礼的理解，回到鲁国后，在教学活动中，相礼就一直是孔子从事其教学活动的一项重要内容。事实上，在相礼问题上，孔子是相当自信的，他也一直乐此不疲。比如，孔子旅居卫国时，已经 60 多岁，还为卫大夫司徒敬子之丧做过相礼。至于对各种丧葬礼仪的探讨，更是晚年孔子与其弟子们经常讨论的话题。而他的门生，许多也是相礼家。孔子晚年回忆自己的生活时说：“出则事公卿，入则事父兄，丧事不敢不勉，不为酒困，何有于我哉！”（《论语·子罕》）所谓“丧事不敢不勉”，就充分显示出了孔子作为一个职业相礼家的严肃认真的工作态度。不过，孔子并没有让自己停留在这个低级谋求生计的职业儒上面，而是在相礼知识的基础上，进而通习六艺，将修身齐家治国平天下纳入儒者的人生追求中，从而使自己达到了思想儒的境界和高度。

其次，我们再来探讨一下儒学的内涵。

前面说过，职业儒是一个实践性很强的职业，而且处在社会的最下层，因为不直接从事耕作而被很多人所歧视。然而，从孔子开始，儒者“祖述尧舜，宪章文武”，不仅以相礼为低级谋生的职业，而且以天下国家服务为事业，这就为儒者开辟了一个更为广阔、更具人生价值的领域，从而将职业儒与思想儒高度结合起来。从孔子开始，“君子谋道不谋食”“忧道不忧贫”（《论语·卫灵公》）就成为儒者的最高理想追求，儒家也脱颖而出成为一个具有自己人生理想与使命的独立学派。

学者关万维认为，作为中国古代最重要的一个思想流派，“儒家”之所以以儒为名，这其中包含着两层含义：

其一，儒家思想所包含的礼乐思想，与职业儒所操持的礼乐之业有着一定的关联性，早期儒家思想包含相当分量的实践内涵，而这些实践部分与职业儒所操持的礼乐并无二致。忽略职业儒与思想儒在礼乐实践上的这种关联是不可取的。

其二，思想儒的思想内涵当然不仅仅包含礼乐尤其是狭义的实践意义上的礼乐，而是拥有更广阔更高远更有情怀的文化视野，即对整个传统文化中人文主义的继承。这一点同样不可忽略，并且在一定意义上这才是儒家的精华和作为儒家思想体系的核心内容。事实上，职业儒也都认同他们日常实践活动中所包含的人伦道德思想，因为孔子的关系，职业儒与思想儒者实现了身份上的同一化。[1]

在《礼记·儒行》篇中，孔子在回答鲁哀公关于“儒行”的

[1] 关万维著：《先秦儒法关系研究——殷周思想的对立性继承及其流变》，上海人民出版社 2015 年版，第 121 页。

问题时，对“儒行”作有如下几个方面的理解：

第一，儒者重德立义，“见利不亏其义”“儒有忠信以为甲胄，礼义以为干橹，戴仁而行，抱义而处，虽有暴政，不更其所：其自立有如此者”；

第二，儒者重视学习，“夙夜强学以待问”“博学而不穷”；

第三，儒者以忠信为本，以力行为用，“怀忠信以待举，力行以待取”“笃行而不倦”；

第四，儒者重视自身修养，“其坐起恭敬，言必先信，行必中正，道涂不争险易之利，冬夏不争阴阳之和，爱其死以有待也，养其身以有为也。其备豫有如此”；

第五，儒者“苟利国家，不求富贵”，不因贫困而丧失志向，不因富贵而丧失节操。

由此可见，从孔子开始，儒者已经脱离了那种单纯以相礼为生计的藩篱，开始向庙堂之上寻求发展，“仕而优则学，学而优则仕”(《论语·子张》)，理想境界高度提升，成为富贵不淫，贫贱不移，威武不屈，充满利国利民追求高尚事业的一个社会学派，这个学派的思想内涵，就是儒学的基本范畴。

孔学的内涵，主要应包括如下三个方面：

第一，文化之学。孔子对中国文化的最大贡献，即在于他继承发展了从尧舜禹到夏商周这段漫长时期的历史文化学问。六艺之学是关于《诗》《书》《礼》《乐》《易》等古代文献的学说，包括对典籍的整理、文本的编纂、意义的阐释等，主要为对前轴心文化的继承，属于孔子的学术思想。孔子竭毕生精力学习先代历史文化，经过选择整理并且加进自己的见解最后编纂成《诗》

《书》《礼》《易》《乐》《春秋》，将它们发展成为六艺之学。汉代以后“独尊儒术”，这套学问便从此称为“经学”。

第二，社会人生之学。社会人生之学则是孔子对社会人生的见解和看法，是孔子关于人生意义与价值的主张和方案，是轴心时代的文化创造。由于孔子是以新兴“诸子”的身份提出自己的思想主张，故他的社会人生之学又称作“子学”。只不过作为一个社会大变革时代的思想家，孔子主要关注的还不是典籍抢救、文化传播的问题，而是人的思想信仰或“道”的问题，是如何解决人生困境与提升人生境界的问题。故在早期儒学那里，子学是一条主线，而六艺之学或者早期经学则成为一条辅线。

第三，国家治理之学。国家治理之学是孔子站在他那个时代的高度提出的关于从政治国的一整套主张。孔子心系天下，忧国忧民，他主张“克己复礼”，重建周王朝的封建制度，并为之提出了一系列的为政之法。他向往天下大同，希望天下达到“天下为公，选贤与能，讲信修睦，故人不独亲其亲，不独子其子，使老有所终，壮有所用，幼有所长，鳏寡孤独废疾者皆有所养，男有分，女有归。货恶其弃于地也，不必藏于己；力恶其不出于身也，不必为己。是故谋闭而不兴，盗窃乱贼而不作，故外户而不闭”（《礼记·礼运》）的人类社会的大同境界。

总的说来，孔子学说是由以“仁”为支柱的修己之学、以“礼”为支柱的治人之学以及以“中庸”为主要行事思维方式的三部分构成。它具有入世用世的政治现实主义和功利主义的鲜明特征，又具有人格主义的道德理想特征。大同世的乌托邦思想、平民主义、政治现实主义与功利主义，为生民立命、为万世开太平的济世情怀、重视文化建设等，都构成了孔子学说的重要内容。“孔子儒家不是普通一个学派，也不是西方式的宗教团体，它没有严密的组织制度，不重视自身有形力量的拓展，没有特殊的利益诉求，它是基于普遍人性的一种公共性的社会德教，致力于向社会和各领域提供基本道德规范和公共生活准则，使社会人生沿着向上向善有序的文明方向前行。至于不同时代具体的社会治理方式方法，那是当时人们要面对的，不能要求孔子有周到的设计，在礼制的层面上，永远需要旧邦新命、维新更化，孔子的贡献是建立核心价值和意义系统。”

从历史上看，孔学遭遇到的第一次劫难是秦始皇焚书。但这次劫难同孔学以后的遭遇相比还只是皮毛。秦火没能把“六经”怎么样，《周易》被视为卜筮之书没有划入烧的行列，《诗经》三百篇人们口头吟诵，烧不掉。《春秋三传》本来就是学者之间口传，没有著于竹帛。《尚书》《礼》则因多人多处藏匿在汉初被陆续搜集齐全。只是《乐》经过秦火再没有找到，甚是遗憾。事实上对孔学造成真正致命打击是汉宋明清历代儒学家们打着研究孔学的旗号在许多方面对孔学精髓的任意误解与曲解。孔子而后，历代儒家无论是采用“我注六经”或者是“六经注我”的方法，都只是借用孔子学说的名义，发挥的全是自己的思想和理论。

在本节的最后，让我们再来看看儒学与孔学之间的区别和联系。

关于孔学与儒学问题，著名史学家金景芳曾经在《孔子新传·序》中这样认为：

“今人习称孔学为儒学，往往把孔学与儒学并为一谈。我觉得这种做法不恰当。因为今人所谓儒学，实际上包括汉儒之学和宋儒之学。据我看来，汉儒、宋儒虽然打的都是孔子的旗号，实际上他们所传承的多半是孔子学说中的糟粕，至于精华部分，他们并没有传承，反而肆意加以歪曲和篡改。因此，今日应把真正孔子之学正名为孔学，以与汉儒之学、宋儒之学相区别。"

他接着又说：

"那么，什么是真正孔子之学呢？我认为主要是'六经'和《论语》。七十后学的记述及《孟子》《荀子》二书的一部分，也应包括在内。在上述著述中，最能反映孔子思想的，首推《易传》，其次是《春秋》，再次则是《论语》。其余诸书亦时有精语，不宜忽视。"[1]

金先生的这个意见振聋发聩，确实值得引起人们的重视。

前文提到，儒是殷周以来逐步形成的一个职业群体，这个职业群体中赖为生计所操持的作为习俗的礼，其中也包含传统人伦的精神内容。孔子的伟大之处就在于他巧妙并有机地整合了职业儒行为中所存在的伦理精神，并将它们与"六艺"经典中的伦理精神完美地结合在了一起，较为完整地架构起了一个关于人生与社会的政治——伦理思想体系，儒学由此奠基。可以说，如果没有孔子对职业儒相礼内容中人伦精神的发掘并进一步向思想儒境界的升华，儒家学派就不会如此轻而易举地生成。正是因为孔子对周礼的学习继承及其对传统文化中人文主义的发掘，如对孝悌、仁义、忠信、德义、中庸等关乎人的自身建设的人文主义思想概

---

[1] 金景芳、吕绍纲、吕文郁著：《孔子新传》序，湖南出版社 1991 年版，第 3 页。

念性建构、内涵的拓展、境界的拔高，以及对人与社会秩序之间关系的探索等，让孔子的主张成为一个关乎人的完善与社会稳定、发展的自成体系的思想学说，这个思想学说，完全可以视为“孔学”。不过“孔学”也只是“儒学”的一部分，是儒学中的最原始最核心的部分而已。孔子之后，儒分为八，门派分离，思想分歧。战国后期有思孟学派、荀子学派；两汉又有古文学派与今文学派之争；后又有宋代理学，明代心学，清代实学等都属于儒学分化与发展的范畴。从逻辑学的角度来看，“孔学”是“儒学”中重要的一部分，“儒学”的内涵与外延要更大一些，“孔学”始于孔子的学术文化生涯，终于孔子死后《论语》的辑成。

这里，对于儒学、孔学的定义问题，吕绍纲先生的观点于我“心有戚戚焉”。引列如下，希望能够引起大家讨论。吕绍纲先生说：

> 我们认为，孔学自是孔学，儒学自是儒学。孔学，研究孔子本人的思想。“六经”，尤其《春秋》和《周易》，是孔学的基础资料。儒学，特别汉和汉以后的儒学，固然宗师孔子，游文“六经”，但那更多的是标榜，其实质性的内容涵盖杂驳。汉学是儒学，宋学也是儒学。包含着老庄的东西，也包含着佛家的东西，还有各个时代自己的东西。儒学当然可以作为一门学问研究，但不要说那是孔学。儒学中对现代生活影响深的是宋明理学，即所谓新儒学。新儒学 300 年前早已受到顾炎武、王夫之等人的批判。本世纪初以来又有人创立现代新儒学。现代新儒学不过是宋明理学的现代化，或者说

把宋明理学加入现代意识，并且指望用它解决实际生活的现代化问题。现代新儒学宗师朱熹，孔子只是在实在不能避开时才被偶而提到。朱熹的体系无论给予怎样理想的现代解释，或者用多么美好的现代精神去融会贯通它，它都绝不可能成为推动中国人走向现代化的精神动力。真正会充实现代中国人精神生活，伴随现代中国人挺进21世纪世界民族之林的，必是孔学。[1]

我个人的意见是，孔学与儒学是两个概念，二者有联系，但是也有很大的不同，不能将它们混淆起来。孔学是孔子本人的学说，儒学是包括孔子师徒以及后世众多儒家的学说，虽然孔子是儒学的宗师，但他的学说与后世所谓的儒家学说其实差别很大。事实上，孔子死后不久，孔子学派就分裂了。他的弟子及其传人纷纷各扯大旗，自树一帜，各执一端，学术思想已经开始背离孔子，孔子活着时孔学那种统一的、重视实践、傲视天下的宏大气象已经不复存在。到战国时期，荀孟两派虽然都争着以孔子学说的传人自居，但他们的思想主张无论是在宽度还是境界高度上都已经与孔子学说拉开了距离，至于汉宋以后儒学，那就更不必说了。

两千多年来中国历史发展显示出这样一个规律：中华文明的发展，离不开孔子之学。凡治世都尊孔，因为孔学在维护社会安定秩序中发挥出了不可替代的作用；凡乱世都反孔，因为孔学反对

[1] 金景芳、吕绍纲、吕文郁著：《孔子新传》序，湖南出版社1991年版，第392—393页。

破除旧秩序，不能在建立社会新秩序过程中发挥直接明显的作用。在今日实现中华民族伟大复兴的运动中，孔子之道以其合理内核、中华民族的元典内容、积极进取精神以及超越时空的永久性价值，将会继续发挥作用。至于作为学术流派诸如以汉宋明清等为代表的儒学，可以作为文化传承与学术探讨来对待，至于它们对于目前这个伟大运动所能发挥的作用，则不应抱有过高的冀望。

第二章　孔学的土壤

远古传说

孔子创立的儒学，虽是一私家学派，但其文化渊源却与远古时代唐尧虞舜、大禹治水的早期政治以及三代文明存在着一定的关系。

在《论语》中，孔子与其弟子子张有一段关于三代因革的对话：

> 子张问："十世可知也？"子曰："殷因于夏礼，所损益，可知也；周因于殷礼，所损益，可知也。其或继周者，虽百世，可知也。"

子张问孔子："今后十世的礼仪制度可以预先知道吗？"孔子

回答说："商朝继承了夏朝的礼仪制度，所减少和所增加的内容是可以知道的；周朝又继承商朝的礼仪制度，所废除的和所增加的内容也是可以知道的。将来或者有继承周朝的新帝王，礼仪制度也自当会有所修补、增减、完善，就是百世以后的情况，也是可以预先知道的。"应该说，这种用历史来推断现实的研究办法可谓孔子的一项发现。

清华简《保训》记载了周文王临终前对其继承人姬发所作的遗言，其中内容涉及了尧舜之事。现在我们来看看清华简《保训》思想与孔学的共通之处。

清华简《保训》中说：

惟王五十年，不豫。王念日之多逝，恐坠宝训。戊子，自靧。己丑，昧[爽]□□□□□□□□□□。[王]若曰："发，朕疾渍甚，恐不汝及训。昔前人传宝，必受之以詷。今朕疾允病，恐弗忝终。汝以书受之。钦哉！勿淫。

昔舜久作小人，亲耕于历丘，恐，求中，自诣厥志，不违于庶万姓之多欲，厥有施于上下远迩。乃易位设仪，测阴阳之物，咸顺不逆。舜既得中，焉不易实变名，身兹服惟允，翼翼不懈，用作三降之德。帝尧嘉之，用授厥绪。呜呼！祗之哉！

昔微假中于河，以复有易，有易服厥罪，微无害，乃追中于河。微志弗忘，传贻子孙，至于成汤，祇服不懈，用受大命。呜呼！发，敬哉！

朕闻兹不久，命未有所引。今汝祇服毋懈，其有所由矣，丕及尔身受大命。敬哉，勿淫！日不足，惟宿不祥！”

《保训》简文第一段讲述文王病重，向武王发传授宝训的情景。第二、三两段，则讲述舜和上甲微“求中”“假中”的故事。关于舜与“中”的关系，儒家典籍中多有涉及，说明《保训》的记载确有来历，并非空穴来风。如《论语·尧曰》载尧命舜：

“咨，尔舜，天之历数在尔躬，允执其中，四海困穷，天禄永终。”舜亦以命禹。

鉴于《保训》简文文义之古奥难懂，我们将它翻译成白话文体后，简文的意思就清晰明了：

文王在位五十年，感到身体不适，王考虑到来日无多，害怕丧失宝贵的遗训。戊子日，文王自己洗了脸。次日己丑，天快亮的时候……

文王这样说道：“发，我的病越来越严重，恐怕来不及训示你。古人传授宝物，必定要赠送好的言论。如今我的病情非常严重，恐怕不能寿终正寝，你用文字记录下我的话。要恭敬谨慎，不可放纵。

舜曾经很长一段时间只是一个平民，耕种于历丘，看到百姓彼此争夺，互不相让，感到很不安，想要找到“中”作为解决问题的办法。他反躬自问，认识到不能违背百姓“饮食男女”之大欲，于是将“中”推行到地位高低、关系远近的不同人群中，又变换方位，设立圭表，观测天地自然的变化，使一切都井然有序。

舜既已得到“中”，于是不改变名和实，恭敬谨慎地奉行“中”，小心翼翼，不敢懈怠，因而获得三隆之德。帝尧嘉许他，授予他帝位。啊！发，你要恭敬谨慎呀。

从前上甲微请求河伯做中人，裁决有易杀害其父王亥的罪行，河伯判定有易有罪，上甲微于是向有易复仇，有易被迫认罪。上甲微没有加害有易，并把“以直报怨”的中道归于河伯。上甲微谨记不忘，传递给子孙，一直到成汤，恭敬奉行不敢懈怠，因而得到了天命。啊！发，你要恭敬谨慎呀。

我听说这个道理不久，未能得到天命。今后你若能恭敬谨慎不懈怠，就会有所成就，在你这一代得到天命。要恭敬谨慎，不可放纵。时间不足，拖沓迟延会遭致不祥。[1]

仔细阅读简文，《保训》中的舜与上甲微的故事实际上都与中道存在着关系。

舜的故事是从正面讲国家治理之道应该采用积极的中道，要求在人与人之间、群体与群体之间确立“度量分界”，建立人与人之间、群体与群体之间的恰当合理准则、原则，以避免彼此的矛盾、冲突，从而达到和睦相处。上甲微的故事则是从反面讲在冲突、斗争中如何也能保持中道，指出当正常的秩序被打破，部落、国家间出现矛盾或冲突时，亦应秉持中道，以直报怨，适可而止，避免冤冤相报、血亲仇杀对部落共同体的伤害。这两个故事探讨了在正常秩序中以及在非正常秩序中都应该保持中道的重要性。它们基本上代表了古代最常见、最重要的政治实践，故《保

[1]　清华简《保训》原文即译文参考梁涛著：《儒家道统说新探》，华东师范大学出版社 2013 年版，第 6、7、22、23 页。

训》予以特别重视，视为治国安邦的“宝训”，并认为是得到天命的关键。这与孔学尊王贱霸，尚德不尚力的一贯立场无疑也是一致的。

孔学具有强烈的弘道意识，孔子一生以文王之道的传人自居，终生孜孜矻矻地追求为人与为政之道。周文王在上面《保训》中所言大舜顺应人心，保持时中的政事治理能力自然也就会为孔子所效法和继承。

上甲微为商人先祖，在其父王亥被有易部所杀时，他没有采用以怨报怨、血亲仇杀的复仇形式，而是让河伯主持公道，在得到河伯判定有易部有罪的前提下进行复仇，在有易部认罪后没有赶尽杀绝，而是通过和谈，并以伤害人一方认罪赔偿来消除仇恨，以恢复部落间的和睦相处。《保训》中提到的上甲微在特殊情况下尚能“以直报怨”采用“中行”，这等事成为孔子终身践行对人对事态度的标尺。这可以从《论语》中的记载得到证明。

如《论语·宪问》篇中说：

或曰：“以德报怨，何如？”子曰：“何以报德？以直报怨，以德报德。”

有人问孔子：“用恩德来报答怨恨怎么样？”孔子说：“那用什么来报答恩德呢？正确的办法，应该是用正直来报答怨恨，用恩德来报答恩德。”

又如《论语·颜渊》篇中说：

子曰："克己复礼为仁。一日克己复礼，天下归仁焉。"

另据《礼记·中庸》记载：

子曰："舜其大知也与，舜好问而好察迩言，隐恶而扬善，执其两端，用其中于民，其斯以为舜乎。"

其实，这里的"中"就是中道，"执其两端，用其中于民"就是说执政应公平、公正，不偏不倚，执两用中。刘宝楠《论语正义》："执中者，谓执中道用之。"朱熹《四书集注》："两端，谓众论不同之极致。盖凡物皆有两端，如小大厚薄之类，于善之中又执其两端，而量度以取中，然后用之。"朱熹将"两端"理解为事物的两个方面，尤指众人不同的意见，甚为精当。但他主张"于善之中又执其两端"，不免又戴上了理学家的有色眼镜。[1] 其实，社会之有两端、意见之有分歧，均无所谓善与不善的问题，"政治家的任务，是在两端调节均衡，不以一端去消灭或取代另一端"，这就是中道，就是"中"的精神。"所以中国正统的政治思想，总不外一个'均'字、'平'字，平与均都是从中而来的。"[2]

尧舜重视、授受"中"，可能与其所处的部落联盟时代形势有关。这从刘向《战国策》记载中可以找到一些线索。《战国策·赵策下》中说：

[1] 梁涛著：《儒家道统说新探》，华东师范大学出版社 2013 年版，第 8 页。

[2] 徐复观：《论政治的主流——从"中"的政治路线看历史的发展》，《学术与政治之间》，台湾学生书局 1985 年版，第 9 页。

古者四海之内分为万国，城虽大，无过三百丈者；人虽众，无过三千家者。

这些小国城邦，在金属工具严重短缺的冷兵器时代显然尚不具备攻城略地的实力，于是各方只有偃武修文、平心静气地讨论共处之道。共主只是召集人，其权力只能以同意为基础。[1]这样，“上古竟于道德”的现实便发展出“中”的政治智慧，并贯穿于以后政治家的政治实践与思想之中。诚如徐复观先生所言：“大概拿一个‘中’字来衡量中国几千年来的政治思想，便可以左右逢源，找出一个一贯之道。并且中国的思想家，对‘中’的了解，是‘彻内彻外’的，是把握住中在社会进化中的本质，且不局限于某一固定阶段的形式的……中的政治路线，在中国文献中的实例举不胜举。”[2]于此可见，清华简《保训》关于“中”的追述，应该正是来自这一政治文化传统。

华夏远古政治文明对孔学的影响也可在《论语·尧曰》篇中找到线索：

尧曰：“咨！尔舜，天之历数在尔躬，允执其中。四海困穷，天禄永终。”舜亦以命禹。曰：“予小子履，敢用玄牡，敢昭告于皇皇后帝：有罪不敢赦，帝臣不蔽，简在帝心。朕躬

[1] 参见陈明：《〈唐虞之道〉与早期儒家的社会理念》，《中国哲学》第20辑。

[2] 徐复观：《论政治的主流——从“中”的政治路线看历史的发展》，《学术与政治之间》，台湾学生书局1985年版，第9页。

有罪，无以万方；万方有罪，罪在朕躬。”周有大赉，善人是富。“虽有周亲，不如仁人。百姓有过，在予一人。”谨权量，审法度，修废官，四方之政行焉。兴灭国，继绝世，举逸民，天下之民归心焉。所重：民、食、丧、祭。宽则得众，信则民任焉，敏则有功，公则说。

尧让位给舜的时候说：“舜呀！按照上天的安排，帝位要传给你。你要坚持正确的治国之道。要牢记，假如天下百姓都陷入困苦和贫穷之中，上天就会终止你的禄位。”舜在传位给禹的时候，也曾用这同样的话告诫过禹。

商汤在祈祷上天时说：“小子履谨用黑色的公牛做祭品，向伟大的天帝祷告：有罪的人我不敢擅自赦免，天帝臣仆的善恶我也不敢隐瞒，所作所为天帝您都十分地清楚。我个人若有罪，请不要牵连天下的百姓；天下百姓若有罪，惩罚都由我一个人来承担。”

周朝大封诸侯，使贤人得富贵。周武王说：“我虽然有至亲，却不如有仁德之人。百姓有过错，错都由我一人来承担。”

统一度量衡，制定并且完善法度，全国的政令就会通行。恢复了被灭亡的国家，接续已经断绝的家族，提拔被遗落的人才，天下百姓就会真心归服。

执政者应该重视的四件事：民众、粮食、丧礼、祭祀。

宽厚诚信就能得到百姓的拥护，勤劳政事就会取得成功，公平合理就会使百姓心悦诚服。

《论语·尧曰》篇主要记述了孔子师徒对中国政治治理模式及其为政之道的探索。孔子很是赞赏唐虞时代的“天下为公，选贤任能”的政治模式。这说明，唐虞时代的早期文明对于孔学是影响极大的。

孔子曾说过：“大哉尧之为君也！巍巍乎，唯天为大，唯尧则之。荡荡乎，民无能名焉。巍巍乎其有成功也，焕乎其有文章！”“舜有臣五人而天下治。”“唐虞之际，于斯为盛”（《论语·泰伯》）对唐虞之道极为推崇。

除了上述唐虞文明外，远古大禹治水也对孔子具有很大的影响。

据《史记·夏本纪》记载：

> 当帝尧之时，鸿水滔天，浩浩怀山襄陵，下民其忧。尧求能治水者，群臣四岳皆曰鲧可。尧曰：“鲧为人负命毁族，不可。”四岳曰：“等之未有贤于鲧者，愿帝试之。”于是尧听四岳，用鲧治水。九年而水不息，功用不成。于是帝尧乃求人，更得舜。舜登用，摄行天子之政，巡狩。行视鲧之治水无状，乃殛鲧于羽山以死。天下皆以舜之诛为是。于是舜举鲧子禹，而使续鲧之业。
>
> 尧崩，帝舜问四岳曰：“有能成美尧之事者使居官？”皆曰：“伯禹为司空，可成美尧之功。”舜曰：“嗟，然！”命禹：“女平水土，维是勉之。”禹拜稽首，让于契、后稷、皋陶。舜曰：“女其往视尔事矣。”
>
> 禹为人敏给克勤；其德不违，其仁可亲，其言可信；声为律，身为度，称以出；亹亹穆穆，为纲为纪。
>
> 禹乃遂与益、后稷奉帝命，命诸侯百姓兴人徒以傅土，

行山表木，定高山大川。禹伤先人父鲧功之不成受诛，乃劳身焦思，居外十三年，过家门不敢入。薄衣食，致孝于鬼神。卑宫室，致费于沟淢。陆行乘车，水行乘船，泥行乘橇，山行乘檋。左准绳，右规矩，载四时，以开九州，通九道，陂九泽，度九山。令益予众庶稻，可种卑湿。命后稷予众庶难得之食。食少，调有馀相给，以均诸侯。禹乃行相地宜所有以贡，及山川之便利。

禹在治水过程中所表现出来的“敏”“德”“仁”“信”“劳神焦思”、注重发展民生等特质，无疑也为丰富孔学的源泉之一。

据《论语·泰伯》篇中的记载，孔子对大禹曾给予过极高的评价：

子曰："巍巍乎！舜、禹之有天下也而不与焉。"

子曰："禹，吾无间然矣。菲饮食而致孝乎鬼神，恶衣服而致美乎黻冕，卑宫室而尽力乎沟洫。禹，吾无间然矣。"

对于大禹，孔子连声赞叹。

孔子说："舜、禹贵为天子，心装百姓，不谋私利。"他还说："对于禹，我没有什么可以挑剔的地方；他饮食简单，却把祭品办的丰盛；他衣着简朴，却把祭服做得华美；他居处简陋，却致力于修治水利事业。对于禹，我确实没有什么可以挑剔的地方。"诚哉斯言！

从某种角度而言，一部《论语》就是一部探索人生之道及为政之道的言论集，尧舜禹的身影在孔子师徒的谈论中处处可以感悟到，从这一意义上说，孔学之道就是尧舜禹之道。

周公政治

周公，姬姓名旦，是周文王之子，周武王之弟，周成王的叔父，因受封于周，故称周公。孔子一生，最是尊崇周公的事业，这也是他治国平天下的最大动力，他经常梦见周公，晚年因为不复梦见周公，才对自己的政治理想和追求感到沮丧。《淮南子·要略》说:“周公受封于鲁，以此移风易俗。孔子修成、康之道，述周公之训，以教七十子，使服其衣冠，修其篇籍，故儒者之学生焉。”确实，孔子与周公的关系，是说明孔学起源一个绕不过去的问题。周公之治，对孔子影响极大。

周公生活于殷周之际，历经文、武、成王三代，既是创建西周王朝的开国元勋，又是稳定西周王朝，促成“成康之治”的主要决策人和政治舵手。“周公集黄帝、尧、舜、禹、汤、文、武之大成，其道繁博奥衍。”[1] 他深明社会变迁发展的原因，精通政治统治的管理策略，思想敏锐而勇于创新，博学多识而善于决断。西周初年的典章制度，多为周公损益前代政治文化而兴创制作。西周政权的稳固确立，实乃周公审时度势为之奠基。他一生辅佐武王和成王，在政治上有大作为，在国家制度创新上有大开拓。

[1] 杨琥编 :《夏曾佑集》下，上海古籍出版社 2011 年版，第 808 页。

他创建的一系列新的政治制度以及仁德政治范式，超过前人，足可如日月经天、江河行地般地垂范后世。

周公生活在戎马倥偬、万事草创的时代。

公元前 11 世纪，武王伐纣，牧野一战，瓦解了商朝，商纣王自焚而死，周王朝取商而代之。

在这场灭商兴周的波澜壮阔的战争中，周公不仅是目击者，而且也是积极的重要参与者，他目睹了商王朝覆亡的全部过程，对国家的兴衰有着一番不同于常人的深刻的体会和感悟。

周王朝是通过牧野一战而定天下的。周人虽然占领了商都朝歌，但并未全部解除殷人的武装。因此，暂时的征服不等于永远牢固的统治，而如何取得最后的胜利，“小邦周”怎样真正取代“大邑商”，如何有效地统治新征服地区的广大民众，这个相当复杂而尖锐的问题摆在周初统治者的面前，要求最高统治者拿出全新的政治智慧，富有创造性与可行性地解决这一问题。

首先，周初政治形势的严峻性表现为殷民及其同盟的基层组织并没有被彻底摧毁，军事力量仍然强大，“殷顽民”蠢蠢欲动，仍在伺机反扑。

据《史记》记载，对于灭商后的不稳定局面，周武王为此困扰得睡不好觉。他曾说：“维天建殷，其登名民三百六十夫，不显亦不宾灭，以至今。我未定天保，何暇寐！”（《史记·周本纪》）大意就是，当初上天建立殷王朝，任用了三百六十名贤人，殷王虽然没有显扬重用他们，但是也没有排斥遗弃他们，所以殷王朝的统治才能够维持到现在。我还没有确定上天是否会保佑我们，哪有闲暇睡觉呢！周初的客观形势表明，商朝虽然因周武王攻取朝歌而灭亡，但其基层政权组织仍然独立存在，周武王为此彻夜难寐，总感觉是个心腹大患。

牧野战后的相当长一段时期内，周王朝的统治势力不达今豫东、山东、河北。东方地区与周王朝关系一直处于紧张的状态。为了安定局面，武王封商纣王之子武庚禄父照旧统治商故都地区，派管、蔡、霍三叔监视，但适得其反，不久就发生了“管蔡以武庚叛”的乱象。《尚书》中记录了这次叛乱的发生：“武王崩，三监及淮夷叛，将黜殷，作《大诰》。”“越兹蠢。殷小腆诞敢纪其叙。天降威，知我国有疵，民不康，曰：予复！反鄙我周邦。今蠢。”（《尚书·大诰》）这段史料表明，对于东方的乱象的严重性，周公已经有了充分的思想准备。

武庚叛乱波及面很广，东达整个山东半岛直到海边的东夷各族，东南及徐淮各族，南方荆楚也与东方叛乱此呼彼应（《史记·鲁世家》）。管叔、蔡叔和武庚是叛乱魁首。经过三年激战，王师方才平叛。对于周室来讲，东征平叛弄得他们焦头烂额，捉襟见肘。正如周公感叹所说：“予造天役，遗大投艰于朕身，越予冲人。”（《尚书·大诰》）这场旷日持久的平叛确实是“遗大投艰”，东征虽然取得了胜利，但殷“顽民”并没有完全臣服。“今惟民不静，未戾厥心，迪屡未同”（《尚书·康诰》）。虽经屡次开导，他们也不与周人同心同德。为此，周公不得不继续劳心费神。周公特意告诫不听命的殷民和东方诸国说：“尔乃迪屡不静，尔心未爱；尔乃不大宅天命，尔乃屑播天命，尔乃自作不典，图忱于正。我惟时其教告之，我惟时其战要囚之，至于再，至于三。乃有不用我降尔命，我乃其大罚殛之！非我有周秉德不康宁，乃惟尔自速辜。”(《尚书·多方》)周公责备殷民不听劝告，三番两次地谋反叛乱。周公严厉地向他们发出警告，如果再不服从周天子的统治，就要对不听命者予以坚决镇压。可见，西周初年，殷顽民与东方诸侯的叛乱已成为周王朝初期统治的一个最大的社会与政治问题。

其次，周贵族集团虽然是胜利者，但内部矛盾也开始显露出来。

这主要表现在：

(1)灭商之后，周统治者滋生了麻痹松劲情绪。牧野大胜后，武王就把“马，散之华山之阳，而弗复乘；牛，散之桃林之野，而弗复服。车甲衅而藏之府库，而弗复用。倒载干戈，包以虎皮；将帅之士，使为诸侯；名之曰‘建櫜’。然后，知武王之不复用兵也”(《礼记·乐记》)。这就是历史上所谓的“刀枪入库，马放南山”一成语的由来。

(2)周贵族生活开始腐化。周公总结商亡的重要原因是：“荒腆于酒。”(《尚书·酒诰》)周公敏锐地觉察到，灭商不久，周人也染上了酗酒等不良习气。周公指出：“天降威，我民用大乱丧德，亦罔非酒惟行。”(《尚书·酒诰》)周公对年幼的成王不放心，语重心长地劝告说：“呜呼！继自今嗣王，则其无淫于观、于逸、于游、于田，以万民惟正之供。”(《尚书·无逸》)从周公的告诫之辞也能透露出西周贵族集团在取得天下后的腐化风气已有了苗头，迫使周公不得不向自己敲起了警钟。

(3)此时，西周贵族集团内部也开始出现裂痕。东方叛乱固因殷民和东方部落首先发难，但也是他们串通周王室派到商故地的三监从内部瓦解策应才得以发动的。更为严重的是，周武王去世后，周王朝中央最高统治集团内部的核心人物之间出现了不和的情况。据史籍记载，太保召公对周公摄政“不说（乐）”，甚至“疑之”（《史记·燕召公世家》)。高层不和，这必然削弱周王朝的统治力量。

（4）周初，周政权把军事重点放在东方，这就必然会造成大后方的空虚。“有大艰于西土，西土人亦不静，越兹蠢。”（《尚书·大诰》）“西土人”指的是周人以及西方同盟部落。这说明当时周王畿内部也出现民心不稳的倾向。东方叛乱正是在这种“知我国有疵，民不康”（《尚书·大诰》）的情况下发生的。

灭商第二年，周武王去世，周成王年幼，周公摄政，东方叛乱，新生的周王朝面临危急存亡之秋，周公肩负着保卫国家的历史重任，怎样处理好创业和守业关系，这个严峻的问题摆在了周公面前。

面对这种内外不稳的严重局势，周公义无反顾地肩负起了巩固新兴王朝统治的历史使命。

周武王死后，叛乱席卷整个东方大地。东夷诸小国，本来在殷商时代就没有真正统一于中央王朝，商王屡次用兵征讨，效果并不明显。西周初年，他们趁周王朝内部分裂，又鼓动武庚反周复商，同时，周王朝派往东方监督武庚的管叔、蔡叔等人因对周公摄政不满而纵容武庚发难，处于摇篮中的西周王朝大有夭折的危险。国难当头之际，周公力排阻力，果敢地承担了平叛的历史重任。

东征前，周公发布《大诰》，尖锐地指出当时形势的严重性。针对当时贵族内部有人公然反对出征，散布什么“不可征”言论，周公反复说服太公望与召公奭等在周王朝中举足轻重的人物，希望他们了解文王创业的艰难，在困难面前，竭尽全力支持他去完成文王的未竟事业。

东征平叛，用了三年的时间，仗打得非常激烈，无论是先秦文献，还是发掘出土的铜器铭文都记载了当年的实际战况。

《逸周书·作雒篇》记："周公立，相天子，三叔及殷、东、徐、奄及熊、盈以畔……二年，作师旅临卫攻殷，殷大震溃。降辟三叔，王子禄父北奔，管叔经而卒，乃囚蔡叔于郭凌。凡所征熊、盈族十有七国，俘维九邑，俘殷献民迁于九毕。"

《孟子·滕文公下》记："周公相武王，诛纣，伐奄，三年讨其君，驱飞廉于海隅而戮之，灭国者五十。"几乎描述了周公东征的全过程，战果辉煌。

《诗经·破斧》云："既破我斧，又缺我斨。周公东征，四国是皇。哀我人斯，亦孔之将。"四国指殷、东、徐、奄，皇借为慌，诗中所言：周公东征，战斗进行得非常激烈，周军兵锋所指，打得东夷四国十分仓皇。平叛结果，王子禄父北奔，不知下落，杀管叔，流放蔡叔，贬职霍叔，"灭国者五十"，商王朝时即不服中央王朝管制的东夷诸邦直到这时才最终真正纳入了周王朝的版图之中。

周公东征意义甚大。

第一，周公东征，挽救了濒于颠覆的新建王朝，避免了历史再回到殷末那种"如蜩如螗，如沸如羹"（《诗经·大雅·荡》）的纷纷扰扰的氏族部落林立的"万邦"社会中去。由于"周公兼夷狄，驱猛兽而百姓宁"（《孟子·滕文公下》），使周初社会获得了

初步的安定环境。史载，“成、康之际，天下安宁，刑措四十余年不用。”(《竹书纪年·周纪》)

第二，通过周公东征，扩大了周王朝的统治疆域，东达海隅，南及徐淮，皆是王土，这为后来大分封创造了条件。可以说，没有周公东征，就没有后来华夏族与东夷族的融合与发展。

第三，通过周公东征，向东方或东南方传播了先进文化，中原地区先进的文化和农业技术，在东方得到广泛传播，各地区的经济得到进一步的发展。东方殷盛的齐鲁文化就是在周公东征胜利的基础上孕育起来的。

总之，周公东征的胜利，达到了扩大和巩固周王朝的统治的目的。

营建洛邑是周公东征后所完成的第二件大事。

营建洛邑的目的是把洛邑变成周在东方的一个经济政治军事文化中心。

周都的都城在丰镐（今西安附近），称为宗周，远离中原地区，处在偏僻的西部，不利于控制全国的局势。在中原地区建立一个新的政治、军事中心，以便有效地控制东方，镇压殷人的反抗，在当时显得十分必要。洛邑地处“天下之中，四方入贡道里均”(《史记·周本纪》)。这里便于向东方各族征收赋税，是吸吮东方财富的咽喉之地。同时，迁殷“顽民”于洛邑成周，便于加强对他们的政治统治。洛邑的营建，也便于加强西周王朝与东方各族的政治经济联系，“昔成王合诸侯，城成周，以为东都，崇文德焉”(《左传·昭公三十二年》)，周王室借此可以向东方诸侯宣扬文治德政，“四方民大和会”（《尚书·康诰》)，四方诸侯也方便来新邑朝见，为王室效劳，洛邑成了联系东方各族的政治经济中心。

历史表明，周武王灭商之后，不久就产生了营建东都的设想。《逸周书·度邑解》记载武王曾打算把东都设在伊洛之间。《何尊》铭记：武王曾考虑在地处天下之中的商故都附近建立一个新邑。先派召公奭到伊洛之间勘察地形，选择新邑的地点。东征胜利后，“周公往营成周”（《尚书·洛诰》）。应该说，营建洛邑的倡导者是武王，而修建并完成者则是周公。

东征平叛胜利以后，鉴于管叔、蔡叔、武庚叛乱的教训，周公决定重新营建东都洛邑，以迁移与安置被征服的殷人，在东方建立起一个稳定的政治军事文化中心。

东都洛邑位于伊水和洛水流经的伊洛盆地中心，这里地势开阔，土壤肥沃，南面可以望见龙门山，北边倚靠着邙山，处于群山环抱之中，有伊、洛、瀍、涧四条河水经过这里，东边有虎牢关，西边有函谷关，处于东西交通的咽喉要道上。顺着大河向下，可以到达殷人的故地朝歌。顺着洛水，可以到达东方的齐国和鲁国。洛邑的南边又有汝水和颍水，可以达到徐夷、淮夷。洛邑依山傍水，四通八达，实在是一个理想的都城。

史官记录了营建洛邑的过程和召公的诰词，详细内容记载在《尚书·召诰》等史料里面。王国维说：“此篇乃召公之言，而史佚书之以诰天下。文、武、周公所以治天下之精义大法，胥在于此。”

《召诰》分五段。第一段记述了决定营建洛邑的经过。第二段说明天命不常，勉励成王敬重贤能。第三段赞美成王营洛治事的决定。第四段勉励成王敬德以求天之永命。第五段召公和诸侯人等表明拥护成王的心意。

公元前1020年，洛邑正式开始营建。建城的主要劳力是殷“顽民”，大约经过一年的时间初步建成。

新城有两个，一个在涧水的东边，温水的西边，名叫“新邑”或“新洛邑”，是周王居住，用来朝会的地方，又叫“王城”。另一个在新邑东郊，是殷民居住的地方，名叫“下都”。两个地方相距不过40里，合起来叫“成周”，意思是成就周道，原来的镐京就叫“宗周”了。

王城方1720丈，外城方70里。王城既是供周王居住，用来朝会的地方，所以里面的宫殿就建设得富丽堂皇，有一个宏大宽敞的明堂，专供朝见各国诸侯之用。这个堂中间有五个大室，四面有四个宽大的堂，可以容下很多人。

新城建立起来后，周成王七年三月，周公来到新都洛邑，把殷遗民中的贵族、旧官员召集在一起，用周成王的名义，进行了一番严厉的训话。这篇训话分三段。第一段说明周王灭殷是顺从天帝。第二段说明迁移殷民，不用殷士，也是顺从天帝。第三段宣布对待多士的政策，勉励顺从周王朝的统治。后来，这篇训话被编入《尚书》之中，篇名曰《多士》。

东都的建成，是西周王朝历史上的一件大事，标志着周王朝真正成为中原的统治者。

洛邑建成后，由谁来居洛治理是周王朝面临的重大问题。周公希望成王居洛主持政事统治天下。成王则根据当时民心不服的情况，认为需要周公继续居洛，才能威服东方。成王和周公经过反复商讨，最后决定周公继续居洛，治理东方。关于其中具体内容，可见《尚书·洛诰》。《洛诰》主要是记录周公和成王的对话。从对话中显示了周公谋国的忠心和成王倚重周公的诚意，也显示了君臣团结无间、亲爱协调的情形。这是巩固周王朝统治的重要诰命，奠定了将来“成康之治”的政治基础。

周成王七年，周公留居洛邑，管理东方各国的事务，成王则回到镐京，由召公帮助成王管理政务，专心治理西方。从此，周公、召公一东一西的分治，就成为周代的惯例沿袭下来。

东征平叛胜利后，周王朝实际控制的疆域较之商代有了空前的扩大，但如何实现对新征服的地区进行有效的统治，达到长治久安，是周公必须解决的现实问题。在这一关乎周王朝未来命运的重大决策面前，周公在武王初步分封的基础上，彻底实现了中华早期文明由部落制到邦国制的大幅度转变。

周王朝政治制度是以封建制为基础的一整套庞大的政治体系构建而成的。它主要包括分封制、礼乐制度以及在此基础上建立起来的一整套详细而庞杂的宗法制度。封建制的意义，主要体现在“大邦维屏，大宗维翰，怀德维宁，宗子维城”(《诗经·大雅·板》)上面。也就是说，诸侯国是天下的屏障，宗族是天下的栋梁，德政是安定的保证，嫡子是天下的城墙。这种封建制度，将周政权与整个国家牢固地连接在一起，从而“较好地解决了中央与地方之间的关系问题，弥补了夏、商两代所暴露出来的中央对地方控制十分薄弱的缺陷。它对于维护一姓之天下在一定时期内的有效统治而言，也不失为一种较为明智的选择”。[1]

---

[1]　辜堪生、李学林著:《周公评传》，四川大学出版社 2006 年版，第 129 页。

周人在古公亶父之前，还是一个弱小的族群。自古公亶父迁岐以后，励精图治，团结族众，为周人日后的崛起奠定了基础。武王克商后，回顾历史，认为周人取天下的基础肇始于古公亶父时期，因而追封他为“太王”。自古公亶父开始，接着是季历和周文王，连续三代自强不息，到文王时，弱小的周人已经开始强大起来。

恰好与此同时，威震天下数百年之久的“大邦殷”由于几代殷王的昏庸无道，以及其他种种因素，国势江河日下。骤然强大起来的周人利用殷人专力对付东夷反叛邦国的时机，联合“友邦冢君”，率领各方国、部落联军突然发难，一举取殷鼎而代之。这样，僻处西陲的“小邦周”便从此取代了“大邦殷”在中国早期的统治地位。

周人之所以能够打败殷人，除了通过自身不懈的努力外，实有种种偶然的因素。殷人虽然因朝歌一役战败，然而积威日久，力量尚存。而且殷遗民人数众多，势力依然雄厚。所以周人代殷之初，在心理上对于能否成功地统治天下并无充分的自信与把握。只是到了周公东征胜利以后，随着周人统治的进一步稳固和巩固，这种自信心才增强起来。

正是由于在代殷之初周人对拥有与治理天下尚无充分的自信，故殷人作为数百年盟主的威望所具有的强者启示的作用，以及对历史惯例的遵循与受传统习俗的影响，使周人在代殷之后最初试图建立的国家政治体制，仍旧是效仿殷政治模式的、以周为领袖国的方国联盟王朝。学界大量研究成果告诉我们，周初大规模分封诸侯是在成王时代。武王克商以后，所做不过是“释百姓之囚，表商容之闾，散鹿台之财，发钜桥之粟，封比干之墓”，其后不久便“罢兵西归”。对于作为亡国之余的殷人，反而是“封商纣子禄父殷之馀民”(《史记·周本纪》)。这说明一开始周统治者还是按照夏商以来的惯例，在打败敌国之后令其服从即可，并没有从根本上认识到消灭殷国的重要性，而仅仅是让殷人作为邦国联合体之一员服从于周即可，正如“小邦周”曾经长期作为邦国联合体之一员服从于“大邦殷”一样。这种处理的方法，正是部族社会时代的典型做法。倘若失败的殷人能够从此甘心屈居于从属的地位，那么周政权未必不会像殷商那样，继续沿着众多方国林立的时代老路走下去。

然而形势总是在发生变化，企图复兴祖业的商纣王之子武庚，联合被周政权派来监视他、却因对周公摄政不满而与之勾结的管叔和蔡叔，想乘武王新死、成王年幼而周公大权在握的“主少臣疑”之机起而叛周，这就使立足未稳的周王朝立即面临被颠覆的危险。大政治家周公旦于危急存亡之时坚决果断地力排众议，毅然率师东征平叛，再次挫败殷人，彻底粉碎了殷人重登盟主宝座的复辟梦想。

东征平叛后，周公总结教训，深感殷人的霸主地位积数百年之久，势力尚在，余威犹存，而周族则乍然兴起，力量有限，倘若治国方略完全依照殷代制度，那么殷人一旦于猝然打击之后的失败中复苏，由于其人口众多，旧土广大，周政权能否巩固统治将吉凶难卜。基于此种考虑，挟再胜之威而又具有雄才大略的周公旦亲自规划设计，对国家制度进行了具有极其深远意义的重大改革，彻底实行了“封建亲戚，以蕃屏周”的分封制度，将同姓诸侯与周室勋臣封派到原先周人势力不及的地区进行统治；同时，又通过“制礼作乐”，使周系诸侯与其他文化落后的部族方国截然区分开来，而周系诸侯之间则具有了共同的文化观念与制度约束的同一性基础。这就改变了周初那种不平等方国联盟的政治格局，把周王朝改造成为一个宗法政治化，以共同的政治利益为基础，以礼乐制度和文化观念为纽带，以周王为宗主的宗族诸侯为主、异姓诸侯为辅的，同时又具有“夏夷”之辨意识的强大的统一王朝。

在这一改造过程中，周人原有的、成熟的农业生产方式所具有的文化特性，与现实的迫切政治统一需要紧密地结合起来，以长治久安为目的，以分封制、宗法制、礼乐制、内外服制等制度为基石，创建了发达的，打破夏商以来部族结构社会桎梏，以宗法封建制、礼乐制度为基本特征，由早期国家开始向成熟国家发展过渡的农耕文明政治新时代。

夏、殷两代，天下众多的方国邦族大都采取亲族聚居的形式，所谓的一国其实就是一族，兼有血缘部族与早期地缘国家的特点。殷人的方国在当时是最为强大的，自称“大邑商”“大邦殷”。与它同时并立的还有众多的大小方国，这些方国包括大邑商自己在内，都是经过长期自然生长发展起来的。它们于各自直接控制的辖土范围之内，均采取血缘聚居的方式。“大邦殷”虽然征服过许许多多的方国，但并没有把这些异姓方国融化为自己邦族的一部分，而仅仅是迫使他们处于附属、服从的地位。因此，所谓的殷王朝，实际上不过是以大邑商为领袖的、由众多方国组成的一个松散的方国联合体，与周王朝在政治、经济、文化上全方位的大一统有着天壤的差别。殷王朝直接控制的“四土”不过为今天黄河中下游的冀南、豫中一带。其他的邦族方国，基本上都是独立的，它们有着各自的宗教信仰、神灵崇拜、文化传统、风俗习惯。它们和“大邦殷”之间的关系，仅仅是一种首领和从属的关系。它们之所以奉“大邦殷”为领袖，听从“大邦殷”的调遣指挥，仅仅是因为“大邦殷”的实力强大而不是什么其他更重要的共同文化因素。舍武力震慑外，二者关系中并无其他以制度和信仰为基础的、具有强大影响力和制约力的恒久性因素能够保其长久维持下去。

周初封建制则与殷商的方国政治联合实体不同。它是在打破旧式部族方国血缘界限的基础上，以周天子授土授民的名义赐予，由姬姓或异姓功臣建立的、以周人为统治族的新型国家政治实体。在分封整合过程中，原来的“殷民七族”“殷民六族”以及其他一些商代强大方国的贵族和遗民，整族整族地被拆散与迁往各周人的封国，由封国统治者“帅其宗氏，辑其分族，将其类丑，以法则周公，用即命于周”(《左传·定公四年》)，进行分化式管理。这样做的结果，使得殷人的旧有势力脱离本土，云散四方，被分别羁绊，已不可能重新聚合，死灰复燃。所以，经过周公分封之后的殷人，已没有了重温复国旧梦的可能。更为重要的是，通过周初的封建制过程，这些由周王授土授民新建的诸侯国家，已经不是旧式的血缘聚居的方国，而是由周人、本地土著以及外迁的殷人以及其他方国各部族混合、以周人为统治者的新型国家。过去那种一族即是一国的情况在周系诸侯，至少是其主要诸侯国里不复存在，兼具血缘与地缘特征的早期国家时代向以地缘划分居民的成熟国家过渡的发展过程已经开始。同时，这些分封的诸侯国家在名义上属于周王所有，在实际政治生活中也必须听从周王的指挥，并承担各种责任与义务。它们与周王室的关系，已不再是方国联合体中的那种松散的成员与首领的胁从关系，而是臣属与君主的利害统一关系，这使王权大大得到强化。这种变化，正如王国维所言："由是天子之尊，非复诸侯之长，而为诸侯之君。"[1] 中华民族"天下一体"的观念也由此产生。

历史表明，封建制虽然并非从周公开始，但在他摄政期间，分封进入高潮，封建制也最终作为一项重大政治体制真正确立下来。

据《荀子》一书记载：周公"立七十一国，姬姓独居五十三人"(《荀子·儒效》)。

又据《左传》记载：

> 昔周公吊二叔之不咸，故封建亲戚以蕃屏周。管、蔡、郕、霍、鲁、卫、毛、聃、郜、雍、曹、滕、毕、原、酆、郇，文之昭也。邘、晋、应、韩，武之穆也。凡、蒋、邢、茅、胙、祭，周公之胤也。(《左传·僖公二十四年》)

可见，西周王朝的规模是在周公大分封后才最终奠定下来的，通过层层分封，扩大了西周的疆域，这是中华民族政治史上的一次巨大飞跃。

[1] 王国维著：《观堂集林·殷周制度论》，河北教育出版社 2001 年版。

在周初主要由周公所大力推行的分封制，其实际意图就在于以宗法为核心，按照血缘关系的亲疏远近“封藩建卫”。按照分封规则，周天子是天下大宗，他的嫡长子为宗子，是王位继承者。庶子是小宗，但在其封国内又是大宗。庶子的嫡长子继承封国，其余诸子被封为卿大夫。卿大夫分得土地作为采邑（同时也得到附属于土地上的人民）。卿大夫的嫡长子继承其采邑，其余诸子又被封为士。卿大夫对诸侯而言为小宗，对其所封之士而言又为大宗。这样，逐级分封，确立彼此间的隶属关系，自下对上承担一定义务。比如，诸侯向周天子担负镇守疆土、捍卫王室、交纳贡赋、朝觐述职等义务。

从表面上看，商、周分封制是相同的，其实二者是不同的。周公所推行的分封制是建立在相当完备的宗法制度基础之上的。从政治关系看，周天子成为天下共主，对诸侯直接进行控制，不同于商朝商王与封国诸侯的宗主式关系。从宗法关系看，周天子是天下的大宗，君主之位由嫡长子世代继承，永葆大宗地位，这就避免了商代在王位继承权上的混乱状况。这样一来，通过宗法式分封，周代最高统治者就实现了政权、族权和神权的紧密结合，这不能不说比之于商王朝又高明了许多。

从西周分封的实际情况来看，也的确体现了宗法政治的基本原则。周代分封，以周公东征胜利以后的规模为最大。周公所分封的诸侯，有同姓、异姓和黄帝等古帝王之后三种。据《荀子·儒效》记载，共封七十一国，其中姬姓独属五十三个。姬姓受封者为周文王、武王、周公之后，或为周王之兄弟，皆为同族。异姓功臣主要为姜姓。姜子牙（吕尚）不仅为功臣，也是周王室的姻亲，与周王室有深厚的血缘关系。因此，受封的绝大部分诸侯，均与周天子有血缘关系。

分封制度的基本原则，使周族的成员及其亲属在政治权力的分配中，都依据其宗法血缘关系的亲疏远近而得到了不同程度的好处，他们几乎都成了整个统治集团的一员。这样，他们之间的血缘关系不但没有因为胜利后的利益分配不均而遭到割裂，反而因共同利害关系而得到了较为巩固的维系。周公通过分封制的推行，达到了增强周人内部凝聚力的目的，成功地巩固了政权。周天子在较长时期内始终保持着很高的权威，成为全国土地的最终所有者和“王畿”之地的实际拥有者。周天子有极大的权力，凡政治、经济、军事、宗教、司法、礼仪诸方面的大事，都由周天子决定，即“礼乐征伐自天子出”。周王对不履行义务的诸侯，可以采取削减封地、降爵，甚至以武力消灭等措施。这种以血缘关系为基础而建立起来的天子权威，在西周建立以后的较长时间里都未受到过真正的挑战。

宗法政治的意义，正如周公后人凡伯所说，就是“大邦维屏，大宗维翰，怀德维宁，宗子维城”。(《诗经・大雅・板》) 也就是说，诸侯国是天下的屏障，是周天子的保证，嫡子就是天下的城墙。宗族是天下的栋梁，德政是安定一张以血缘为纽带紧密编织而成的宗法网络，使得周王室与整个国家牢固地联在了一起，较好地解决了中央与地方的关系问题，弥补了夏、商两代所暴露出的中央对地方控制十分薄弱的缺陷。它对于维护一姓之天下在一定时期内的有效统治而言，也不失为一种较为明智的选择。

然而，宗法政治也存在着明显的弱点。随着时间的推移，受封诸侯们与天子之间的血缘关系越来越疏远，这就势必导致血缘纽带的松弛。自春秋以来，周王室对诸侯逐渐失去约束力，昔日威风八面的天子已不再是天下共主；而一些强大的诸侯国，却“挟天子以令诸侯”，打着“尊王攘夷”的旗号，争夺霸主的地位，迫使各国向霸主缴纳贡赋，获取本应由周天子享受的政治和经济特权。自周平王东迁之后，在长达五个世纪的时期内，周王朝已名存实亡。其军队由六师减少到两师、一师，直到不足一师，王畿之地不足原来的一半，从实力和地位上已衰落为一个诸侯小国。公元前256年，周王朝终于彻底灭亡。这表明，仅仅依靠以血缘纽带为基础而进行的宗法式分封，是不可能使一姓之天下世世代代永远传下去的。[1]

封建制对中华民族的形成与发展具有十分重大的政治意义。

封建制把许许多多独立分散的氏族、部族组织用血缘宗法关系联系起来，“以藩屏周”，地方诸侯都要宗周，周天子的政令下达到诸侯，造成初步的政治大一统的局面，为华夏文化的孕育发展与政治上的统一创造了条件。可以说，没有周初的大分封，也不会有战国以来的郡县制，这是中华民族历史上的第一次政治大一统。

制礼作乐，也是世所公认的周公一生的主要功绩之一。

周公的制礼作乐，实际上就是建立周代一系列政治文化制度，它涉及政治、经济、法律、宗法、礼仪、祭祀、文化教育等一系列典章制度，是对周人社会政治文化活动的各个方面进行的一次

---

[1] 辜堪生、李学林著：《周公评传》，四川大学出版社2006年版，第128—130页。

比较全面的规范。

后世儒家称周公“制礼作乐”，把周初一切制度，包括《周官》都说成周公一手制定，未免有武断、夸大之嫌。然而，先秦典籍有多处确实记载了关于周公与礼乐的关系。如：“先君周公制周礼”（《左传·文公十八大年》）；“晋侯使韩宣子来聘……观书于大史氏，见《易》《象》与《鲁春秋》曰：‘周礼尽在鲁矣。吾乃今知周公之德，与周之所以王也。’”（《左传·昭公二年》）此外，《逸周书·明堂位》《礼记·明堂位》《尚书大传》等文献都直截了当地称周公“制礼作乐”。可见，周公为制礼作乐做过重大的贡献，当是毋庸置疑的。西周的典章制度非一时一人所作而完成，从文王、武王开始创制，由周公总其成，后又经历代充实完善，应是符合实际的结论。

周公非常重视历史的借鉴。孔子说：“周监于二代，郁郁乎文哉。”（《论语·八佾》）周公参考了夏商两代的历史资料，加以损益，删去陈腐、过时的内容，增添新鲜的成分，创造了灿烂、丰富的周文化。这种对历史遗产采取“损益”的态度，正是周公“制礼作乐”的重要原则。

周初大规模的分封不但使中国早期的国家制度向前发展了一大步，而且又因为宗法关系的政治化而导致了宗法制度的完善与发达，这深刻地影响了后来中国的历史与中华民族的文化习性。

周初宗法关系政治化是周统治者加强王权的手段，而宗法制度的发达完善则是这种宗法关系政治化的结果。历史表明，周初分封的主要国家，大都与周王室有着宗亲或姻亲关系。《左传·昭公二十八年》说：“昔武王克商，光有天下。其兄弟之国者十有五人，姬姓之国者四十人，皆举亲也。”《荀子·儒效》说：周公“兼制天下，立七十一国，姬姓独居五十三人”。

周公以宗法、礼乐政治化的方法实行统治，大约出于三种考虑：

（1）对那些鞭长莫及的地区实施有效的统治，使它们纳入周政权的势力范围之内。

周初，人烟稀少，自然界的大部分领域尚是洪荒天地，人类的活动充其量不过开辟了少量的中心地区，以及中心地区之外的一些重要的地方。因此，在周初阶段，以宗法、礼乐政治化的方法实行治理，乃是唯一有效的统治方法。周政权采取武装殖民，派同姓子弟及异姓姻亲，于远离邦畿数百里乃至数千里之外的要冲地区建国，用强化宗法关系，加强家族血缘纽带的办法，使大部分诸侯，特别是那些分封于要冲地区的主要诸侯家族化，实际上是以宗族分权的形式扩大和巩固姬姓的家天下。这些分布在极其广大地域之内的周系诸侯，以宗法关系为基础，以礼乐制度为纽带，同气相求，守望相助，以“华夏”自称，以自别于周系诸侯之外的其他“蛮夷”，使周王朝在远较“大邦殷”的范围广阔得多的地域内实现了有效的统治，从而为三代之后的中央集权帝国的出现奠定了基础。

（2）为巩固贵族阶层的内部秩序，减少统治集团内部的权力摩擦与财产争夺。

所谓宗法与礼乐制度，其最初的本质意义不过是贵族内部的组织法、习惯法而已，具有以“名分”约束同姓贵族成员安守本分、不使“僭越”的作用。“先王之法，立天子不使诸侯疑焉，立诸侯不使大夫疑焉，立嫡子不使庶孽疑焉。疑生争，争生乱。是故诸侯失位则天下乱，大夫无等则朝廷乱，妻妾不分则家室乱，葵孽无别则宗族乱。慎子曰：‘今一兔走，百人逐之。非一兔足为百人分也，由未定。由未定，尧且屈力，而况众人乎？积兔满市，行者不顾。非不欲兔也，分已定矣。分已定，人虽鄙，不争。’故治天下及国，在乎定分而已矣。”（《吕氏春秋·慎势》）由此可见，将宗法、礼乐制度化的结果，是使周天子成为天下的共主，海内的大宗；诸侯成为封国内的共主，卿大夫的大宗；卿大夫成为贵族家庭内部的共主，士人的大宗。这样做的目的，在于使周统治集团内部尊卑等级的关系制度化、秩序化，明确不同身份、不同等级贵族间的权利和义务。

（3）强化周民族整体意识的需要。

周人是传统的农业民族，消弭贵族内部的纷争、追求稳定的社会环境，是其特定的生产方式的必然要求。过去，在周人处于强敌环伺的艰难环境下时，第一位的迫切要求是必须有精明强干的领导，其他考虑尚无暇顾及。所以古公亶父死后，由于他的小儿子季历以贤能著称，因而被立为继承人。但周人代殷以后，特别是周公东征胜利以后，天下大局已定，如何能够长治久安，开始成为周统治者首要考虑的重大课题。周公在制礼作乐、实行分封、变革国家的政治制度时，在殷人已有的嫡子继承制度的基础上，把这种区分嫡庶的王位继承制度进一步严格化和推广化，并由此而贯彻到底，把这一制度由天子、诸侯进而推行到卿大夫、士等各级贵族阶层。

按照这种严格化的宗法制度的规定，各级统治者和贵族的配偶均有妻妾之别，正妻所生之子为嫡子，其余为庶子。从周王、诸侯、卿大夫到士，有权继承王位及各级爵位者只限于嫡子，在理论上为嫡长子。宗法制度在周代是一种全社会性的制度。按照这种严格化的宗法制度，由嫡长子继承的世系被称为“大宗”，嫡长子称为“宗子”，又称“宗主”，为全体族人所共尊。大宗之外的其余支系称为“小宗”。大宗在决定宗族事务，如财产、外交、祭祀、军事活动等方面拥有种种特权，而小宗则有服从大宗的义务。由此推见周代的大宗所具有的尊荣与权威。当然，我们在这里所说的“嫡长子继承制”，由于当时各种具体因素的影响，在实际的执行过程中会有种种情况各异的结果。例如在位君王的性格能力，妻妾的受宠程度和势力大小，众子的贤愚差别，等等，都可能影响到这一制度的贯彻与执行。而且，由于条件不同，各诸侯国制定的具体政策往往也并不一样。有的采取以嫡幼子继承为主，有的甚至在较长时间内保持着由“兄终弟及”到“父死子继”之间过渡的“一继一及”制度。尽管在实际的政治生活中存在着种种例外的情况，但从总体来看，周代至少在理论上是明确规定了嫡长子继承制的。这就是《左传·襄公三十一年》所说的：“太子死，有母弟则立之，无则立长，年钧择贤，义钧则卜。”意思是说：倘若太子在未即位时死去，那么应当立他同母的兄弟为太子；倘若没有同母的兄弟（意指国君正妻所生嫡子只有一人），那么就应当立庶子中最年长的为太子；倘若庶子中有两人年龄一样，那么应当立其中贤能的一位为太子；倘若年龄与贤能程度都一样，那就只好通过占卜，由神意去裁决了。应当看到，区分嫡庶，是周人宗法思想中最具关键意义和深远影响的伟大发明，后世的尊尊之统也由此奠基。周人在宗法关系政治化的过程中，不但把殷人已经实行但尚未明确总结的“亲亲”原则观念化，更明确在思想上和制度上区分嫡庶，提出了“尊尊”的原则，把宗族内部本来因血缘亲疏相同而居于同等地位的人进一步依嫡庶身份的不同而划分为不同的等级，从而使宗族内部的等级关系更加复杂、细密和固定，并通过“礼”的强制约束使这种等级关系制度化。

今日看来，周代封建制不仅是一种制度的变革，而且还导致人们的文化心理素质发生变化。就文化心理素质变化的意义而言，嫡庶制度建立的最重要结果，在于使宗族内部及与之有关的姻亲之间的人际关系大为复杂化，它不仅表现为嫡子与庶子之间的关系，而且牵涉到大宗与小宗、大宗的族人与小宗的族人、妻与妾、妻的亲属与妾的亲属、妻妾的亲属与不同等级的各类族人之间的层层关系。从宗族关系来讲，尽管“大宗”在名义上的限定比较严格，但是这种制度一旦实行，那么在每一个宗族的内部，除了继承始祖的主系之外，其他各旁支宗系在事实上都兼有大宗小宗的双重地位。

从个人关系讲，属于不同宗系、处于不同等级的人，由于各自依据自身的血缘与嫡庶地位而与宗族中的其他人具有不同的尊卑亲疏关系，所以必须分别按照尊卑亲疏关系的不同，对于地位不同的族人和姻亲采取各不相同的态度，遵守各不相同的礼仪，拥有各不相同的权利和义务。这种复杂而制度化的等级关系，大大强化了国人的角色意识，这是华夏文化区别于其他文化的最显著的一个特点。[1]

---

[1] 参见齐涛主编，王和著：《中国政治通史——从邦国到帝国的先秦政治》，泰山出版社 2003 年版，第 189—202 页。

周政权以分封制、宗法制、礼乐制等为内容建立起来一整套完善的封建制度，对传统中国产生了长期的影响。数千年来王朝虽然兴替更迭不断，但以血缘、地缘关系为纽带的宗法组织，一直充当着中国社会的基石。经过后世汉、宋等朝的继承与发展，中国民间以男系血统为中心，以家国观念为文化核心的宗族共同体长期存在，深刻地影响了此后的中国政治文化生活。

纵观历史，中国传统社会结构与古希腊的西方式社会结构有所不同。古希腊由于地处地中海沿岸，便利的交通条件使他们较早就从事商业活动，因经商而频繁迁移的结果使其氏族组织迅速解体，血缘纽带迅速断裂，因而古希腊文化较早地完成了从血缘政治到地缘政治的转变。中国则不然。由于中华民族自古以来都是以农耕为主的民族，因此对土地十分眷恋，安土重迁。这样一来，氏族社会遗留下来的、主要由血缘家族组合而成的农村乡社，也就能够世代沿袭下来。历史表明，在整个夏、商、西周时期，中国虽然已进入奴隶社会，但血缘组织却始终没有解体。

有夏一代，中国虽已进入国家阶段，但国家机器简单，并不向归属于它的氏族组织直接派遣官吏，而是利用原有氏族和部落的血缘关系，由原来的酋长继续全权治理。其余部落与夏部落的关系，由部落联盟关系转变为朝贡关系，即隶属关系。因此，夏代政治带有相当浓厚的血缘关系色彩，具有一定的宗法政治的特点，但中央与地方的关系极为松散，地方对中央王朝的关系主要表现在纳贡上面。

商王朝在政治体制上采取了“内服”和“外服”相结合的统治方式。“内服”是指王畿以内的地区，由商王直接进行统治，设有“百僚”和“百辟”等官职，具有较多的地缘关系特征。“外服”是指王畿之外的分封区。受封者有商王诸子，也有功臣和夷族首领。分封诸侯有自己的统治机构和地方武装，他们接受商王的统治与封号，其封国可以世袭。他们有为商王戍边、随王出征、纳贡服役、朝觐祭祀等义务。同时，分封诸侯们在其领地上有高度自治权。商代政治带有一定的宗法色彩，特别是在商代后期更为明显。只是由于商王朝最高统治者们始终相信君权神授，总是动辄以天帝的意志作为镇压反抗的依据，因此，他们并不把血缘关系这个维系统治集团内部团结的特殊纽带作为政治生活的第一要素。这样一来，商代政治只具有宗法制度的初级形式，还远未达到一个成熟的阶段。

西周初期，周人的血缘组织基本上没有解体。“小邦周”战胜“大国商”以后，周人难以对辽阔的疆土进行牢固的统治。在这种危急的局势之下，周武王和周公选择了以维护血缘关系为目的的宗法制度。

周公之所以选择宗法政治，也是在怀疑天命论之后所产生的必然结果。由于把天帝与祖先神灵分开，神的地位和作用大大下降，于是氏族、部落间的血缘关系就成为国家政治生活中的最高权威。因此，维系人们原有的血缘关系，就有助于“保民”。为了达到这一目的，周公把商代后期已得到初步发展的礼乐制度与宗法制度加以完善，使之最终定型，确立为周代政治制度的核心内容之一。[1]

---

[1] 辜堪生、李学林著：《周公评传》，四川大学出版社2006年版，第125—127页。

第一，在西周政权机构建设方面，实行“内外服”。西周政权机构的特点是“内外服”的设立。“夫先王之制，邦内甸服，邦外侯服，侯卫宾服，夷、蛮要服，戎、狄荒服。”(《国语·周语》)所谓“内服”，即在中央任职的各级官吏；所谓“外服”，即指分封于王畿范围以外及边远地区的贵族与侯伯。“内外服”制度构成中国早期国家中央与地方关系的雏形，是周公制礼作乐的一项重要内容。

第二，在经济制度方面，推行“井田制”。周政权对全国统治的局面稳定下来以后，周公在经济方面沿承商制，进一步完善井田制度，制定籍田法(《国语·鲁语》)。西周推行的井田制，亦是周公制礼作乐的一个重要组成部分。

第三，与西周政权建设相配套，建立一系列相关的礼仪制度与祭祀制度。这些制度，对于中华民族政治与文化心理的积淀产生了决定性的影响。它所导引出来的心理定式，经过后世儒家的不断放大，最终奠定了中国礼仪之邦的基础。

第四，教育制度方面，周公重视道德教化，实行政教合一的官学制度，加强对贵族子弟入仕前的教育。

今天，我们已不可能直接找到周公对于宗法制度的具体论述的文献。但在《左传·文公十八年》中，鲁人提到“先君周公制周礼”，并引了周公所制周礼中的一句话。由此可知，周礼确为周公所创，当无疑问。虽然我们已知流传下来的《周礼》《礼记》《仪礼》等书并非周公当年亲自编定，但它们的确又源于周公，这已是不争的事实。这些典籍中关于宗法制度的记载，大体上反映了周公当初治国理政的主要情况，成为我们研究周公宗法政治思想的主要资料来源之一。

实际上，所谓宗法，就是以家族为中心，按血缘关系远近区别嫡庶和亲疏的法则。周公所制定的宗法政治制度主要包括嫡长子继承制和宗庙继承制等。嫡长子继承制确立了嫡长子在继承权力、财产和主持祭祀等方面对于其他兄弟的优先权。按今天的观点看，它所反映的是一种法律关系。但在周初，平民和奴隶是没有什么东西可以传给后代的，因此它主要是周代贵族在进行权力分配时的一种政治规则。

周公的宗法政治思想及其实践，对古代中国社会产生了长期的影响。祖述周公的儒家学派始终倡导对宗法制度的维护。自汉武帝“罢黜百家，独尊儒术”以后，儒家思想长期居于正统学术思想的地位。这就使宗法制度在民间得到更为广泛的推行，在中国社会中形成了始终是由血缘纽带维系着的宗法组织——家族，家族充当着中国社会的基石。在西汉至南北朝时期，由于推行了保护门阀世族的九品中正制和占田制，一些宗法豪强势力崛起，在全国各地形成了一大批豪门世族。特别是在魏晋南北朝时间，因战乱频繁，统一的中央政权长期缺位，造成世家大族横断乡里，独霸一方，形成了一个个集宗法权力和政治权力于一体的血缘组织。隋唐以来，随着科举制与均田制的推行，门阀世族遭到毁灭性打击，并逐渐绝迹。但从北宋以后，在宋明理学的大力倡导下，宗法制度又在新形势下重新恢复起来。宋儒把周公所确定的宗法制度理想化，主张重建古代宗族组织，于是在中国民间自发组成了以男系血统为中心的宗族共同体。这种新的宗法组织既不同于西周时期的政治关系、血缘关系和人神关系高度统一的宗法组织，也不同于东汉以后的门阀世族及宗法豪强，而是普遍在民间形成的宗法家族，它更具有大众性和普及性。这种民间宗法家族在宋以后的中国封建社会后期存在了七八百年的时间，成为社会政治生活中的一种基本社会单元。

周公不愧是中国古代一位伟大政治家，他清楚地看到了民众在改造历史进程中的伟大作用，因而，他在总结夏、商两朝的历史经验教训的基础上，认为要“祈天永命”，必须“明德”，实行与殷末不同的政策，改革弊政，励精图治。周公重视以礼治国，明德慎罚，提出了一系列颇具创造性的法律思想，在治国方面实现了由神本文化向人本文化的法律思想与制度的转变。他在治国理政的实践过程中，重视贯彻“明德”“保民”。

在中国政治史上，“明德”思想是周公第一个提出的。

在《尚书·康诰》《尚书·多方》中周公提出“明德慎罚”的政治思想，在《尚书·无逸》《尚书·立政》中又反复讲“明德”“敬德”的重要性。

“明德”是指与暴政对立的德政而言。

“明德”包括两方面的内容：

第一，重教化、感召。周公反复强调教化的重要性，要百官臣僚“其尔典听朕教”（《尚书·酒诰》），还指出：“尚克用文王教，不腆于酒”（《尚书·酒诰》），“古之人犹胥训告，胥保惠，胥教诲，民无或胥诪张为幻”（《尚书·无逸》），教化人民不酗酒，不互相欺骗诈惑。

第二，慎罚。明德与慎罚是一个问题的两个方面，明德包括慎罚，做到慎罚就叫明德。周公认为处罚得当就是“秉德”的表现。

如何慎罚?

周公提出三点要求:一是行罚主要不看罪之大小,而要视其犯罪的动机,倘若是故意犯罪,罪行虽小也要施之重刑;若非故意犯罪,而又知道悔改,罪行虽大,也可以量刑处理。二是审查供词要慎重,要考虑五六天,甚至十天,以避免发生断案的错误。三是对“不孝不友”的“元凶”巨恶,要“刑兹无赦”;对“乃别播敷,造民大誉”的贵族,也应施以极刑。做到以上三点就达到“义刑义杀”(《尚书·康诰》),这就叫慎罚。慎罚是为了更好地用刑,以维护国家与民众的利益。[1]

在“保民”思想落实方面。

“保民”思想首由周公提出。周公反复讲:“往敷求于殷先哲王用保乂民”,“若保赤子,惟民其康乂”,“明乃服命,高乃听,用康乂民”(《尚书·康诰》)。其内容都是劝告康叔要懂得“保民”的重要性。周公告诫统治者要“知稼穑之艰难”,“知小民之依”,“能保惠于庶民”,“怀保小民,惠鲜鳏寡”(《尚书·无逸》)。注重体察民众的艰难和疾苦,不过分剥削,给百姓安居乐业的空间。

中华民族素有“礼仪之邦”的美称,但很多人尚不知道,“礼仪之邦”是由周王朝奠基与开创的。“有周一代之事,其关系于中国者至深,中国若无周人,恐今日尚居草昧。盖中国一切宗教、典礼、政治、文艺,皆周人所创也。中国之有周人,犹泰西之有希腊。泰西文化,开自希腊,至基督教统一时,希腊之学中绝。

[1] 参见詹子庆:《周公——我国古代第一位大政治家、大思想家》,《东北师大学报》(哲学社会科学版)1984年第1期。

洎贝根以后，希腊之学始复兴。中国亦有若此之象，文化虽沿自周人，然至两汉之后，去周渐远，大约学界之范围，愈趋于隘，而事物之实验，愈即于虚，所以仅食周人之弊，而不能受周人之福也。”[1]

德政之始，始于周朝。

殷周王朝新旧政权的交替变革，开启了中国社会政治和文化思想的崭新发展历程。以周公为代表的西周初年的统治者，在创建巩固新兴政权的政治活动中，基于对历史与现实、政治与文化的理性反思，创立了宗法制度的社会结构体制，确立了礼乐文化的政治道德规范，推进了中国文化的道德精神特征的兴起与发展。特别是周公提出的“以德配天”“敬德保民”“明德慎罚”的德治主张，作为西周初年中国政治文化的道德精神特征的集中体现，不仅从政治策略上和文化意识上巩固了周初政权，而且具体展示了当时中国文化对于人的存在的自觉认识和主动构建的时代轨迹。它对于中国传统社会文化的更新递进，以及民族生存方式的抉择完善，无疑具有影响深远的政治意义与重要的文化价值。

周初统治者的德治思想与实践，是在创建巩固西周政权的特定历史条件下，通过周公等人对于社会文化的反思认识和总结阐发而形成的。它不仅概括了夏商以来中国政治思想的精华，而且开启了中国政治文化对于人的存在的自觉认识历程。

从三代历史看，周族长期作为臣服于夏、商两代的的一个地方政权，为了谋求自身的生存与发展，从公刘开始，历经古公亶

[1]　杨琥编：《夏曾佑集》下，上海古籍出版社 2011 年版，第 806—807 页。

父、季历、文王等首领，在其创业过程中，皆能积德行义，笃仁行孝，敬老慈少，礼贤下士，注重倡导道德，管理教化民众。特别是文王，尤能遵后稷、公刘之业，守古公亶父、季历之法，积善累德，诸侯皆向之。周公也是“自文王在时，旦为子孝，笃仁，异于群子”（《史记·鲁周公世家》）。应该说，周王朝统治者的德政成果，是周人重德文化长期熏陶与发展的必然结果。

然而，具体而言，周王朝以德治国思想的升华与贯彻落实则是经周公之手完成的。

探讨政治策略与政权兴亡的内在关系，是周公德治思想形成的原因之一。

周初统治者在对夏、商、周三代政权变革的反思中，认识到了统治者自身行为得失是政权转移的关键因素。夏亡商兴，是由于夏朝统治者为政不行善德所致。夏朝“自孔甲以来而诸侯多畔夏，桀不务德而武伤百姓，百姓弗堪”（《史记·夏本纪》）。商汤从夏代灭亡的教训中，认识到了为政要勤于民事，有功于民，才能持有天命，巩固政权，故他说：“毋不有功于民，勤力乃事”，“古禹、皋陶久劳于外，其有功乎民，民乃有安”，“后稷降播，农殖百谷。三公咸有功于民，故后有立。昔蚩尤与其大夫作乱百姓，帝乃弗予，有状。先王言不可不勉。”（《史记·殷本纪》）由此可见，能否实行有德于民的政治策略，是一个政权兴亡的重要因素。周公在总结商亡周兴的原因时认识到，商朝的灭亡是由于其统治者为政实行残暴统治和腐败淫虐所致。商朝先王盘庚和武丁，由于为政不敢“自荒兹德”“不敢动用非德”，注重“用德彰厥善”（《尚书·盘庚上》），“式敷民德，永肩一心”（《尚书·盘庚下》），所以商代政权得以稳固兴盛。但是，自商王祖甲以后，“不知稼穑之艰难，不闻小人之劳，惟耽乐之从”（《尚书·无逸》），政权因以衰落。特别是商纣王，为政重用奸佞，残害贤人，滥施酷刑，不闻民苦，横征暴敛，荒淫无度，最终导致政权的覆灭。而周王朝的兴立，在于周人实施了重视德治的政治策略。特别是周朝的奠基者周文王，在其政治活动中，提倡惠和，选贤任能，注重民生，减轻税负，奠定了灭商的基础。故周公说：“文王卑服，即康功田功，徽柔懿恭，怀保小民，惠鲜鳏寡。自朝至于日中昃，不遑暇食，用咸和万民。文王不敢盘于游田，以庶邦惟正之供。”（《尚书·无逸》）由于文王为政“礼下贤者，日中不暇食以待士”，“积善累德，诸侯皆向之”（《史记·殷本纪》），最终武王得以推翻商朝政权。“纣作淫虐，文王惠和。殷是以陨，周是以兴。”（《左传·昭公四年》）以周公为代表的周初统治者，在对历史的认识总结中，在亲身经历了殷周变革的社会活动中，深刻认识到了德治政策与政权兴亡的直接关系，这就决定了他为了巩固新兴的周朝政权，必然汲取历史与现实的经验教训，实施以德治国的大政方针。

周公以德治国的思想与实践主要表现在以下几个方面。

一、规范君德

在周人看来，王之德具有多方面的要求，刘泽华将其归纳为十项内容：（1）敬天。（2）敬祖。（3）尊王命。（4）虚心地接受先哲的遗教。（5）怜小民。（6）慎行政，尽心治民。（7）无逸。（8）行教化。（9）做新民，即改造殷民，使其改邪归正。（10）慎刑罚。[1]这十项内容全面概括了周人之君“德”的内涵，从中可知，周人的王德主要在于处理好与天的关系、与民的关系、与祖先的关系以及处理好君主自身的修养关系。

二、运用尊卑有序的政治道德原则，维护人们的社会等级关系地位

宗法制度和礼乐文化的创建形成，确立了西周社会的政治道德原则，它将人们纳入了上下一统的尊卑有分、贵贱有等、长幼有序、轻重有别的社会存在关系之中。为了维护这一社会结构的巩固和运行，周政权依据人们的尊卑有分的地位关系，进行了制礼作乐的文化建构，确定了人们的社会职能和行为规范。

周代制礼作乐的文化建构，其内容主要有：畿服之制，规定了周朝中央与地方政权的等级关系；爵位之制，规定了贵族之间的等级关系；田赋之制，确定了西周的经济制度；礼仪之制，规范了人们的日常行为准则。礼乐制度的形成，不仅对人们的社会职能进行了严格的等级规定，而且对人们的行为准则进行了严格的规范。无论是在为国尽职的社会政治职能上，还是在祭祀、婚丧、服饰、宫室等生活行为上，不同的社会地位关系，皆有不同的等级规范准则，都体现了尊卑有分、贵贱有等的政治道德原则。礼乐文化制度的确立，是对人的行为方式的主动设置，周代统治者智慧地运用了宗法制度和礼乐文化的尊卑有分的政治道德原则，明贵贱，辨等列，顺少长，维护了西周政权的巩固，推进了中国早期社会和谐有序的发展。

---

[1] 参见刘泽华著：《中国古代政治思想史》，南开大学出版社 1995 年版，第 9 页。

三、推行慈孝友恭的伦理道德规范，规正人们的社会行为准则

推行慈孝友恭的伦理道德规范，是周统治者德治思想的重要内容，它的目的在于维护宗法社会的和谐运行。由于西周初年天命神学的观念意识影响着人们对于社会的认识和行为，周政权的德治思想并没能完全超越天命神学的束缚制约，依旧运用天命神学的观念意识来论证并规正由现实社会体制所决定的人的伦理道德规范的至上合理性和神圣权威性。在周初执政者看来，父慈、子孝、兄友、弟恭等伦理道德规范，是上天对人们行为准则的合理规范，具有不可违背的天赋神圣性和至上公正性。亦即人道来源于天道，天道决定了人道。周政权推行慈孝友恭的伦理道德规范，在于将人们的行为纳入统一的准则之内，人们只有绝对地遵循这些天赋的道德规范，规正自身的社会行为，才是合乎上天的意旨。不遵守慈孝友恭的天赋道德规范，就要受到代天行道的统治者“刑兹无赦”的严厉惩罚。

四、实施敬德保民的政治统治策略，保证政权的稳固与发展

敬德保民的统治策略，是周代统治者德治思想的集中体现。作为社会政治和文化思想更新递进的时代精华，它的形成和实施，具体展示了周政权对于人的存在意义的积极追求。

周代以德治国思想与主张以周公为代表。他主张执政者治理百姓，应该恭敬谨慎，具有“徽柔懿恭，怀保小民，惠鲜鳏寡”（《尚书·无逸》）的仁德意识，在为政中要以慈仁宽厚、惠和恭义的道德来规范自身的行为。统治者要能够了解民众的困苦，保证民众的基本生存。周公指出：“我有周既受。我不敢知曰：厥

基永孚于休。若天棐忱，我亦不敢知曰：其终出于不祥。”（《尚书·君奭》）周公明智地意识到，天命的转移并不以统治者的意志为根据，而以是否合于民心为尺度。他说：“弗永远念天威越我民；罔尤违，惟人。”（《尚书·君奭》）如想稳固政权，执政者就要“克敬德，明我俊民”（《尚书·君奭》），“王其德之用，祈天永命”（《尚书·召诰》）。由于民心向背决定政权的兴亡，所以执政者只有不贪图享乐，“往尽乃心，无康好逸豫，乃其乂民”。（《尚书·康诰》）故周公称赞商王祖甲“爰知小人之依，能保惠于庶民，不敢侮鳏寡”，告诫成王要“先知稼穑之艰苦，乃逸，则知小民之依”，要求为政要“无淫于观、于逸、于游、于田”，不要过分贪图安逸享乐，而要学“殷王中宗，严恭寅畏，天命自度，治民祗惧，不敢荒宁”；要学“文王卑服，即康功田功”，与民众打成一片；对于臣民不可横征暴敛，而要减轻贡赋负担，“以庶邦惟正之供”（《尚书·无逸》）；只有勤于政事，体恤民情，才能拥有天命政权。更重要的是，官吏的选用，也要以是否有德为标准。尽管西周的宗法制度有着世禄世职的规定，但周公仍然指出要选用有德之人。周公在总结历史经验与教训中认识到，桀、纣政权的覆灭，在于他们的统治集团多无德之吏，不能为政以德，“不克明保享于民，乃胥惟虐于民，至于百为，大不克开”（《尚书·多方》），因而“是惟暴德，罔后”（《尚书·立政》）。而文王之所以能够创立灭殷根基，就在于“文王惟克厥宅心，乃克立兹常事司牧人，以克俊有德”（《尚书·立政》），所以散宜生、姜太公等一大批贤臣能够以德辅助周王朝的创建。因此，周公指出，从今以后，继位君王设立官员，必须任用贤能善良的人，“继自今后王立政，其惟克用常人”，凡是“克俊有德”的贵族贤明之人，都要“用劢相我国家”(《尚书·立政》)。以德治国，统治者还要实施明德慎罚的策略。周公多次指出，文王之所以能够拥有天命，就在于他实行了“明德慎罚”的统治策略。周公强调，执政者要加强自身的道德修养，“王敬作，所不可不敬德”(《尚书·召诰》)；要多学习多思考，“惟圣罔念作狂，惟狂克念作圣”(《尚书·多方》)，只有修养道德，有德于民，才能巩固政权。只有推行德教，民众才能认识到自身的行为规范，遵守伦理道德准则，社会才能和谐有序地运行发展。惟有施行明德慎罚、恩威并施、宽严并济的重德策略，民众才能服从管理，自觉规范自身的行为，国家才会得以稳固发展。

周政权德治思想及其实践，开启了中国政治以德治国的先河，开启了中国文化对于人的存在的自觉认识历程，表明了周朝统治者在对天、人、德、政的关系认识中，发现与运用了人的存在的道德特征，认识到了人的道德存在在国家政权兴衰存亡中的重要作用。

周政中的德治思想，在中国政治和文化的发展史上具有十分重要的价值。它推进了中国传统社会和文化的道德精神特征的形成，促成了中国政治体制与道德规范的融汇合一，构筑了中国社会的政治与伦理相结合的治理范式，形成了天下一家、社会一统的结构特征，这对于中华民族的融合和发展，无疑产生了深远的凝聚向心作用。[1]

[1]　参见孙聚友：《论周公的德治思想及其文化价值》，《天津社会科学》1997年第6期。

综上所述，我们可知，唐以前周孔并称并非是空穴来风。周公不愧是中国政治与文化史上一位极为重要的人物。“谈中国传统的礼乐文化，谈人文化成，都离不开周公。更为重要的是，周公对于中国传统文化价值体系的形成和发展，有着独特的贡献。”[1]他尊重传统，注意以史为鉴。他所开创的西周人文主义精神，对后世中华文化传统产生了极为深远的影响。正是在对周公政治扬弃的基础上，孔子开创了属于自己学术思想的孔子学派，为后世中国留下了不可磨灭的重要印记。史学家钱穆因此感叹说：“中国之有孔子，其影响之大且深，夫人而知之。然孔子之学术思想，亦本于中国固有之民族性，构成于历史的自然之发展，绝非无因而致者。孔子晚年，有‘久矣！不复梦见周公’之叹，则其壮年以来之于周公，其思慕之忱为何如？孟子云‘周公、仲尼之道’，后世亦每以周、孔并称，非无故也。”[2]

春秋乱世

春秋时代是中国社会大变革的时代。这一时期由夏、商、周所建立起来的人文秩序、社会规范已经开始崩解，那种“尊尊之等，亲亲之杀”的人文秩序受到严重挑战，周“文”疲敝、礼崩乐坏是这一时代的重要特征。价值的失落带来社会的混乱，在这个时代里，各诸侯国之间，攻城以战，杀人盈城，争地以战，杀

[1] 辜堪生、李学林著：《周公评传》序，四川大学出版社 2006 年版。
[2] 钱穆著：《周公》弁言，九州出版社 2011 年版，第 1 页。

人盈野。大国之攻小国，大家之乱小家，强凌弱、众暴寡、富辱贫的现象四处蔓延，这是一个杀伐兼并的苦难时代。时代的混乱激起人们对传统的反思，对于已徒具形式的周代礼乐制度，孔子表现出了忧患意识。孔子积极探寻救世的方案，主张克己复礼，将礼建立在仁上，实现仁礼合一，重新激活了礼的现实意义，恢复周初那种政治社会秩序。

孔子并不是生在周初盛世，而是生在齐桓晋文秦穆这些诸侯争霸都已过去一百余年的东周衰世。“王权衰落，礼坏乐崩”，是当时政治的一个明显的特征。当时，周天子已经无足轻重，即使是在自己的王畿之内，政权也由王臣支配，不但周初那种“溥天之下，莫非王土；率土之滨，莫非王臣”（《诗·小雅·北山》）的大一统局面早已不复存在，就是“天下共主”的号召力和影响力也日渐衰微，“礼乐征伐自天子出”的时代已经一去不复返了。周王室的衰微，导致了社会制度和意识形态发生了急剧的变化，周公治国时期所制定实施的井田制、分封制、宗法制、等级制到东周时期不断遭到破坏，传统的礼乐制度“收拾不住”，“僭越”事件层出不穷，整个社会呈现出一种混乱的无序状态。公元前 579 年和前 546 年，晋楚两大国先后两次在宋国召开“弭兵”大会，此后，诸侯间的兼并战争少了，但各国内部权臣之间或强大氏族之间的吞并和厮杀却多了起来，就各国说，也仍是一片混乱。

到春秋中后期，诸侯大多也步周天子的后尘，国内同样是号令不行，权力逐渐落入大夫之手。例如孔子出生的鲁国，原是周公（姬旦）的封国，周公辅武王，后又相成王，遂命其子伯禽代就封于鲁。鲁国地位之显赫原居于列国之首。伯禽将周的礼乐带到鲁国，而且受成王之命享有郊祭文王的特权，因此，鲁国的礼乐向称兴盛。直至春秋末期，吴使季札聘于鲁，观周礼，仍有“观止矣”，“周礼尽在鲁矣”（《左传》襄公二十九年）之叹。但是，鲁国的国力却日益衰弱，外部，常受齐国、晋国、楚国的欺凌；内部，自鲁宣公时候，以季氏为首的三家大夫（季孙氏、叔孙氏、孟孙氏）控制了政权，鲁君大权旁落，所谓“政在季氏”好几代；由于季氏实际上代替了鲁君的权位，把政事交给出身微贱的家臣办理，久而久之便形成了尾大不掉的局面，由家臣代替世卿发号施令，后来又发展到“陪臣执国命”的地步，三家大夫的实权竟被其家臣所把持。孔子认为这都是“天下无道”的表现。对于这种时运的变化，手无寸铁的孔子感到困惑，更感到力不从心。他只能凭借自己的一腔热血，发出愤怒但无力的呐喊：

> 天下有道，则礼乐征伐自天子出；天下无道，则礼乐征伐自诸侯出。自诸侯出，盖十世希不失矣；自大夫出，五世希不失矣；陪臣执国命，三世希不失矣。天下有道，则政不在大夫；天下有道，则庶人不议。（《论语·季氏》）

孔子说：“天下政治清明时，制作礼乐和出兵打仗的事情都由周天子做主决定；天下政治昏暗时，制作礼乐和出兵打仗，由诸侯做主决定。由诸侯做主决定，经过十代很少有不垮台的；由大夫决定，经过五代很少有不垮台的。卿大夫的家臣把持政权，很少有传三代不垮台的。天下政治清明，国家政权就不会落在大夫手中，老百姓也不会非议朝廷。”

面对鲁国三桓专政礼崩乐坏的局面，孔子又曾慨叹说：

> 禄之去公室五世矣，政逮于大夫四世矣，故夫三桓之子孙微矣。（《论语·季氏》）

孔子说：“鲁国失去国家政权已经有五代了，政权落在大夫之手已经四代了，所以三桓的子孙也衰微了。”

孔子这些论断表明，他虽然无力改变现状，但他对当时的乱世情形却有着清醒的判断。

孔子的青中年时代，正是鲁国君臣之间斗争最激烈的时期。

当时，发生在鲁国最严重的政治事件有两项：

一是鲁昭公与季氏发生冲突，三家共攻昭公，昭公兵败，先投奔齐国，后又投奔晋国，经历七年的流亡生活，最后客死于晋的乾侯。

二是季氏家臣南蒯、公山弗扰、阳虎先后反叛，季桓子甚至一度被阳虎囚禁。这些严重的事件，都是孔子亲身经历的，自然都在他的思想上留下了深刻的印记，这大大激发了他的救世情怀和整顿社会秩序的热情。

孔子认为，大夫执掌国柄。家臣从主人手中夺权，这都是以下乱上的极不正常的现象。这种情况，不应该成为常态，也不能够长久存在下去。

孔子感叹世运的糟糕。

关心国家政治命运的孔子，从历史与现实两个角度求证，进而得出了自己的结论。

所谓“十世”“五世”“三世”，是孔子大体根据齐、晋、鲁三国的历史和现实情况推而言之。齐自桓公称霸至孔子此时，历无亏、孝公、昭公、君舍、懿公、惠公、顷公、灵公、庄公、景公十君而陈氏渐大，民心归陈。晋自文公称霸至孔子此时，历襄公、灵公、成公、景公、厉公、悼公、平公、昭公、顷公、定公十君，政权完全落到六卿尤其是智氏、韩、赵、魏四家的手中。鲁自大夫季友专国至季桓子，前后五代而出现陪臣阳虎执国命的情况，孔子预测，这种政权最多三代也要垮台。

如此，孔子提出了自己的政治观点：“克己复礼”“礼让为国”，恢复周朝初年的政治秩序，这是一条通往治世的道路。因为，政权愈是下移，政治危机就来得愈快。为避免社会动乱，政治秩序应恢复到“礼乐征伐自天子出”的格局，即收归军政权力于天子，建立以周天子为首的权力相对集中的统一国家。就各个封国来说，也要加强国君的权威，消除大夫专国、政出多门、争乱不已的局面，以实现社会的安定与统一。孔子这种在政治上要求集中统一的主张，是他为解决当时政治问题所开出的药方。

不仅是王权衰落，纲纪崩解，随着王权衰落，春秋时期，封建社会的阶级结构也发生了巨大变化，宗法等级制动摇，一些贵族降为平民，庶民阶层随之兴起。正所谓“君子之泽，五世而斩”（《孟子・离娄下》）。王权的衰落，导致文化与庙堂之上人才的外流，形成了“天子失官，学在四夷”（《左传・昭公十七年》）的局面。在《论语》中，孔子曾讲到周王室的乐师流落到民间的具体情况。他说：“大师挚适齐，亚饭干适楚，三饭缭适蔡，四饭缺适秦，鼓方叔入于河，播鼗武入于汉，少师阳、击磬襄入于海。”

（《论语·微子》）就是曾任“周守藏室之史”的老聃，也撇下自己的“藏室之史”官位，西出函谷关，留下《道德经》后不知所终。这些原先服务于周王家的知识分子流入各地后，自然也将他们掌握的文化知识向下层传播，而兴起的庶民阶层恰恰也有掌握文化知识的强烈要求，于是私学开始出现。由于各诸侯国统治者对于人才的急需，养士之风盛行，一大批掌握各种技艺和才能的士人，活跃于政治的舞台。孔子便是士阶层的一个代表。他还适应时代的要求，以自己的活动，使士阶层的阵容和影响进一步发展、扩大，为战国时期的百家争鸣从组织上和思想上作了准备。

另外，春秋时期，“天子失官，学在四夷”（《左传·昭公十七年》），文化下移的时代亦为孔子私人办学建立自己的学术流派提供了客观条件。

春秋以前，学在王官。正如《礼记》所言：“古之教者，家有塾，党有庠，术有序，国有学。”“小学在公宫南之左，大学在郊。”（《礼记·王制》）在教育制度上，可以分为贵族、平民两类学校。文化学术皆由官办。贵族子弟学习礼乐射御书数等课程，以备未来从政之用。平民子弟则只能接受一般文化课程与军事训练的教育。教育贵族子弟的教师由行政官员兼任。主要包括：师氏，“以三德教国子：一曰至德，以为道本；二曰敏德，以为行本；三曰孝德，以知逆恶”。保氏，“养国子以道。乃教之六艺，一曰五礼，二曰六乐，三曰五射，四曰五驭，五曰六书，六曰九数”（《周礼·地官司徒·师氏、保氏》）。

周平王东迁后，文化学术开始由官方垄断向民间下移，这为民间私学的兴起准备了条件。在孔子学派出现前夕，有些地方已经出现私人设教的现象。据《吕氏春秋·下贤篇》记载，壶丘子林就有自己的门弟子，郑子产去看望他时，他正在与其弟子按年龄排座次。又据同书《吕氏春秋·离谓篇》的记载，郑国的邓析还办过类似今天的诉讼方面的法律培训班，凡要学打官司的，只要交纳一定衣物作报酬，就可以到他那里学习与掌握诉讼方面的知识。结果，“民之献衣襦袴而学讼者，不可胜数。”稍前于孔子或约略同时的私人设教者，就有詹何、王骀、少正卯等。这些记载虽系传闻，但这类传闻如此之多则反映了一定的历史真实。孔子的私学及其学说正是在这种气候下兴办起来的。

总之，春秋时期是一个社会大变革的时代。如果借用恩格斯论欧洲文艺复兴时期的话来讲，也可以说春秋战国时期是一个“需要巨人而且产生了巨人”的时代。孔子正是这个伟大时代产生的文化巨人。在这种形势下，孔子学派之应运而生，便不仅是机缘巧合，更是客观使然了。

孔子之前文献鸟瞰

中国是一个历史悠久的文明古国，其所以称为文明古国，重要原因之一就是它保有比较完好的两千余年前的以“六经”为代表的古代文献。“六经”为孔子所整理编纂，他是从远古到夏商周时期古典文献的抢救者、保护者和整理者。然而，孔子以前的文献情况是个怎样的状况呢？它对孔学的形成有何重大影响？本节就此问题简单作一梳理。

孔子是中国古代文化承上启下的集大成者。虽然孔子生在“周室微而《礼》《乐》废，《诗》《书》缺”（《史记·孔子世家》）的春秋时期，但毕竟夏商两代及其远古时代的“典籍传述”，即使已经残缺不全，大概还能见到一些，不然，孔子就没有可能“追迹三代之礼，序《书·传》，上纪唐虞之际，下至秦缪，编次其事”（《史记·孔子世家》）了。即便如此，当时孔子也还是有“文献不足”（《论语·八佾》）的苦恼。从他的苦衷中可知，夏商中央方面的资料还可见到，但地方资料如杞国、宋国的资料则看不到或者看不全了。

当时孔子所能看到的资料，大致应该有如下数种：

《三坟》，记述伏羲、神农、黄帝时代的典籍。

《五典》，记述少昊、颛顼、高辛、唐尧、虞舜的典籍。

《八索》，大概是关于八卦的最早之典籍。

《九丘》，主要是记录九州土地、风气之类的典籍。

以上所说的《三坟》《五典》《八索》《九丘》等书，根据《左传·昭公十二年》载楚国的左史倚相当时还能读到，这说明这些书在孔子时代还存在，楚国左史倚相能看到，在以文献古籍存留著称的鲁国，孔子肯定也能看得到。不过，这些书在今天也就是只剩下个书名了。除此之外，对孔子学说的产生具有文化意义的还有如下文献典籍：

《春秋》，鲁国史书。

《诗》，记载从西周初年到春秋时期的各地诗歌。

《易》，守凶吉成败，卜凶吉利害的典籍。

《礼》，周公制定的礼乐制度。使知上下之则。

《乐》，周代的音乐典籍。

《令》《语》《故志》《训典》等官书。[1]

以上九种也是孔子创立儒家学说的重要文献典籍，当时很多还作为了贵族教育的课本。

此外，夏商周三代的《图》《法》《坤乾》《夏书》《商书》《周书》《数》以及记述当时天文、历法、医药、农桑、工艺、民歌等的文献资料，孔子是否都看到过，不得而知。不过，上述这些文献典籍，孔子即使看不完全，也肯定见过绝大部分，这可从孔学内容中找到蛛丝马迹。

[1] 参引匡亚明著：《孔子评传》，齐鲁书社 1985 年版，第 323—325 页。

第三章　孔学的基础

“孔子学堂”：孔学的摇篮

说孔子是一位成功的教育家，大概没有多少人会有反对意见。

从先秦史料看，孔子确实是中华民族历史上第一位成功开办私人学堂并且极大地影响当时及后世历史的民间教育家。他首创平民教育、无等级全民教育，继承、发展和传播了从远古传说直到春秋中期一千余年的古代文化，他在教学过程中所建立起来的教学目标、治学态度，所形成的教学智慧等，很多都具有超越时空性，成为后人办教育所应该借鉴的永恒性资源，直到今天，仍然值得我们学习、研究和借鉴。清初康熙皇帝为曲阜孔庙大成殿所提写的“万世师表”四字，应该算是中国古代社会历代官方所加给孔子的众多耀眼称号中最靠谱的一个了。

严格意义上说，创办私人学堂，孔子并非中国历史上第一家。

在孔子前后，也有别人创办私学，但史料表明，他们的成就都远远不及孔子。在孔子办学前夕，有些地方已经出现私人设教的现象。如据《吕氏春秋·下贤篇》中记载，与孔子同时代的壶丘子林就有自己的门弟子，当郑子产去看望他时，他正在与其弟子按年龄排座次。又据同书《吕氏春秋·离谓篇》中的记载，郑国的邓析还办过类似今天诉讼类性质的法律培训班，凡要学打官司的，只要交纳一定衣物作为报酬，就可以到他那里学习和掌握诉讼方面的知识及技能。结果，“民之献衣襦袴而学讼者，不可胜数”。不仅如此，稍前于孔子或约略与孔子同时的私人设教者，还有詹何、王骀、少正卯等人。俗话说，独木不成林，一花开放不是春。春秋时期“学移民间”的形势是孔子举办私学得以成功的基本条件。只不过，孔子用他的毕生精力，用他的坚持、勤奋、智慧和汗水，让自己的私人学堂从无到有，从小到大，越办越好，后又因为他的学生们的发扬和光大，最终在当时的众多私人学堂中脱颖而出，成为私人成功办学的一个典范而已。

孔子创办私学的影响至大至远，在古今中外历史上也是不多见的。在办学过程中，孔子逐渐完善自己的教学内容与学术思想，最终形成了孔子学派。这并不奇怪。在孔子之前，不乏创办私学之人；在孔子之后，开办私学的人更是多得如过江之鲤，多不胜举。然而，只有孔子一人被历史公认为中国民办教育者的鼻祖。

孔学之所以能够具有如此长久的影响力，首先与孔子办学理念的高度有关。

今日人们常说，高度决定出路，细节决定成败。反观孔学，孔子恰恰在这两点上做到了极致。

第一，孔子创办的私学，可以说是真正意义上的“大学”，无论是知识结构或是铸造人的灵魂的高度，在当时都罕有其匹。

“大学”这个词的最早来源，可以追溯到《礼记·大学》篇。《大学》开篇即讲：

> 大学之道，在明明德，在亲民，在止于至善。
>
> 知止而后有定，定而后能静，静而后能安，安而后能虑，虑而后能得。
>
> 物有本末，事有终始，知所先后，则近道矣。
>
> 古之欲明明德于天下者，先治其国，欲治其国者，先齐其家；欲齐其家者，先修其身；欲修其身者，先正其心；欲正其心者，先诚其意；欲诚其意者，先致其知，致知在格物。
>
> 物格而后知至，知至而后意诚，意诚而后心正，心正而后身修，身修而后家齐，家齐而后国治，国治而后天下平。
>
> 自天子以至于庶人，壹是皆以修身为本。其本乱而末治者，否矣。其所厚者薄，而其所薄者厚，未之有也。此谓知本，此谓知之至也。

这既是《大学》的开篇，实际上也是《大学》篇中的点睛之笔。在这里，它明确提出了大学学习的最高目标是“明明德”“亲民”与“止于至善”三个方面。

《大学》一开始即开门见山地说：

大学的宗旨在于弘扬人的正大光明的品性，在于使人不断弃旧图新、勇猛精进，在于使人不懈地追求至善至美的境界。

一个人只有明白自己应该追求的目标才能够志向坚定；志向坚定才能够镇静不躁；镇静不躁才能够心安气定；心安气定才能够思虑周详；思虑周详才能够有所收获。每样事物都有根本有枝末，每件事情都有始有终。明白了这本末始终的道理，就可以接近事物发展的规律了。

古代那些想要在天下弘扬正大光明品德的人，先要治理好自己的国家；要想治理好自己的国家，先要管理好自己的家庭；要想管理好自己的家庭和家族，先要修养好自身的品性；要想修养好自身的品性，先要端正自己的心思；要想端正自己的心思，先要使自己的意念真诚；要想使自己的意念真诚，先要使自己获得知识；获得知识的途径在于认识、研究万事万物。对万事万物认识、研究后才能获得知识；获得知识后意念才能真诚；意念真诚后心思才能端正；心思端正后才能修养品性；品性修养后才能管理好家庭和家族；管理好家庭和家族后才能治理好国家；治理好国家后进而才能使天下太平。上自天子，下至百姓，人人都应以修养品性为根本。若这个根本被扰乱了，家庭、家族、国家、天下要想治理好是不可能的。不分轻重缓急，本末倒置却想做好事情，这也同样是不可能的！

《大学》还认为，人生来就具有高尚的“明德”，入世以后，“明德”被掩，需要经过“大学之道”的教育，重新发扬明德，革新民心，达到道德完善的境地。具体来说，就是做到“八目”：

> “格物”“致知”“诚意”“正心”“修身”“齐家”“治国”“平天下”。

在这八目中，“修身”是根本。前四目是“修身”的方法，后三目是“修身”的目的。

《大学》宣扬修身为齐家治国平天下之本，理由如下：

首先，个人、家、国、天下是一种系列关系，个人是社会系列之始。修身和治家、治国有内在的统一性。治国是治家的扩大。其间的统一性就在于“孝悌”二字。孝的基本精神是遵守列祖列宗遗志，另外，还必须坚持一整套礼仪祭祀的制度。

《礼记·大学》中说：

> 所谓治国必先齐其家者，其家不可教而能教人者，无之。故君子不出家，而成教于国。孝者，所以事君也；悌者，所以事长也；慈者，所以使众也。（《大学·第九章》）

在这种情况下，孝悌是维护家庭、家族的思想纽带，家庭是国家的细胞，又可转化为国家。因此，修身首先要以孝悌为先。孝悌是个人、家、国、天下系列中的精神中枢。因此，百事孝为先。

《大学》强调维护宗法制度即“齐家”对于“治国平天下“的重要意义。在这方面，《大学》提倡孝、悌、慈爱。孝是协调下辈对上一辈的关系，达到老少同心；悌，是协调同辈之间长与幼的关系，达到兄弟和睦；慈爱是密切社会上人与人之间的关系。《大学》认为，协调这些关系的原则同样适用于协调国家中君臣、官民的关系。这样便把家族中宗法治理与国家中政治统治高度结合在了一起。

第二，在社会道德诸种关系中，修身是起点或中心环节。“凡为天下国家有九经，曰：修身也，尊贤也，亲亲也，敬大臣也，体（体恤、体谅）群臣也，子庶民也，来百工也，柔远人也，怀诸侯也。”九经即九项原则。在这九项原则中，修身不仅是始，而且是本。只有修身才能立道，即所谓“修身则道立”（《中庸·第二十章》）。其他八项只解决某一方面的问题，是修身在某一个方面的展开。《大学》中说：“古之欲明明德于天下者，先治其国；欲治其国者，先齐其家；欲齐其家者，先修其身；欲修其身者，先正其心；欲正其心者，先诚其意；欲诚其意者，先致其知。致知在格物。”平天下、治国、齐家、修身、正心、诚意、致知、格物八者之间，修身处于枢纽地位。正心、诚意、致知、格物是修身的功夫和修身的方式。修身向外扩充表现为齐家、治国、平天下。只有知道怎样严格要求自己，才能知道怎样治理别人。《礼记·中庸》说：“知所以修身，则知所以治人。”治人、治物、治国、治天下是治己的外化与扩大。

第三，在道德与人的关系中，人是道德的体现者。只有己正而后才能正人，己不正也就不能正人。《论语》中说：“政者，正也。”（《论语·颜渊》）《大学·第十章》说：“君子有诸己而后求诸人；无诸己而后非诸人。所藏乎身不恕，而能喻诸人者，未之有也。”

这就是说，个人有好品德才能要求别人，自己不违反道德规范，才能教育别人。自己不讲恕道，而让别人通晓并遵从道德是不可能的。所以修身是对别人提出要求的前提基础。[1]

---

[1] 刘俊田、林松、禹克坤译注：《四书全译》，贵州人民出版社 1988 年版，第 3—4 页。

总之，《大学》把人的品质修养作为个人立身进取的成败之本：

> 一家仁，一国兴仁；一家让，一国兴让；一人贪戾，一国作乱，其机如此。此谓一言偾事，一人定国。（《大学·第十章》）

所谓上有好者，下必甚焉。统治者一家仁，一国跟着兴仁；一家礼让，一国跟着兴礼让；一人贪暴，那么一国跟着作乱。事情的诀窍就在于此。一句话就能坏事，一人就能使国家安定。[1]

可见，孔学中“大学”的内涵，至少不是我们今天所讲的对于某方面技术或者某个职业性的学习，而是重在提高德行，养成全面发展的人格，然后根据自己的实际情况，积极进取，成就自身，进而改造社会，这才是大学的最根本要义。

把政治关心视为个人品质的扩大，把政治过程看成由己及人的过程，把国家和政治问题归结为个人的道德修养好坏，这就是孔子的办学之道，这就是孔子办学最高目标之所在。

从一定意义上讲，孔子所办学堂不同于今天那些专门的教育机构，更不是那些以商业运转为模式的专门的教育实体，它是一种集学问探讨与修养人生为一体的培养圣贤与政治家的地方。

孔子办学的目的，不应当简单视之为一种谋生之学，它的最重要的出发点不是培养人的某个专业技能，更不是让学生学习到

---

[1]　参见刘泽华著：《中国政治思想史集·第一卷·先秦政治思想史》，人民出版社 2008 年版，第 249—252 页。

某种专科专业成为社会上的某种“器具”，而是要全面成就并致力让个人全面地“长大”与成熟。

简言之，孔子教育是一种大成之学，是将个人修身学习与应该担当的社会责任实现了有机的结合，让人从内心滋养社会担当责任的一种高境界的学问。这种教育模式，立足于培养人的趣味高尚的价值观和价值判断能力，让学生对世界上纷纭复杂的事物具有做出正确判断与识别的能力，同时培养人的高贵品性和雍容大气、文质彬彬的气质，养成人的大眼光、大境界、大胸襟、大志向、大学问。一句话，孔子办学的目的，不是为了简单的就业，而是为了成人；不是为了一己的谋生，而是要为天下苍生谋生，谋天下太平，为往圣继绝学，争人类福祉！

孔子的私学打破了贵族对文化教育的垄断，大批新兴的地主、商人、平民子弟都可以通过这条途径接受高等教育，这在当时应该说是一个革命性的飞跃。

对比来看，在孔子之前，官学的生源很单纯，就是贵族子弟。民间虽有乡校，贫寒子弟也只不过略微习得些识文断字的简单常识而已，根本无法凭此立足社会。孔子创办的私学，生源却很复杂。《论语》里面有四个字“有教无类”（《论语·卫灵公》）可以概括孔子办学的教育方针。一句“有教无类”，让孔子办学成了中国教育史上开天辟地的大事，这“是中国教育史上划时代的革命创举”。[1] 孔子所说的“有教无类”，简单地说，就是对接受教育的对象，没有等级类别的限制，兼收并蓄，一视同仁地给予教育。

[1] 匡亚明著：《孔子评传》，齐鲁书社 1985 年版，第 278 页。

只要受教育者愿意真心实意地“志于学”，不论贫富、贵贱、族类、国别、老少，孔子都可以做到“诲人不倦”，并努力让接受教育者达到“学而不厌”的境界（《论语·述而》）。

在孔子之前，非贵族子弟是没有享受高等教育权利的。由于孔子开办私学的有教无类，各个阶层的人、各种出身的人尤其是出身于贫贱之家的人都能接受到高等教育，这就开辟了中国教育史上的新时代。

司马迁说：

> 孔子以诗书礼乐教，弟子盖三千焉，身通六艺者七十有二人。如颜浊邹之徒，颇受业者甚众。（《史记·孔子世家》）

按照司马迁的说法，孔子用《诗》《书》《礼》《乐》作教材教育弟子，就学的弟子大约在三千人，其中能精通礼、乐、射、御、书、数这六种技艺的有七十二人。至于像颜浊邹那样的人，多方面受到孔子的教诲却没有正式入籍的弟子就更多了。大家要知道，孔子时代的中国人口总共不过五六百万人而已，孔子凭自己一个人的力量，就教出三千弟子，而且以一个人的力量培养出众多具有治国安邦本领的学生。这种成功，不仅是在当时，就是在今天，其成就恐也无人能跟他相比。

生源庞杂是孔子私学的一大特点。

据史料记载，因为孔子学生成分十分复杂，曾经引起了当时社会上一些人的困惑不解。有一个叫南郭惠子的人问子贡说：“子贡先生，你老师的门下怎么那么复杂，什么人都有啊？”子贡回答

道：“我们老师啊，修养自身，等待求学者。想来的，不拒绝；想走的，不禁止。因而才会显得庞杂。”（《荀子·法行》）

孔子的门下弟子，确实什么人都有：

从贫富贵贱上看，穷的如颜回、原宪、仲弓、曾参、闵子骞等；富的如子贡、公西华等；贵族子弟有孟懿子、南宫敬叔等；贫贱人家的子弟，像子张是野人，子路是野人，颜涿烛也是野人。

从国别上看，孔子弟子中既有颜路、子路、宰我、曾参、澹台灭明、南宫适、有若、公西华、颜幸、冉孺、颜哙、南宫敬叔、林放等鲁国人，也有齐、楚、晋、秦、陈、卫、吴等国人，生员几乎遍及当时各主要诸侯国。

从种族看，生员既有周人后裔，如孟懿子等；也有殷人后裔，如孔忠等；还有夏人后裔，如颜回等。

从年龄看，生员则更是老少不一。子路只比孔子小 9 岁，冉求小 29 岁，闵子骞小 15 岁，颜回小 30 岁，子夏小 44 岁，子游小 45 岁，曾参小 46 岁，子张小 48 岁，冉孺小 50 岁等。在孔门还出现颜路、颜回与曾点、曾参父子同拜孔子为师的有趣现象（《史记·仲尼弟子列传》）。

从性格、志趣、品行等方面看，也各不相同。子路性鄙，好勇力；司马牛多言而躁，性格脾性不同。子张为学喜干禄，漆雕开不仕，为学志向截然相反。众多弟子因服膺儒者之学、慕孔子之德而入学，子路原本厌恶儒业，还曾经陵暴过孔子，后经孔子诱导而折节投师，入门情况亦各不相同。颜回闻一知十，而高柴“愚”、曾参“鲁”，资质各异。子游、子夏好文学，宰我、子贡善辩，然各蜚声驰誉，独放异彩。总之，弟子情况各异，千差万别，孔子却能够做到兼收并蓄，没有什么限制。[1]

在教学方法上，孔子能够做到“因材施教”。朱熹对此总结说：

夫子教人，各因其材。(《论语集注·先进篇》)

在办学的实际过程中，孔子能够根据学生不同的禀赋、思想、个性、特长、已有素质等具体情况，给他们制订相应的教学方案，施以不同的教法，有针对性地给予个性化培养教育，以使他们都能够殊途同归，得到全面健康的发展，成为德才兼备的对社会有用的人才。

孔子开办私学后，弟子陆续云集。众多学子出身、性格、年龄、志趣、特长、原有素质等方面各不相同，入学时间有先有后，在孔子身边的时间多寡不一，或始终随侍身边，或随时离开，情况很复杂，根本无法采用整齐划一的集体教学方式。具有“诲人不倦”高尚精神和抱着“忠人于事”负责态度的孔子，针对弟子各自不同的实际情况，采取了个别教学方式，做到了因人因材因时因地教学。

在实际教学中，孔子很注意考察、分析弟子们的具体实际情况，经常通过观察、谈话、讨论问题等各种方式和途径，探明弟子的思想、志向、意趣、水平、特长等，以掌握各个弟子的实际情况和具体特点。

[1] 张宗舜、李景明著：《孔子大传》，山东友谊出版社 2003 年版，第 84 页。

对于受教育者，孔子曾说："视其所以，观其所由，察其所安。人焉廋哉？人焉廋哉？"（《论语·为政》）意思是说：考察一个人待人处事所依据的原则，观察他为达到一定目的所采取的方法、途径，体察他的心情，安心于什么，不安心于什么。那么，这个人怎样能有所隐藏呢？

对于身边的弟子，孔子都能很准确地道出他们各自的特点。

例如，他评论弟子说：

"由（子路）也果（果敢）"（《论语·雍也》）；

"赐（子贡）也达（通达）"（《论语·雍也》）；

"求（冉求）也艺（多才）"（《论语·雍也》）；

"师（子张）也过（偏激、过分），商（子夏）也不及（做事不到火候）"（《论语·先进》）；

"柴（高柴）也愚（愚直）、参（曾参）也鲁（迟钝）、师（子张）也辟（偏激、孤僻）、由（子路）也喭（鲁莽、粗鲁）"（《论语·先进》）；

"回也其庶乎，屡空。赐不受命，而货殖焉，亿则屡中。"（《论语·先进》）（颜回的学问道德虽然已经很好，可是他却贫穷不堪。端木赐不安本分，而去经商，却每每能发财。）等等。

孟武伯打听子路等人的情况，孔子介绍说：

> 由也，千乘之国，可使治其赋也。
>
> 求也，千室之邑，百乘之家，可使为之宰也。
>
> 赤也，束带立于朝，可使与宾客言也。（《论语·公冶长》）

孔子对孟武伯推荐他的学生说：子路适合做主管千乘之国的军政工作；冉求可以担任千户大邑的邑宰，也可以做拥有百辆兵车的执政大夫家的总管；公西华最适合接待外宾，办理外事交涉事物的工作。

孔子在实际的教学实践中充分认识到：人的材质是有区别的，基础有好差之分，悟性有高低之别。基础好一点的人，可以为他多讲一点；基础差一点的，可能就要从最基本的东西开始。悟性高的人，可以讲得深一点；悟性浅的，就要从小事情上着手，而且不能性急。如此来看，孔子对人的教育规律把握得非常到位。正是在深入了解学生，掌握各自特点的基础上，孔子才能够根据培养目标、弟子实际和各自特点，给予有针对性的个案教育。

例如，根据各年龄段人的身心变化，孔子告诫弟子要根据不同年龄阶段生理、心理特征，注意纠正各年龄段容易产生的缺点。他提醒弟子们说：

> 少之时，血气未定，戒之在色；及其壮也，血气方刚，戒之在斗；及其老也，血气既衰，戒之在得。（《论语·季氏》）

孔子说，年轻的时候，血气不足，要警戒贪恋女色；等到壮年，血气正刚，要警戒好胜喜斗；年老了，血气已经衰弱，便要警戒自满自足、停滞不前。

对于智力对教育的影响，孔子也作了认真的总结。

孔子说：

“中人以上，可以语上也；中人以下，不可以语上也。”（《论语·雍也》）

在孔子看来，对于中等以上水平的人，才可以跟他讲论高深的学问，对于中等以下水平的人，就不可以同他讲高深的内容。只有根据受教育者的实际水平进行适当的教育，才可能取得良好的教学效果。

弟子们经常向孔子“问仁”“问礼”“问政”“问孝”“问君子”“问成人”等各类问题。孔子都能够针对学生们各自的实际做出实质不变而程度有深浅或侧重点各异的不同答复，因而收到了良好的效果。

以“问孝”为例：

子游问孝。子曰：“今之孝者，是谓能养。至于犬马皆能有养，不敬，何以别乎？”

孔子对子游说：孝就是不仅能养活父母，而且更要对父母存有敬意。

子夏问孝。子曰：“色难。有事，弟子服其劳；有酒食，先生馔，曾是以为孝乎？”

孔子对子游说：在父母面前经常保持和颜悦色就是孝。

孟懿子问孝。子曰:“无违”。“生，事之以礼;死，葬之以礼，祭之以礼。”

孔子对孟懿子说:无违父母之命，始终对父母保持礼节就是孝。

三个人提出同一个问题，但都从孔子那里得到了各自需要得到的答案。

再例如:

同一弟子在不同情况下问同一问题，孔子也常能针对不同情况给予不同的答复。

樊迟问仁。子曰:“爱人。”(《论语·颜渊》)

樊迟问仁。子曰:“居处恭，执事敬，与人忠。虽之夷狄，不可弃也。”(《论语·子路》)

樊迟问仁。子曰:“仁者先难而后获，可谓仁矣。”(《论语·雍也》)

樊迟三次问仁，孔子三次的答案各不相同。

对于“仁”的答案。孔子告诉樊迟说:首先，是“爱人”;其次，是要在平日容貌态度端正庄严，工作严肃认真，对别人做到忠诚。再次，付出努力，最后才谈收获。

有时候，几个弟子向孔子请教同样一个问题，孔子给予的答复也会意思相反。

子路问："闻斯行诸？"

子曰："有父兄在，如之何其闻斯行之？"

冉有问："闻斯行诸？"

子曰："闻斯行之。"

子路问：听说一个可行的好主张，是否马上就付诸行动？孔子说：家中有父亲兄长在，应该先向他们请教，然后再确定是否实行，怎么可以一听说就马上去做呢？可是冉有问同一问题时，孔子却说，听说以后就马上实行。公西华见老师对同一问题给出截然相反的答案，感到迷惑不解，就去问孔子。孔子解释说：

求也退，故进之；由也兼人，故退之。(《论语·先进》)

孔子耐心地对公西华解释说：冉求做事常常有些畏缩，所以我就鼓励他，给他壮壮胆，叫他马上去做。子路却不同，遇事好轻率处理，所以我叫他凡事缓一缓，等征求了父兄意见再去做，对他适当加以抑制。

由此可见，孔子在因材施教方面是非常灵活的。他很注意针对弟子的缺点而补偏救弊，同时又十分重视发挥弟子的特长，因势利导，使之学有所成，各得其长。孔门弟子能力各异，或长于理财，或善治军赋，或善于外交，或善于内政。同是身通六艺者，也各有特长。《论语》中说：

> 德行：颜渊、闵子骞、冉伯牛、仲弓；言语：宰我、子贡；政事：冉有、季路；文学：子游、子夏。(《论语·先进》)

从《论语》中的内容来看，孔子的上课，并非像我们今天这样一个班几十个人坐在教室中听老师满堂灌，他让学生和他聊天，大家一起讨论，切磋，很随便，有时屋里有时户外。人数也不会很多，随时随地教育。这种自由活泼的场景，多么令人向往！

另外，值得一提的是，在中国的教育史上，孔子还首创了启发式教学方法。

在教学过程中，孔子十分重视并坚持启发式教育，这也是他创办私学之所以能够脱颖而出、取得成功的一个重要因素。孔子发明的启发诱导的教学方法，深深地影响了后世历代教育家。南宋大教育家朱熹就深受孔子启发诱导的教学方法的影响。他说：

> 教师只是做得个引路底人，做得个证明底人，有疑难处，同商量而已。(《朱子语类辑略》)

教学本来就是教师和学生双向互动的一种汲取知识与智慧的有益活动，只有教师和学生双方的积极性、主动性实现充分、有机的结合，才能取得良好的教学效果。对于教育者而言，采取何种教学方法，往往更为重要。孔子在施教过程中，很注意调动弟子们的主动性、积极性。他提倡学思结合，引导弟子在多学基础上深入思考，循循善诱弟子积极主动地思考与提出问题。在此基础上给予指点、启发，而不是采取不顾学生具体实际情况的填鸭法式的教学法。

> 不愤不启，不悱不发。(《论语·述而》)

就是孔子对他的启发式教学法的高度概括与总结。

朱熹在其《四书集注》中对此解释说:“愤者，心求通而未得之意。悱者，口欲言而未能之貌。启，为开其意。发，为达其辞。”

这就是说，孔子是在弟子要把问题想通却又想不通的时候才开导，想说出来而又表达不出来的时候才启发。换个表达方式也就是说，只有当学生自己进入积极思维状态，在经过独立学习与思考，却又想不通、表达不清楚时，孔子才给予启发，即“开其意”“达其辞”。这种激发学生积极独立学习与思考，充分发掘学生强烈的求知欲，调动学生积极主动思维状态的创造性的教育方法，自然会收到事半功倍之效。对于今天从小学到大学，一路走来的传统填鸭式教学法来说，真正到了应该借鉴和学习孔子的启发式教学方法的时候了。

除了“不愤不启，不悱不发”，孔子还特别注意在日常教学活动中培养学生们学会类推学习法，举一反三、触类旁通。

孔子说:

> 举一隅，不以三隅反，则不复也。(《论语·述而》)

孔子的意思是，对于不能融会贯通的学生，他就暂时放慢教学的进度，等学生已经真正完全领会他的深意时，他再把教学往下进行。

朱熹在《四书集注》中对此解释说：

> 物之有四隅，举一隅可知其三。反者，还以相证之义。复，告也。

朱熹对此的理解是：孔子之意，譬如有四隅的东西，教给他的学生其中一隅，如果被教育者不能类推出其他三隅来，他就不再勉强将教学继续下去。即不再一隅一隅地讲，而是留给学生自己去类推。也就是说，孔子不去代替学生思考，而是让弟子们学会举一反三、闻一知多，锻炼由此及彼的推理判断能力。孔子的启发式教学在实践中运用得相当成功，其弟子颜回对此体会最深。他曾赞叹说：

> 仰之弥高，钻之弥坚。瞻之在前，忽焉在后。夫子循循然善诱人，博我以文，约我以礼，欲罢不能。既竭吾才，如有所立卓尔。虽欲从之，末由也已。(《论语·子罕》)

颜回认为：孔子之道，越仰望越觉得高；越用力钻研越觉得深。看似在前面，忽然又到后面去了。虽然这样高深和不易捉摸，可是老师善于诱导我们，用各种文献来丰富我的知识，又用礼来约束我的行为，使我想停止学习都不可能。我既用尽才力，似乎能够卓尔独立了。可是要想再前进一步，又不知怎样着手了。

总之，孔子私学实行“有教无类”的办学方针，适应文化下移的形势和平民学习文化的要求，开创文行忠信四教，采取因材施教、启发诱导等首创的教学方法，加上孔子“诲人不倦”的高尚精神以及认真负责的态度，种种因素，使孔子创办的私学逐渐成长壮大，以至于在当时的各诸侯国间都闻名遐迩。私学的红火又使学生越聚越多，规模越来越大，教学相长也反过来成就了孔子的伟大，这就是孔子学堂的本来面目。

践行之学：“讷于言”“敏于行”

行，在孔子的哲学系统中占有重要的地位。孔门之学，归根结底是践行之学。

行，是孔子哲学中非常重要的一项内容。“子以四教：文行忠信。”（《论语·述而》）这里的“行”，钱穆先生解释为“行，指德行”，“是道德行事”。[1] 事实上，孔子的“行”，确实含有躬行、修行、践履等道德实践的意思在内。

可以说，践履之学是孔子学说的重心。

《论语·为政》说：

> 子曰：“弟子入则孝，出则弟，谨而信，泛爱众而亲仁。行有余力，则以学文。”

[1] 钱穆著：《论语新解》，生活·读书·新知三联书店 2017 年版，第 170 页。

子夏曰："贤贤易色，事父母，能竭其力，事君，能致其身，与朋友交，言而有信。虽曰未学，吾必谓之学矣。"

在这里，孔子告诉我们，行是第一位，学是第二位；子夏告诉我们，学就是行，行就是学，学行不二。孔子与子夏的"行"，都是指德行即道德的实践活动。

入孝出悌、爱众亲仁无不是行，无不是道德的实践活动。贤贤易色、事父母、事君、与朋友交无不是行，亦无不是学。行之学或曰道德实践之学就是孔子的"为己之学"。学是为了完善自己，使自己期于君子，致力于成为圣贤，而君子、圣贤不是在典籍文献中表现出来的，而是在生活中、在行动中展现自身、表现于社会的。这是孔子及其弟子将德行即道德实践看作其学问基础的缘由。[1]

孔子开办私学的一个重要目的，就是想通过他的教育，造就大批能够具有治国平天下志向与治理能力的政治人才。而要想实现这样的目标，孔子强调其弟子应从自己的践行意识和践行能力入手修养熏陶。注重实用、注重执行力的培养，这是孔子教育的一个基本特点，也是孔学的重要内容。

践仁之学就是做人的学问。孔子曾说过："古之学者为己，今之学者为人。"（《论语·宪问》）朱熹注引程子曰："为己，欲得之于己也。为人，欲见知于人也。"这是就学习的目的说。为己，就是为了修养自己，使自己在道德学问上有所得；为人，就是做学问

[1]　颜炳罡、彭战果著：《孔墨哲学之比较研究》，人民出版社2012年版，第82页。

是为了做给别人看，让别人知道自己。孔子虽然不完全排斥后者，但显然更提倡前者。在孔子的修养学说中，为己之学占有绝大的比重。这种为己之学，显然就是孔学所讲的修养的基础。做学问，是为了实现自己的理想，而不是为了沽名钓誉，这种知行观是孔子学派能够历行数千年而不衰的一个重要原因。

孔子在教学中很重视强调一个“行”字，他认为千里之行始于足下，成功之道贵在践行，对自己对学生，他都十分重视对“躬行”修养的涵养。类似言行在《论语》中比比皆是。例如：

子曰：“君子欲讷于言而敏于行。”（《论语·里仁》）

子曰：“古者言之不出。耻躬之不逮也。”（《论语·里仁》）

子曰：“君子耻其言而过其行。”（《论语·宪问》）

子曰：“其言之不怍，则为之也难。”（《论语·宪问》）

子曰：“君子道者三，我无能焉：仁者不忧，知者不惑，勇者不惧。”子贡曰：“夫子自道也。”（《论语·宪问》）

子曰：“行己有耻。”（《论语·子路》）

子曰：“言必信，行必果。”（《论语·子路》）

子曰：“人能弘道，非道弘人。”（《论语·卫灵公》）

子曰：“过而不改，是谓过矣。”（《论语·卫灵公》）

子贡问君子。子曰：“先行其言而后从之。”（《论语·为政》）

以上凡引，并不是说孔子不重视“言”，相反，恰恰是由于他非常在乎“言”，所以他才反复强调在现实生活中要懂得“先行其言”“讷言”“慎言”的重要性。孔子专门讨论了“言”的技巧。

他说："侍于君子有三愆：言未及之而言谓之躁，言及之而不言谓之隐，未见颜色而言谓之瞽。"（《论语·季氏》）他还认为《诗》的修为就是让人们在生活工作中学会与人交际之"言"，正所谓"不学《诗》，无以言"也（《论语·季氏》）。然而，"言"固然重要，但与"行"相比，言应当从属行、配合行、为行服务。在孔子看来，行动比言语更重要。由此可见，孔门之学的立足点在于践履，在于躬行，是一门讲究实行的学问。孔学作为一门修行之学，其诀窍即在于一个"行"字上下足了功夫。

"行"是孔子哲学的重心。在孔子的力行学说中，孔子不仅高度重视与强调"行"，而且还探讨了如何"行"的问题。我们可以用《论语·卫灵公》篇中孔子对"行"的一些具体实例解释来说明。

> 子张问行，子曰："言忠信，行笃敬，虽蛮貊之邦，行矣。言不忠信，行不笃敬，虽州里，行乎哉？立则见其参于前也，在舆则见其倚于衡也，夫然后行。"子张书诸绅。
>
> 子曰："可与言而不与之言，失人；不可与言而与之言，失言。知者不失人，亦不失言。"
>
> 子曰："躬自厚而薄责于人，则远怨矣。"
>
> 子贡问曰："有一言而可以终身行之者乎？"子曰："其恕乎！己所不欲，勿施于人。"
>
> 子曰："不曰'如之何、如之何'者，吾末如之何也已矣。"
>
> 子曰："吾尝终日不食，终夜不寝，以思，无益，不如

学也。”

子曰：“君子义以为质，礼以行之，孙以出之，信以成之。君子哉！”

在以上孔子师徒对如何“行”的探讨数例中，我们可以清晰地感觉到，“行笃敬”与“礼以行之”是孔子告诉世人关于修“行”的重要方便法门。

首先来看“行笃敬”。

从逻辑语言上讲，行有广义、狭义之分，广义的行包括视、听、言、动，言也是行；从狭义的角度说，言与行相对，言是口头言说，行是通过身体力行所从事的社会活动。子张问行，孔子答以“言忠信，行笃敬”，可见孔子这里的“行”即包括言说和行为。“言忠信，行笃敬”，虽然只有六个字，但在孔子看来，这六字却道出了“行”的真谛，只要坚持“言忠信，行笃敬”六字原则，在人生前行之路上就会无往而不通，反之，背弃了这六字原则，人生前行之路就会充满坎坷。

从另外一个方面看，孔子所谓的“言忠信，行笃敬”，虽然是行事的普遍法则，然而，由于一个人所遭遇的政治形势、社会状况、具体情势各有不同，在具体行使这一法则时也应有所不同，要学会具体问题具体分析，所谓：“邦有道，危言危行，邦无道，危行言逊。”(《论语·宪问》)《广雅》说：“危，正也。”国家政治清明，贤者在职，正言正行，亦无不可；国家政治昏暗，暴君污吏布满国中，一个人做事依然要保持自己的道德操守，但说话就要逊让一些，谨慎一些，不必逞口舌之快而“忘其身以及其亲”，应时刻牢记“言寡尤，行寡悔”之训。

其次，再来看“礼以行之”。

孔子所谓“礼以行之”就是以礼行之即依礼而行。“礼”在孔学中居于最重要地位，大凡人间一切事，孔子都尽可能找到相应“礼”的依据。礼是人们立身处世的根据，也是人们道德实践的根据。孔子曰：“非礼勿视，非礼勿听，非礼勿言，非礼勿动。”视、听、言、动无不是行，这些行都合乎礼的规范而行就是道德的践履活动，就是为仁、行仁、践仁。“礼以行之”的反面则是“放于利而行，多怨”(《论语·里仁》)。“放于利”即以利为依据、为标准。孔子认为，以利为标准择取自己的行为取舍就会招致怨恨。之所以如此，是因为“放于利而行”是典型的功利主义原则，这种人的出发点、行为动机完全是出于个人利益的考量，凡是于己有利的事就干，否则就不干，趋利避害，当然会招致人们的怨恨。是“礼以行之”，还是“放于利而行”，这是两种不同的人生态度，显示不同人的道德思想境界和层位：“礼以行之”是道德的理想主义者，“放于利而行”则是功利主义者。[1]

不过，孔子虽然重视“礼以行之”，但从不对此绝对化、教条化。由于每个人的社会位阶、职责、角色、处境不同，“礼以行之”这一原则又表现为不同的形式。“子张问政。子曰：‘居之无倦，行之以忠。’”(《论语·颜渊》)“居之无倦”，郑玄注，“身居正位，不可懈倦”。郑注告诉我们，“居之无倦”就是说当事者要立于礼，与礼无所违逆。“行之以忠”是说当事者要以忠为本，保

[1]　颜炳罡、彭战果著：《孔墨哲学之比较研究》，人民出版社 2012 年版，第 85 页。

持对自己事业的忠诚。忠是当事者做好事的基本要求。君礼、臣忠、父慈、子孝、友信等就是每一个社会角色、家庭角色所行之根据。礼、忠、慈、孝、友、恭、义、顺等都是礼之不同表现形式，都可说是礼，也都可以说是以德为仁的要求。

在践行之学的大前提下，孔子的修养学说中，包括了一系列的应该践行的修行内容。下面再简单说明一下孔子修行之学的几个重要问题。

人生的修养不同，道德境界不同，志趣缘分不同，结果也就千差万别。现以子贡与孔子谈论“有道之士”的标准来说明。

> 子贡问曰：“何如斯可谓之士矣？”子曰：“行己有耻，使于四方，不辱君命，可谓士矣。”曰：“敢问其次？”曰：“宗族称孝焉，乡党称弟焉。”曰：“敢问其次？”曰：“言必信，行必果，硁硁然小人哉，抑亦可以为次矣。”曰：“今之从政者何如？”曰：“噫！斗筲之人，何足算也。”（《论语·子路》）

子贡向孔子讨教士行有道的问题，孔子告诉他要“行己有耻”。“行己有耻”就是要求士人对自己的行为有高度的警觉，时刻防止偏离中正而流于邪僻，这种警觉就是“耻感”。有耻感从而知耻，才拥有道德力量。内在于自己有耻感，外在堪大任即“使于四方，不辱君命”，孔子认为这就是理想的士。而只能做到入孝出悌而不能为社会建功立业的人可以说是次一等的士，顽固地保住言必信行必果不知以义裁之者是又一次等的士了，孔子甚至称他们为“小人儒”。而那些从政之辈，个个器量狭窄，在孔子的眼中，根本不配称士了。

换句话说，“行己有耻”也就是“行己也恭”。孔子称子产：

有君子之道四焉：其行己也恭，其事上也敬，其养民也惠，其使民也义。（《论语·公冶长》）

“行己也恭”就是庄重地看待自己的行为。能庄重地看待自己的行为是君子之道即君子处世的方法。行己有耻还是无耻，行己恭还是不恭，是检验“修己”效果的试金石。

孔子又云：“见善如不及，见不善如探汤，吾见其人矣，吾闻其语矣！隐居以求其志，行义以达其道，吾闻其语矣，未见其人也！”（《论语·季氏》）

群居终日，言不及义，好行小慧，难矣哉！（《论语·卫灵公》）

孔子所说的“行义以达其道”，即通过践履仁义以实现自己的理想；“行小慧”即玩弄小聪明，是“言不及义”，可以“小知”而不可大受的小人。在孔子看来，“行义以达其道”是非常高远的境界。“吾闻其语矣，未见其人也！”“行义”所要达的道应该是实现仁道于天下。“子张问仁于孔子。孔子曰：‘能行五者于天下，为仁矣。’请问之。曰：‘恭、宽、信、敏、惠。恭则不侮，宽则得众，信则人任焉，敏则有功，惠则足以使人。’”（《论语·阳货》）“行义”就是“行仁”。“行仁”就是“仁以为己任”。“行仁”具体落实下来就是秉持“恭”、“宽”、“信”、“敏”、“惠”五德而行。就主观层面的践履而言，行义或行仁旨在“成己”、“修己”，而就客观层面的践履而言，“行义”或“行仁”旨在“以道事君”，道易天下。主观层面的践履操之在我，即“为仁由己”。而客观层面的践履则有“遇”与“不遇”之别，故而孔子指出：“用之则行，舍之则藏。”（《论语·述而》）“邦有道，则仕；邦无道，则可卷而怀之。”（《论语·卫灵公》）诚然，用行是行仁，舍藏也是行仁；邦有道仕，是行仁，邦无道卷而怀之，也是行仁。进以礼，退以义，就个体的道德生命言，无不是以仁为己任，无不是行仁、行道。

孔子的哲学就是力行哲学。孔子的一生栖栖惶惶，席不暇暖，就是力行的一生。“为之不厌，诲人不倦”（《论语·述而》）是力行，“德之不修，学之不讲，闻义不能徙，不善不能改，是吾忧也”（《论语·述而》）。修德、讲学、徙义、改过同样是力行，孔子是力行的言诠者，也是力行的实践者。《礼记·中庸》引孔子话说：“力行近乎仁”，力行哲学就是仁学。孔子的仁学就是孔子的道，即以仁为道。诚然，孔子重学，重《诗》《书》经籍之典文，然而，学是为了“行”，行可以促进学，学与行相互发明，相得益彰。换句话说，学本身就是“行”。“学而时习之”，学之过程也是行的过程，行之过程也是学的过程。“修己以安百姓”的内圣外王之道也是行，“修己”是个体道德之行事，“安百姓”是客观的实践活动。重行是孔子思想的重要品格，也是中国文化与西方文化重要不同之点。孔子由重行传统开出了为己之学之传统，开出了为学与为人、人品与学品的统一。[1]

---

[1] 颜炳罡、彭战果著：《孔墨哲学之比较研究》，人民出版社2012年版，第87—88页。

孔子常常将智仁勇三德相提并论，他说："智者不惑，仁者不忧，勇者不惧。"（《论语·子罕》）并且自谦三样中自己一样也没有做到。"智仁勇"是孔学的一个重要范畴。智者，智慧也，主要应是指修行者明辨是非、善恶、真伪的心理、素养和能力。孔子曾说过："知者不失人，亦不失言。"（《论语·卫灵公》）仁者爱人，仁者知人，仁者比知者在精神境界上要高一个层面，因此，孔子会说："仁者安仁，知者利仁。"（《论语·里仁》）勇，则是有舍生而取义，见义勇为的意思。孔子说："见义不为，无勇也。"（《论语·为政》）后世儒家将孔学中的"智仁勇"上升为"三达德"。

在孔学的修身学问中，恭宽敬敏惠信，刚毅木讷内省等内容也均为孔学修身必备的素质，只是这内容在其后篇章还要涉及，此不赘述。

总之，孔子提倡刚毅自强，好学进取，见义勇为，知难而进；鄙弃饱食终日，无所用心，虚度年华，碌碌无为。看到学生一个个发扬蹈厉，各有特色，他无比快乐；看到"宰予昼寝"，则深加谴责；他赞赏"学如不及，犹恐失之"的态度，反对以"力不足"作借口而自暴自弃。孔子说："文，莫吾犹人也。躬行君子，则吾未之有得。"（《论语·述而》）显然有"夫子自道"的意味，表达了孔子的实践观和不断修养自身的进取精神。

治理之学：小"六艺"

匡亚明在《孔子评传》一书中认为："'六艺'古有两种含义，

一是指贵族必须学的初级的礼、乐、射、御、书、数六种技艺，二是指贵族必须学的高级的《诗》《书》《礼》《乐》《易》《春秋》六种典籍。”[1]如此而言，所谓小“六艺”，就是相对于大“六艺”而言的，一般是指周代贵族必须掌握的礼、乐、射、御、书、数六种技艺；而《诗》《书》《礼》《乐》《易》《春秋》六种典籍则是指周代贵族必须学的高级知识。它们都属于孔学中的治理学说范畴，孔子都把它们作为教学内容。本节只谈初级六艺——礼、乐、射、御、书、数部分。

《大戴礼记·保傅》说：“古者八岁而就外舍（小学），学小艺焉，履（练习）小节焉。束发（十五岁）而就大学，学大艺焉，履大节焉。”所谓“小艺”“小节”，大概就是指初级六艺。南宋朱熹也说：“三代之隆，其法寖备，然后王宫、国都以及闾巷，莫不有学。人生八岁，则自王公以下，至于庶人之子弟，皆入小学，而教之以洒扫、应对、进退之节，礼、乐、射、御、书、数之文；及十有五年，则自天子之元子、众子，以及公卿、大夫、元士之嫡子，与凡民之俊秀，皆入大学，而教之以穷理、正心、修己、治人之道。此又学校之教、大小之节所以分也。”（朱熹撰：《四书集注·大学章句序》）看来，朱熹是明确地将“礼、乐、射、御、书、数”归入小学的教学内容，可见也是把它们作为“小节”课程来看待的。

《论语》有一章记载了孔子的两个学生谈论为学次序的问题：

[1] 匡亚明著：《孔子评传》，齐鲁书社 1985 年版，第 325—326 页。

子游曰："子夏之门人小子，当洒扫应对进退则可矣，抑末也。本之则无，如之何？"子夏闻之曰："噫，言游过矣！君子之道，孰先传焉，孰后倦焉，譬诸草木，区以别矣。君子之道，焉可诬也？有始有卒者，其惟圣人乎？"（《论语·子张》）

子游说："子夏的学生，做些洒水扫地和迎送客人的事情是可以的，但这些不过是末节小事，根本的礼乐大道却没有学到，这怎么行呢？"子夏听了说："唉，子游这话就错了。君子之道，哪些先讲，哪些后讲，这就像草木一样都是分类区别的，怎么可以随意歪曲、欺骗学生呢？能循序渐进而且有始有终地教育学生，大概只有圣人才能做到吧！"这个史料说明，孔门教学生，有关于洒扫应对进退之节等"末节"方面的，也有关于根本道理方面的。初级六艺显然应属前一类。下面分而述之：

礼、乐方面。

在周代，礼乐制度配合等级制度与宗法制度，十分详细烦琐驳杂。尤其是礼的规定，更是不同阶层的人须臾所离不开，详情可见《周礼》《仪礼》《礼记》等书。《论语》中讲礼、乐的地方很多，如"兴于诗，立于礼，成于乐"（《论语·泰伯》），"事不成则礼乐不兴，礼乐不兴则刑罚不中"（《论语·子路》）等，但关于礼乐的具体仪式、节次、演习、演奏等则记载较少，只是在《乡党》《八佾》等篇中可以见到相对集中的一些表述。实际上，"礼"也是孔子教授学生礼的一项十分重要的内容，这方面孔子显然十分重视。在《论语》中，随处可以见到孔子与其弟子讨论"礼"的情节，孔子告诫学生的重点应集中在把握礼的具体内容与践行方式，而不能光熟悉礼乐的外在形式，这从他说的“礼云礼云，玉帛云乎哉？乐云乐云，钟鼓云乎哉？”（《论语·阳货》）意思中就可以看得清清楚楚。

“乐”除了具有维护等级秩序的政治意义外，还应包括乐曲的歌唱和乐器的演奏等有关音乐艺术的内容。这方面，孔子可以说很是擅长。“子与人歌而善，必使反之，而后和之。”“子于是日哭，则不歌。”（《论语·述而》）由此可见，孔子平日是经常唱歌的，除了友人丧日外，他都每天放歌。“子在齐闻《韶》，三月不知肉味，曰：‘不图为乐之至于斯也。’”（《论语·述而》）没有对音乐的深厚修养，其欣赏水平是不可能达到如此高的程度的。孔子还是弹奏琴瑟的高手，能自如地用琴瑟表达自己的感情，这不仅在《论语·阳货》《论语·先进》等篇中可以看到，而且在《孔子家语》《史记·孔子世家》《荀子·乐记》《礼记·乐记》以及司马迁等人的《乐记》中都可以看到。在《论语·八佾》中载有孔子和鲁国太师谈论音乐的一段对话，孔子说：

> 子语鲁大师乐，曰：“乐其可知也。始作，翕如也；从之，纯如也，皦如也，绎如也，以成。”

孔子是这样谈论琴曲演奏规律的：“奏乐的道理是可以知道的：开始演奏，各种乐器合奏，声音繁美；继续展开下去，悠扬悦耳，音节分明，连续不断，最后完成。”

由这些资料可知，孔子是一位造诣很深的大音乐家，在孔子的教学计划中，音乐是一门必修的课程，孔子是将乐曲的歌唱和乐器的演奏教授学生们的。

射、御方面。

《礼记·射义》中说：

> 古者诸侯之射也，必先行燕礼；卿、大夫、士之射也，必先行乡饮酒之礼。故燕礼者，所以明君臣之义也；乡饮酒之礼者，所以明长幼之序也。
>
> 故射者，进退周还必中礼，内志正，外体直，然后持弓矢审固；持弓矢审固，然后可以言中。此可以观德行矣。

古时候诸侯举行射礼，必先举行燕礼；卿大夫、士举行射礼，必先举行乡饮酒礼。因此燕礼，是用来明确君臣间的道义的；乡饮酒礼，是用来明确长幼次序的。

因此射箭的人，进退旋转必须符合礼，内心端正，外体正直，然后持弓矢稳固而瞄准无差；持弓矢稳固而瞄准无差，然后才谈得上射中。由此可见，通过射礼可以观察出一个人的德行。

射是射箭，御是驾车。这两项都是士以上的人必须掌握的专业技术。箭是古代战争中的主要武器之一；社交中也有射箭比赛。《仪礼》中就有《乡射礼》《大射》等篇。古代大夫以上的人出门要乘车，战争也以车战为主，因此，驾车技术必须讲究。《论语》中虽不见有孔子详细论述射、御方面的内容，但相关记述还是留有一些。如在《论语·八佾》篇中，孔子就说："君子无所争。必也射乎！揖让而升（登堂），下而饮，其争也君子。"又说："射不主皮。为力不同科，古之道也。"这里的"无所争"显然是指争的不是个人的权利地位，而是射箭时的比赛。周代射箭之礼，射后要计算中靶的多少，中靶少的被罚饮酒，这就要争取更多地射中，便是有所争了。但孔子强调这种争要合于礼仪，而且强调要严格要求自己。至于“射不主皮”表面上意思是说比箭不一定要穿透箭靶，因为人的力气大小不同，这是古时的规矩，实际上是提醒人们在射箭比赛时要注意礼节，友谊第一，比赛第二，不要因为意气之争而伤了和气。《礼记·中庸》引孔子的话说：“射有似君子。失诸正鹄，反求诸其身。”《礼记·射义》也说：“射者，仁之道也。射求正诸己。己正而后发。发而不中，则不怨胜己者，反求诸己而已矣。”这些言语的精神与《论语》中孔子的说法是一致的，都是强调射礼中的礼让精神和严格要求自己的精神。在《论语》中，孔子甚至还开玩笑提到，自己如果一定要出名，那就在射箭比赛上得到名声。据《论语·子罕》中记载：有位达巷党人称赞孔子：“大哉孔子！博学而无所成名。”孔子听到后对学生说：“吾何执？执御乎？执射乎？吾执御矣。”钱穆对这段话解释是：“孔子闻党人之称美，自谦我将何执。射与御，皆属一艺，而御较卑。古人常为尊长御车，其职若为人下。又以较射择士，擅射则为人上。故孔子谦言若我能专执一艺而成名，则宜于执御也。”[1]这些虽然谈的都不是射、御技艺本身，但至少表明孔子确实有以射御之道教授学生的事情。实际上，对于射礼一事，孔子还是很看重的。据《礼记·射义》中记载，孔子说：“射者何以射？何以听？循声而发，发而不失正鹄者，其唯贤者乎。若夫不肖之人，

[1] 钱穆著：《论语新解》，生活·读书·新知三联书店 2017 年版，第 201 页。

则彼将安能以中？”孔子认为：“射箭的人怎么射中？怎么听音乐的节奏？按照音乐的节奏发射，发而能射中靶心的，大概只有贤者吧。如果是无德无才的人，那他怎能射中？”由此可见，孔子不但重视射礼，而且还将它与人的德行放在一起来考查。这正是孔子强调做一个“躬行君子”的细节所在。

书、数方面。

书是写字，数是计算。古时是用毛笔蘸墨（或漆）把字写在竹简木片上。《论语》上有“子张书诸绅”（《论语·卫灵公》）的话，是写在大带上。但写字教学则在《论语》中不见记载。作为计算意思的“数”也不见于《论语》，但是“治赋”（《论语·公冶长》）、“历数”（《论语·尧曰》）等与数学有密切关系的事却屡屡提及，由此可以推知，孔子肯定是将“书、数”作为教学内容的，但其详情已不得而知。[1]

从上面的分析可知，礼、乐、射、御、书、数是早于孔子办学就已经具有的社会需要知识。既然是社会需要，孔子在教学中自然就会加以重视，这就相当于今天法律、经济、计算机编程等热门课程一样，偏重于技艺性、实践操作性，孔子用这些专业性很强的课程为社会培养专门人才的同时，也将思想性贯注于这些课程的演习、训练、运用等实践活动中，同时开设诗、书、礼、乐、易、春秋大“六艺”，以注重培养具有高深思想且具有政治理想的通才。

[1]　商聚德著：《孔子的智慧》，河北人民出版社 1997 年版，第 148—150 页。

治理之学：大“六艺”

所谓大“六艺”，就是指诗、书、礼、乐、易、春秋六门文化之学也。

诗，可谓是孔学中的文化学；书，可谓是孔学中的政治学；礼，可谓是孔学中的秩序学；乐，可谓是孔学中的音乐学；易，可谓是孔学中的智慧学；春秋，可谓是孔学中的历史学。六艺属于中国早期典籍性和理论性相结合的文化资源，经过孔子的整理、选择、修订、编纂，成了儒家学派的最核心的学术体系。

六艺即六经，六经之名是后起的。章学诚《文史通义·经解上》说：“六经不言经，三传不言传，犹人各有我，而不容我其我也。依经而有传，对人而有我，是经传人我之名，起于势之不得已，而非其质本尔也。”这个说法是比较接近于事实的。《文心雕龙·史传》说“传者转也，转受经旨以授于后”就是最好的证明。

六艺之名，始见于《周礼》。《周礼·地官·大司徒》说：“以乡三物教万民而宾兴之。一曰六德：知、仁、圣、义、忠、和；二曰六行：孝、友、睦、姻、任、恤；三曰六艺：礼、乐、射、御、书、数。”这个六艺在当时实际上是六种教学科目。孔子的六艺也是教学科目，不过，由于时代不同，已把礼、乐、射、御、书、数改为诗、书、礼、乐、易、春秋了。《史记·滑稽列传》篇首引孔子的话说：“六艺于治一也。礼以节人，乐以发和，书以道事，诗以达意，易以神化，春秋以道义。”《庄子·天下》说：“诗以道志，书以道事，礼以道行，乐以道和，易以道阴阳，春秋以道名分。”如此看来，六艺是为当时的政治服务的，而每一艺又各有特点。《荀子·劝学》说：“礼、乐法而不说，诗、书故而不切，春秋约而不速。”《春秋繁露·玉杯》说：“诗、书序其志，礼、乐纯其养，易、春秋明其知。”《史记·司马相如列传》说：“春秋推见至隐，易本隐以之显。”这又说明，先秦和汉初一些学者都认为在六经中，诗与书，礼与乐，易与春秋性质相近而又各有特点。

应该说，我们今天所见到的《诗》《书》《礼》《乐》《易》《春秋》“六经”，虽然不是全由孔子所作，但实际上都经过了孔子不同程度的整理，尽管已不是当时的原貌，但在很大程度上还是保留了孔子修订、编纂、增减的痕迹，其内容都应是研究孔学的重要史料。周予同说：“孔子既然设教讲学，学生又那么多，很难想象他没有教本。毫无疑问，对于第一所私立学校来说，现成的教本是没有的。《论语》记载孔子十分留心三代典章，指导学生学习《诗》《书》及礼乐制度，因此，我以为，孔子为了教授的需要，搜集鲁、周、宋、杞等故国文献，重加整理编次，形成《诗》《书》《礼》《乐》《易》《春秋》六种教本，这种说法是可信的。”[1]

第一，我们先来说说《诗》。

《诗》在孔子之前就早已经存在，据《左传·襄公二十九年》记载，吴季札在鲁国观周乐，各章内容已与今天流行本的《诗》相似，那时孔子才八岁；《论语·为政》曾记孔子之语，说“《诗》三百”；《论语·子路》篇中又说：“诵《诗》三百”。由此可见，

[1]　周予同著：《周予同经学史论著选集》，上海人民出版社1983年版，第801页。

“《诗》三百”之说，孔子以前就已经有了。

《诗》的内容意义，主要有“六义”等说。子夏《诗序》中，对于“诗”的意义，说得是最简明扼要的！其言曰：“诗者，志之所之也。在心为志，发言为诗。情动于中，而形于言；言之不足，故嗟叹之；嗟叹之不足，故咏歌之：咏歌之不足，不知手之舞之，足之蹈之也。情发于声，声成文，谓之音。治世之音，安以乐，其政和；乱世之音，怨以怒，其政乖；亡国之音，哀以思，其民困。故正得失，动天地，感鬼神，莫近于诗。”《毛诗序》说：“故《诗》有六义焉：一曰风；二曰赋；三曰比；四曰兴；五曰雅；六曰颂。”《周礼·春官·大师》说：“教六诗：曰风；曰赋；曰比；曰兴；曰雅；曰颂。”郑玄于“六诗”下注说：“风言贤圣治道之遗化也；赋之言铺，直铺陈今之政教善恶；比见今之失不敢斥言，取比类以言之；兴见今之美，嫌于媚谀，取善事以喻劝之；雅，正也，言今之正者以为后世法；颂之言诵也，容也，诵今之德广以美之。郑司农云：‘曰比曰兴，比者，比方于物也，兴者，讬事于物。’”孔颖达在《毛诗》疏说：“风雅颂者，诗篇之异体，赋比兴者，诗文之异辞耳。大小不同而得为六义者，赋比兴是诗之所用，风雅颂是诗之成形，用彼三事，成此三事，是故同称之义，非别有篇卷也。”

至于孔子与《诗》之间的关系，《史记·儒林列传》说：“孔子闵王道废而邪道兴，于是论次诗书，修起礼乐。”什么是论次？论是讨论去取，次是编排篇目。孔子究竟是怎样论次《诗》的，《史记·孔子世家》说的很具体。司马迁说：“古者《诗》三千余篇，及至孔子，去其重，取可施于礼义，上采契后稷，中述殷周之盛，至幽厉之缺，始于衽席，故曰‘《关雎》之乱以为《风》始，《鹿鸣》为《小雅》始，《文王》为《大雅》始，《清庙》为《颂》始’。三百五篇孔子皆弦歌之，以求合《韶》《武》《雅》《颂》之音。礼乐至此可得而述，以为王道，成六艺。”（《史记·孔子世家》）从司马迁的这段话看，孔子论次诗，首先做的是选定三百五篇诗的断代起迄和编定《风》《雅》《颂》三部分，并且为了避免简编错乱而明确规定了《风》《小雅》《大雅》《颂》的首篇各是什么。此即所谓诗的“四始”。这是读《诗》须先知道的。除了前面所说的“六义”“四始”外，“二南”、“正变”诸问题，也都蕴含孔子的用心，值得大家了解一些。

关于《诗》中“二南”之意，金景芳在《孔子新传》中颇具意味，他是这样说的：

“二南”到底应当怎么理解呢？我认为“二南”之南，既不应理解为方位词南北之南，也不应理解为“南夷之乐”之南。而应理解为《国语·周语中》“郑伯，南也”之南，这个南字古通任。郑伯之所以称南，由于其先武公庄公曾为平王卿士。卿士之职最尊，略同于周初周公召公之职，故下文说：“王而卑之，是不尊贵也。”《公羊传·隐公五年》说：“自陕而东者，周公主之，自陕而西者，召公主之。”《诗·周南》尾题为“周南之国十一篇三十六章百五十九句”。《召南》尾题为“召南之国十四篇四十章百七十七句”。“周南之国”是简语，实际就是自陕而东，周公所任之国。“召南之国”也是简语，实际就是自陕而西，召公所任之国。《三国志·陈思王植传》说：“三监之衅，臣自当之，二南之辅，求必不远。”《晋书·王导传》说：“虽有殷之殒保衡，有周之丧二南，曷谕兹怀。”《文选》潘岳《西征赋》说：“美哉邈乎！兹土之旧也。固乃周邵之所分，二南之所交。”《史记·太史公自序》“太史公留滞周南”。《索隐》引张晏说：“自陕以东皆周南之地也。一得此四证，则《周南》为周公所南之国，其地即所谓“自陕而东，周公主之”。《召南》为召公所南之国，其地即所谓“自陕而西，召公主之”已毫无疑义。由此可以看出，孔子为什么特别重视“二南”？是因为“二南”之诗是作为正风，由周召二公所南之国选出来的。“二南”之诗与其他十三国之诗的关系是正风与变风的关系。正变是编诗之义，不应理解为作诗之义。[1]

我完全同意金景芳先生的说法。

至于《诗》的“正变”，金景芳先生也有自己的观点。他说：

旧说“二南”为正风。其余十三国诗自《柏舟》至《狼跋》为变风。《小雅》自《鹿鸣》至《菁菁者莪》二十二篇为“正小雅”。自《六月》至《何草不黄》五十八篇为“变小雅”。《大雅》自《文王》至《卷阿》十八篇为“正大雅”。自《民劳》至《召旻》二十三篇为“变大雅”。“我们认为正变是编诗之义，不是作诗之义。”[2]孔子对“诗三百”的编辑是有自己深刻意图的。孔子曾说过：“吾自卫反鲁，然后乐正，《雅》《颂》各得其所。”（《论语·子罕》）

孔子重视诗教。他曾两次督促儿子伯鱼学诗：

[1]　金景芳、吕绍纲、吕文郁著：《孔子新传》，湖南出版社1991年版，第166—167页。

[2]　金景芳、吕绍纲、吕文郁著：《孔子新传》，湖南出版社1991年版，第167页。

尝独立，鲤趋而过庭。曰："学诗乎？"对曰："未也。""不学诗，无以言。鲤退而学诗。"(《论语·季氏》)

子谓伯鱼曰：女为《周南》《召南》矣乎？人而不为《周南》《召南》，其犹正墙面而立也与！(《论语·阳货》)

孔子对其子孔鲤的这番教导，自然是足以表明他对《诗》教的重视程度了。

孔子对学《诗》的意义曾做过如下论述：

小子何莫学夫《诗》？《诗》可以兴，可以观，可以群，可以怨。迩之事父，远之事君，多识于鸟兽草木之名。(《论语·阳货》)

"兴、观、群、怨"可谓是孔子对《诗》的意义的全面概括。

"兴"，古注解为"引譬连类"，即打比方，进行联想。朱熹注为"感发志意"，即获得启发和感染，借诗以言志抒情。这是讲诗的感染和陶冶作用。

"观"，古注解为"观风俗之盛衰"。朱注为"考见得失"。这是讲诗的认识作用。

"群"，古注为"群居相切磋"。朱注为"和而不流"。就是说，诗可以教人互相砥砺，增强群体意识。这是讲诗具有合群作用、团结作用。

"怨"，古注为"怨刺上政"。朱注为"怨而不怒"。就是说，诗可以批评讽喻时政，或陈述怀抱，发泄苦闷怨恨等情绪。但这种讽喻或发泄要有一定限度，它不是攻击性的，而是建设性的，是为了促其改善、改良，而不是打倒。

“迩之事父，远之事君”，朱注说：“人伦之道，诗无不备，二者举重而言。”就是说，举出事父事君这两项最重要的人伦之道，借以说明，诗具有明人伦以规范人们行为的作用。这是讲诗的伦理道德作用和政治作用。

“多识于鸟兽草木之名”，朱注为“其绪余又足以资多识”。这就是说，除上述各项外，诗还具有教科书的作用，读《诗》可以增加百科知识。[1]

总之，《诗》是孔子开设的重要文化课之一，他对《诗》在个人品德修养和社会交际上的重要作用是很看重的。

孔子对《诗》的整理，具体说来，做了如下两项工作：

其一，删汰了重复的篇章，这就是司马迁所说的“去其重，取可施于礼义”（《史记·孔子世家》）；东汉王充也说：“《诗经》旧时亦数千篇，孔子删去重复，正而存三百篇。”（《论衡·正说》）

其二，按乐曲的正确音调，进行篇章上的调整，《雅》归于《雅》，《颂》归于《颂》，使不紊乱而各得其所。由此可见，《诗》虽然不是孔子之作，但它的确是经过孔子整理才成为今天这样的文化产品。[2]

第二，我们再来看《书》。

《书》本是《尚书》原名。《经史子集概要》中说：《尚书》的命名，是说“人的尊书”。《尚书》的内容，述“二帝”“三王”的

[1] 商聚德著：《孔子的智慧》，河北人民出版社 1997 年版，第 152—153 页。

[2] 匡亚明著：《孔子评传》，齐鲁书社 1985 年版，第 338 页。

政治，论“二帝”“三王”之大道。“精一执中”，是尧、舜、夏禹相授的心法；“建中建极”，是商汤、周武相传的心法。言天，则严其心之所自出；言民，则严其心之所由施。其他一切礼乐、教化、典章、文物，无不具备于其中，所以后世“尊而重之”，定它的名曰“尚书”。“尚”之为字，盖含有“尊重”之意的。[1]

《尚书》，为我国有史以来最古的文字，也为一部世界最上古之历史，可惜这部书，自经秦始皇焚书之后，很多亡失。对于这部书，怎样击赏都不为过，所有“六经”的“大道”，竟莫不具备于是！试观全书之中，它对于“明德”和“新民”的总纲，“修身”“齐家”“治国”“平天下”的条目，即《尧典》一篇之内，已尽其大要。而《虞书·大禹谟》中，有曰：“人心惟危，道心惟微；惟精惟一，允执厥中！”这四句话，是开后世“知行”之端。《商书·咸有一德》中，有曰：“德无常师，主善为师；善无常主，协于克一！”这四句话，实示后世“博约”之义。至论“务学”，则有《说命》一篇，为其“入道”之门；论“为治”，则有《洪范》一篇，为其“经世”之要。其他：如“齐天运”，则有羲和的“历数”；“定地理”，则有《禹贡》的“敷土”；“正官僚”，则有《周官》的“制度”；“修身”“任人”的“方法”，则有《无逸》《立政》等诸篇，“指陈其义”。由是知《尚书》这一部书，可以算是能尽“六经”的“大道”了！

《尚书》，不仅能尽“六经”的“大道”；便是论“六经”的“文字”，也莫古于《尚书》！《易经》虽说创始于伏羲之时，然

[1]　顾荩臣著，金歌校点：《经史子集概要》，上海科学技术文献出版社 2016 年版，第 22 页。

只“有卦”而“没有辞”；“辞”之作，是始于周时的文王！至论“六经”的“体制”，也莫不备于《尚书》！“五经”特各主其一事而作的罢了。如《周易》主“卜筮”，便是《洪范》中的“稽疑”；《礼经》主“节文”，便是《虞书》中的“五礼”；《诗经》主“咏歌”，便是《益稷》中的“乐教”：《周礼》的“设官”，便是《周官》中“六官率属”之事；《春秋》的“褒贬”，便是《皋陶谟》中“命德讨罪”之权。总之，“五经”是各主帝王“政事”的“一端”，而《尚书》则备纪帝王一切“政治”的“全体”的。所以刘氏彦和，在他《文心雕龙·书记篇》中说：“圣贤言辞，总为尚书”；而后人亦以为“各种‘文体’，多出于《尚书》”；这两句话，真是不错！

至论《尚书》之文法者，则有汉世的扬雄氏，其言曰：“《虞》《夏》之书，浑浑尔；《商书》，灏灏尔；《周书》，噩噩尔；下周者，其谁书乎？以言其声音之广大也。”是知《尚书》的“文法”，也足为千古的“楷式”。然《尚书》并不是一代之言，故它的“文字”，往往各随其时代，而不一其体；它的大概情形，总是“简质渊悫”，而不可强通的。自《立政》以上许多篇中，不是伊尹、傅说、周公的“言辞”，便是仲虺、祖乙、箕子、召公的“陈说”；至其君臣间相与往来告诫论说的，则尧、舜、禹、汤、文、武等帝王是；所以“其文峻”而“其旨远”。自《立政》以下诸篇，其君，则成王、康王、穆王、平王；其臣，则伯禽、君牙、君陈，下至于秦时的穆公；其文辞，则一时“太史”之所为，所以它的文章，也“平易明白”，意不过其所言。这就是说，《尚书》因时代的不同，而其文也便差异了！

《尚书》文章的“概状”，既已详述如前；今更请述它的“特点”。《尚书》的“特点”，有所谓“四始”“四要”“七观”等说，条列于下：

（1）什么叫作“四始”？所谓“四始”者，例如:《商书·仲虺之诰》这一篇，是说“仁之始”的;《商书·汤诰》这一篇，是说“性之始”的;《太甲》上中下三篇，是说“诚之始”的;《说命》上中下三篇，是说“学之始”的；这便谓之“四始”。

（2）什么叫作“四要”？所谓“四要”者，据韩子有言:“记事者，必提其要，若‘天文’‘地理’‘图书’‘律吕’四者，皆《书》之要也”；这便谓之“四要”。

（3）什么叫作“七观”？所谓“七观”者，如子夏问《书》大义，孔子说:“吾于《帝典》，见尧、舜之圣焉！于《大禹谟》《皋陶谟》，见禹、稷、皋陶之忠勤功勋焉！于《洛诰》，见周公之德焉！故《帝典》，可以观‘美’;《大禹谟》《禹贡》，可以观‘事’;《皋陶谟》《益稷》，可以观‘政’;《洪范》，可以观‘度’;《泰誓》，可以观‘义’;《五诰》，可以观‘仁’;《吕刑》，可以观‘诚’。通斯七者，《书》之大义举矣！”这便谓之“七观”。

以上所举《尚书》的“三特点”，足见这部书的内容，不但具备后世文章的一切”体式”，亦且为吾人“立身”“行事”的“宝笈”。古人所谓“文以载道”之说，吾于《尚书》而益信！[1]

关于《书》与孔子之关系，司马迁说:“孔子之时，周室微而礼乐废，《诗》《书》缺。追迹三代之礼，序《书传》，上纪唐虞之

[1]　顾荩臣著，金歌校点 :《经史子集概要》，上海科学技术文献出版社 2016 年版，第 27—29 页。

际，下至秦缪，编次其事。曰：‘夏礼吾能言之，杞不足征也。殷礼吾能言之，宋不足征也。足，则吾能征之矣。’观殷夏所损益，曰：‘后虽百世可知也，以一文一质。’‘周监二代，郁郁乎文哉。吾从周。’故《书传》《礼记》自孔氏。”（《史记·孔子世家》）班固也说：“《书》之所起远矣，至孔子纂焉。上断于尧，下讫于秦，凡百篇而为之序。”（《汉书·艺文志》）

至于孔子对《书》的论次，司马迁也有自己的观点。他说：“学者多称五帝尚矣。然《尚书》独载尧以来，而百家言黄帝，其文不雅驯，荐绅先生难言之。孔子所传《宰予问五帝德》及《帝系姓》，儒者或不传……书缺有间矣，其轶乃时时见于他说。非好学深思，心知其意，固难为浅见寡闻道也”（《史记·五帝本纪》）看来孔子对《书》做了两件事，一是断限，二是选材。尧以前的东西，证据不足，故不取。自《尧典》以下所选各篇都有重要意义。《尚书大传》载有孔子“七观”之说，曰“六誓可以观义，五诰可以观仁，《甫刑》可以观诫，《洪范》可以观度，《禹贡》可以观事，《皋陶谟》可以观治，《尧典》可以观美”。此“七观”之说虽不必出自孔子，然而孔子将这些篇选入《尚书》，有他一定的用意，则是无疑的。[1]

事实上，孔子十分热衷于政治，特别重视对古代文献的搜集整理，他自己就说过“好古敏以求之”的话，尧舜禹夏商周以来的政治文献，他都锐意搜求，细心整理编纂，用之以教授学生。据《论语》等资料记载表明，孔子对《书》的内容是相当熟悉的。

[1] 金景芳、吕绍纲、吕文郁著：《孔子新传》，湖南出版社 1991 年版，第 218 页。

例如，《论语·为政》篇中云：

> 或谓孔子曰："子奚不为政？"子曰："《书》云：'孝乎惟孝，友于兄弟，施于有政。'是亦为政，奚其为为政？"

有人问孔子："你为什么不做官参政呢？"孔子回答说："《尚书》上说：'孝就是孝顺父母，友爱兄弟。'我把这种风气影响到政治上去，也就等于是参政了，不一定只有当官才算是参政吧！"

再例如，在《论语·宪问》篇中，孔子还和学生子张讨论过《尚书·无逸》中的关于守孝三年的事情。《论语·宪问》云：

> 子张曰："《书》云，'高宗谅阴，三年不言。'何谓也？"子曰："何必高宗，古之人皆然。君薨，百官总己以听于冢宰三年。"

子张说："《尚书》上说，'殷高宗守丧，三年不谈政事。'这是什么意思？"孔子说："不仅是高宗，古人都是这样。国君死了，继位者三年不问政事，文武百官各理自己的职事而听命于宰相。"

这些都表明，孔子对《书》是很重视的。

第三，我们来看《礼》。

"礼"最初所指应为远古人们的祭祀活动，是原始社会人们在长期日常生活中形成的一些风俗习惯，是人类相互交往用以表达思想感情的一种形式。

在华夏远古人们的祭祀活动中，仪式的过程、人神间的交通、人与人之间的言行，以及通过祭祀者而体现出来的、昭示于民的普遍行为规范与族群生活准则，便成为“礼”最原始、最基本的内涵。

至殷商时代，“礼”逐渐成为以日常祭祀仪式为主的社会各阶层政治与生活中的一部分。周人灭殷后，继承了一部分殷礼，结合本族原有的风俗习惯，加以糅合改造，最终形成周礼，并成为维护宗法等级制的所谓“礼治”。西周初年，“礼”的内容随社会发展不断丰富，其内涵也逐渐由最初以祭神为主扩展到对人的礼节要求。经过周初统治者对殷商之礼的整理改造，“礼”被作为治国根本大法确定了下来，内容也呈现出系统化、繁缛化特征，渗透到社会生活的方方面面。此正如《礼记·曲礼上》所言：

> 道德仁义，非礼不成；教训正俗，非礼不备；分争辨讼，非礼不决；君臣、上下、父子、兄弟，非礼不定；宦学事师，非礼不亲；班朝治军，莅官行法，非礼威严不行；祷祠祭祀，供给鬼神，非礼不诚不庄。是以君子恭敬、撙节、退让以明礼。鹦鹉能言，不离飞鸟；猩猩能言，不离禽兽。今人而无礼，虽能言，不亦禽兽之心乎？夫唯禽兽无礼，故父子聚麀。是故圣人作，为礼以教人，使人以有礼，知自别于禽兽。

该篇又云：

> 太上贵德，其次务施报。礼尚往来：往而不来，非礼也；来而不往，亦非礼也。人有礼则安，无礼则危，故曰“礼者，

不可不学也”。夫礼者，自卑而尊人，虽负贩者，必有尊也，而况富贵乎？富贵而知好礼，则不骄不淫；贫贱而知好礼，则志不慑。

先秦多种资料表明，周礼之完善，相传是完成于周公之手，所以人们常说“周公之礼”，即西周的“古周礼”。这个古礼，到孔子时，已经散失不全。《汉书·艺文志》说：“‘礼经三百，威仪三千。’及周之衰，诸侯将逾法度，恶其害己，皆灭去其籍，自孔子时而不具，至秦大坏。”

今日谈《礼》，主要是“十三经”中的“三礼”，即《周礼》《仪礼》和《礼记》。《周礼》《仪礼》，可视为礼的“经”；《礼记》则可谓是礼之“传”。其实，《周礼》原名《周官》，与孔子六经中的礼无关。《仪礼》才是孔子六经中的礼。至于《礼记》，则是七十子后学所记，不能当孔子六经中的礼。

《礼记·礼器》中说：“经礼三百，曲礼三千”。《墨子·非儒》中说：“累寿不能尽其学，当年不能行其礼。”可见当时所谓礼，至为繁缛。不过大体上说，可分为八大类。这就是如《礼记·昏义》中所说：一、冠礼。二、婚礼。三、丧礼。四、祭礼。五、朝礼。六、聘礼。七、射礼，包括“大射”“乡射”。八、乡礼，包括“乡饮酒”“乡射”。

《礼记·杂记下》中说：“恤由之丧，哀公使孺悲之孔子，学《士丧礼》，《士丧礼》于是乎书。”证明孔子对《仪礼》确实有修起之功。

《论语·八佾》中说：“子曰：‘夏礼吾能言之，杞不足征也。

殷礼吾能言之，宋不足征也，文献不足故也，足则吾能征之矣。’”同篇中又说：“子曰：‘周监于二代，郁郁乎文哉！吾从周。’”证明《仪礼》所记载的，都是周礼。

《仪礼》十七篇，礼的八大类基本上都有反映。其十七篇是：（1）《士冠礼》。（2）《士昏礼》。（3）《士相见礼》。（4）《乡饮酒礼》。（5）《乡射礼》。（6）《燕礼》。（7）《大射礼》。（8）《聘礼》。（9）《公食大夫礼》。（10）《觐礼》。（11）《丧服》。（12）《士丧礼》。（13）《既夕礼》。（14）《士虞礼》。（15）《特牲馈食礼》。（16）《少牢馈食礼》。（17）《有司彻》。

《礼记·昏礼》中说：“夫礼始于冠，本于昏，重于丧、祭，尊于朝、聘，和以射、乡：此礼之大体也。”这就是说，礼以冠礼为开端，以婚礼为根本，以丧礼、祭礼为隆重，以朝礼、聘礼为尊敬，以射礼、乡饮酒礼为亲和：这是礼的大原则。

孔子对礼的兴趣特别浓厚，儿童时代他就经常演习简单的礼仪。“孔子为儿嬉戏，常陈俎豆，设礼容。”（《史记·孔子世家》）成人后，他又到处参观、访问、收集资料，对礼进行广泛而深入的研究。创办私学后，他又把《仪礼》作为一项重要内容列入教学科目。仅就《论语》一书统计，“礼”字出现的频率就有75次。可见孔子对礼的重视。如果根据内容进行分析，孔子所说的“礼”，大体有三种含义：第一，作为历史发展标志的礼，如他说：“殷因于夏礼，所损益可知也；周因于殷礼，所损益可知也；其或继周者，虽百世可知也。”第二，作为治国之礼，如他说：“为国以礼”“齐之以礼”“克己复礼为仁”。第三，作为行为规范的礼，如他说：“不学礼，无以立”“立于礼”“非礼勿视，非礼勿听，非礼勿言，非礼勿动”“礼，与其奢也，宁俭”等。这三种含义的礼是互相联系、互相制约的，即把孔学历史观、政治观和人生观结合成为一个有机的整体。[1]这样，通过对礼的搜集、学习、整理、完善，孔子不仅重视日常生活中的礼仪，而且将“礼”提升到了自我修养的层面，从而把周代的仪礼发展到了一个更高的阶段。

第四，关于《乐》与孔学之关系。

在周代，礼乐并称，成为维护封建宗法等级制度的一部分。春秋战国时期，以孔子为代表的儒家学派，十分重视“乐”的功能及作用，在这方面留下了比较丰富的论述。

孔子思想体系以礼为核心、以仁为实践途径，强调人与人之间的相互关系，强调个体内心世界的反省，强调性格情感的引导和培养，将情感体验作为社会存在的基础和本源。

在孔子看来，只要从内心情感世界入手，对每个社会成员约之以礼，便可实现万民心治、天下大同的理想。这种以情为本的复礼之道，必然导致孔子对“乐”的重视。乐本质上具有抒发内心情感的特质，这就使儒家将其作为开掘内心世界的有效手段。

在孔子看来，“乐”不仅仅是祭祀仪式的组成部分，更是陶冶心性、培养情感的重要方式。早期儒家对乐情感本质的认知，在郭店竹简《性自命出》中有明确表述。简文论证了圣人对诗、书、礼、乐的认知，提出了“诗、书、礼、乐”均缘于“人”而发的观点，指出圣人对“乐”的情感表现进行整理，使之合于一定规范，最终实现“生德于民心之中”的目的。

---

[1]　匡亚明著：《孔子评传》，齐鲁书社 1985 年版，第 342 页。

孔子对乐与情感关系的认知，在上博馆藏战国楚竹书《诗论》中亦有明确体现。《诗论》是成书于战国初期的一篇概述诗篇特点与大义的文字，有学者认为是孔子或其再传弟子所作。[1]透过《诗论》，我们可更为深入地了解孔子对乐的认识。《诗论》第十三章中说：

> 孔子曰："诗亡（无）隐志，乐亡（无）隐情，文亡（无）隐意。"[2]

"乐无隐情"一语，是说乐曲没有隐藏情感。言下之意，凡乐曲所表达的情感喜就是喜，怒就是怒，哀就是哀，忧就是忧，怨就是怨，都能通过音乐表现出来，无法隐瞒。可见，孔子对乐的情感表现，已有十分深刻的认识。孔子评价《关雎》"乐而不淫，哀而不伤"时，对乐、哀、伤的体验，在齐闻《韶》后，"学之，三月不知肉味"的经历，击磬于卫时的复杂矛盾情感以及临终前的落泪作歌等，无不反映出他对乐情感表现意义的深刻体认。

"乐"对人的性情修养的巨大作用，使孔子将"乐"纳入礼学思想体系中来，赋予"乐"与礼、仁同等重要的地位。孔子一生强调音乐，在他看来"乐"是修养身心、陶冶情感的重要手段。孔子本身就是一位造诣很深的大音乐家。在音乐为社会、政治服务问题上，孔子将音乐与个人修养直接联系起来，主张"乐"的

[1] 黄怀信著：《上海博物馆藏战国楚竹书〈诗论〉解义》，社会科学文献出版社2004年版，第5—6页。

[2] 黄怀信著：《上海博物馆藏战国楚竹书〈诗论〉解义》，社会科学文献出版社2004年版，第267页

中和、尽善尽美以及音乐艺术的移风易俗作用，强调通过这些方式，达到个人反躬自省的“仁”。孔子这种将外在制度化的礼内化为人们自觉遵从的道德操守和情感寄托，从某种程度上实现了人的道德修养进步“成于乐”的目的，《论语》中40多次对“乐”的论说，便充分证明了这一点。孔子以情为出发点，将礼、仁、乐三者完美结合在一起。这种“礼—仁—乐”的思维模式，主张从以情感表现为本质的“乐”，导出人们对“仁”的追求和“礼”的复兴。儒家这种经典的“内圣开外王”的思维模式，可使我们更深刻地理解“乐”在孔子思想体系中不可替代的意义与价值。

纵观远古以来礼乐文明的发展，我们可以发现这样一条线索：从最初的“礼—巫—乐”，到夏商的“礼—权（神）—乐”；从周初的“礼—权（王）—乐”，到孔子的“礼—仁—乐”，其间“乐”的地位与性质虽几易其变，但依然有一条红线贯穿其中，那就是对个体生命情感价值的发现和肯定，这也是人性力量与价值在历史发展中不断彰显的体现。“如果说周公‘制礼作乐’，完成了外在巫术礼仪理性化的最终过程，孔子释‘礼’归‘仁’，则完成了内在巫术情感理性化的最终过程。”[1]从这一角度看，孔子在当时历史条件下提出的礼乐见解，较宗周及远古时期的巫乐传统，显然具有极大的历史进步性。[2]

第五，孔子与《易》的关系。

“六艺”中与孔子关涉最大，最能直接表现孔子思想者，当首

[1]　李泽厚著：《己卯五说》，中国电影出版社1999年版，第61—62页。

[2]　李宏锋著：《礼崩乐盛——以春秋战国为中心的礼乐关系研究》，文化艺术出版社2009年版，第197—199页。

推《易》和《春秋》。这两部专谈理论的经书，在“六艺”中最是深奥难懂。《易》即今传世的《周易》，原是古代的卜筮之书。朱熹在《朱子语录》中说：“《易》所难读者，盖《易》本是卜筮之书，今却要就卜筮中推出讲学之道，故成两节功夫。”今本《周易》分经、传两部分。《易经》主要指六十四卦及卦、爻辞；《易传》是对《易经》的解释，共十篇（彖上下、象上下、文言、系辞上下、说卦、序卦、杂卦），又称“十翼”。关于《易》的作者，《汉书·艺文志》有“人更三圣，世历三古”的说法，即上古伏羲氏画卦、中古周文王重卦并作卦爻辞，下古孔子作传。也还有一些不同的解释，但孔子为《易》作“十翼”的说法基本上为世人所认可。

《论语·述而》说：“加我数年，五十以学易，可以无大过矣。”《论语·子路》说：“子曰：‘南人有言曰：人而无恒，不可以作巫医。善夫！’‘不恒其德，或承之羞。’子曰：‘不占而已矣。’”这是《论语》中孔子言及《周易》的两段话，说明孔子对《周易》极感兴趣，且有深刻的理解。

《史记·孔子世家》说：“孔子晚而喜《易》，序《彖》《系》《象》《说卦》《文言》。读《易》韦编三绝。曰：‘假我数年，若是，我于《易》则彬彬矣。’”《史记·仲尼弟子列传》又说：“孔子传《易》于瞿，瞿传楚人馯臂子弘，弘传江东人矫子庸疵，疵传燕人周子家竖，竖传谆于人光子乘羽，羽传齐人田子庄何，何传东武人王子中同，同传菑川人杨何，何元朔中以治《易》为汉中大夫。”照这两处记载，孔子不但学过《易》，而且还作过《易传》，甚至还将《易》传授过弟子。《汉书·儒林传》说：孔子“盖晚而好《易》，读之韦编三绝；而为之传”。《汉书·艺文志》说：“孔氏为之《彖》《象》《系辞》《文言》《序卦》之属十篇。”《史记》与《汉书》都说孔子晚年喜《易》，都说孔子功夫下到“韦编三绝”的程度，都说孔子作了《易传》，应该说，孔子与《易》的关系十分密切了。

1973年长沙马王堆汉墓出土的汉文帝初年的手抄帛书《周易》，其经文部分取名《帛书六十四卦》已在《文物》杂志1984年第3期发表，其传文部分尚在整理中，据有关文章透露，帛书《周易》传文有今传世本《周易》没有的一些东西，其中有一部分曰《要》篇，其文曰：“夫子老而好《易》，居则在席，行则在橐。有古之遗言焉，予非安其用，而乐其辞。后世之士，疑丘者或以《易》乎！（子贡问）：夫子亦信其筮乎？（子曰）：我观其义耳，吾与史巫同途而殊归。”共计孔子五句话，子贡一句话。开头的两句是此文记录者讲的，内容都是表达孔子对《易》的态度、治《易》的方法的。

“夫子老而喜《易》，居则在席，行则在橐。”此话说孔子老年喜《易》到了居行不离的程度，是《史记》、《汉书》“韦编三绝”的另一种表述。帛书《易传》司马迁未必得见，二者不约而同地讲出内容一致的事，这事必定属实。

“有古之遗言焉，予非安其用，而乐其辞。”这是孔子的话。有古之遗言焉，是孔子强调《易》之卦爻辞中有许多古人留下的含有思想和教训意义的言论。《礼记·缁衣》引孔子话说：“南人有言曰：‘人而无恒，不可以为卜筮。’古之遗言与！龟筮犹不能知也，而况人乎！”就是很好的证明。孔子说他研《易》不是用以卜筮，而是玩索《易》的卦辞爻辞，因为辞里边含有思想意义。这表明孔子视《易》为讲思想的书，他研《易》的目的是了解它的思想内容，不是用它卜筮的。

“后世之士，疑丘者，或以《易》乎！”这话与《孟子·滕文公下》所记“知我者其唯《春秋》乎！罪我者其唯《春秋》乎”和《史记·孔子世家》所记“后世知丘者以《春秋》，而罪丘者亦以《春秋》”的孔子两段言论，句式可谓雷同。他作《春秋》鞭挞弑父弑君者，后世的乱臣贼子要罪他；而后世的士（有知识的人）要因《易》而对他疑惑不解。为什么呢？因为孔子不是一般地读《易》，而是对《易》做了深入学术研究的。孔子“不语怪力乱神”，怎么会对卜筮之书如此感兴趣呢？

“夫子亦信其筮乎”？子贡此问正是孔子担心后人要疑他的问题。子贡之所以敢对孔子如此发问，是因为他知道孔子不相信卜筮，却又不点破，而且也谈论卜筮问题。

“我观其德义耳。”孔子对卜筮与鬼神的问题不做正面回答，只是从另一个方面说，让提问者自己体会，是孔子的一贯办法。孔子不相信卜筮，却不作出肯定的表示，把问题避开，说他观《易》的德义。德义即思想内容，也就是《易》中的天之道与民之故。

“吾与史巫同途而殊归。”史巫即掌卜筮的筮人。同途是说筮人用筮卦，他也用筮卦。殊归是说虽然都用筮卦，但筮人用以卜筮，他用以研究哲理。不相信不等于不存在，对于世间万事万物，孔子绝对不采取简单肯定或者否定的办法，而是在事物的对立面中寻找一致的地方，采用折中的办法，这正是孔子“极高明而道中庸”之所在。[1]

总而言之，《易经》是一部长期形成的古代典籍，作者也不是一人，传统的说法是，伏羲作八卦，文王作卦辞，周公作爻辞，孔子作十翼。“《易传》有孔子自撰、弟子记录孔子语、采取前言旧说、后世人窜入四类情况。其中大部分应是孔子自撰。除《系辞传》《说卦传》外，《序卦传》出于孔子之手是无疑问的，《彖传》《象传》，也是孔子所作。”[2] 孔子晚年喜《易》，亲手作《易传》以及长沙马王堆汉墓出土的汉文帝初年的手抄帛书《周易》中他与子贡的对话表明：孔子对《周易》下过非凡的功夫；孔子视《周易》为哲学思想必读书；孔子不搞卜筮，但绝不公开否定卜筮。今本《易传》正是这样的思想。说《易传》是孔子所作，《易传》的思想可以反映出孔子的哲学与人生思想，大致不会相差太远。

在本节的最后，我们亦来简单考察一下孔子与《春秋》的关系。

“六艺”最后一艺是《春秋》，它与孔子有着怎样的关系呢？

一般认为，《春秋》为孔子所作。

孔子作《春秋》的起因与经过，司马迁说得很是清楚：

> 子曰：“弗乎弗乎，君子病没世而名不称焉。吾道不行矣，吾何以自见于后世哉？”乃因史记作《春秋》，上至隐公，下讫哀公十四年，十二公。据鲁，亲周，故殷，运之三

[1] 金景芳、吕绍纲、吕文郁著：《孔子新传》，湖南出版社 1991 年版，第 221—223 页。

[2] 金景芳、吕绍纲、吕文郁著：《孔子新传》，湖南出版社 1991 年版，第 227 页。

代。约其文辞而指博。故吴楚之君自称王，而《春秋》贬之曰“子”；践土之会实召周天子，而《春秋》讳之曰“天王狩于河阳”：推此类以绳当世。贬损之义，后有王者举而开之。《春秋》之义行，则天下乱臣贼子惧焉。

孔子在位听讼，文辞有可与人共者，弗独有也。至于为《春秋》，笔则笔，削则削，子夏之徒不能赞一辞。弟子受《春秋》，孔子曰：“后世知丘者以《春秋》，而罪丘者亦以春秋。”（《史记·孔子世家》）

孔子作《春秋》，从鲁隐公元年起，至哀公十四年止，是非二百四十二年中的事情，不过一万六千五百字，古人所谓“一字之褒，荣于华衮；一字之贬，严于斧钺”者是。全书体例，十分精严。自周室的德化，日见衰败，百官也都因此失其职守。于是在上的人，不能使“春秋”昭明；而一切赴告策书，及诸所注记，又常有违背旧章之处：由是孔子乃取《鲁史》策书，敷佐以成文，考察它的“真伪”，而记述它的典礼。上以遵循周公的制度，下以昭示后世的法戒。其于教化之所存，而文字有所害的，又把它刊而正之，以表示劝戒的微意，这便是孔子所以作《春秋》的意义了！而《鲁史》之所以名为《春秋》者，是因为史官的所记，必表某年以首其事；一年之中，有春、夏、秋、冬四时，所以错举“春秋”二字，以为所记的名称。因此后人谓《春秋》一书，是创史家“编年”之体的。[1]

[1] 顾荩臣著，金歌校点：《经史子集概要》，上海科学技术文献出版社 2016 年版，第 52—53 页。

《春秋》为孔子所作，这个问题《孟子》讲的最为明白。

《孟子·滕文公下》说：

> 世衰道微，邪说暴行有作。臣弑其君者有之，子弑其父者有之。孔子惧，作《春秋》。《春秋》，天子之事也，是故孔子曰："知我者，其唯《春秋》乎！罪我者，其唯《春秋》乎！"
>
> 昔者禹抑洪水而天下平，周公兼夷狄，驱猛兽而百姓宁，孔子成《春秋》而乱臣贼子惧。

《孟子·离娄下》说：

> 王者之迹熄而诗亡，诗亡然后《春秋》作。晋之《乘》，楚之《梼杌》，鲁之《春秋》，一也。其事则齐桓、晋文，其文则史。孔子曰："其义则丘窃取之矣。"

《孟子》的这三段话回答了四个问题。1.《春秋》为孔子所作。2. 孔子作《春秋》有一定的政治用意。3.《春秋》与一般史书不同，史书重事，《春秋》重义。4.《春秋》是孔子以鲁史旧文做材料，加入自己的政治观点，从而形成一部新作品。

《孟子》说："孔子曰：'其义则丘窃取之矣。'"这"窃取"一词意义重大。它表明，孔子所作的《春秋》，就内容说，虽然依然是齐桓、晋文一类的霸业，就文体说，与不修之《春秋》一样是一部史书，但不同之处是孔子作《春秋》时把自己的政治思想加进去了，这是原来鲁《春秋》所没有的，纯系孔子自己的创造。孔子给《春秋》“窃取”了一定的义，这义当然属于孔子，这就是孔子作《春秋》的含义。如果《春秋》中并没有孔子“窃取”之义，只是一部普通的“鲁之《春秋》”，那就与晋《乘》、楚《梼杌》一样没有自己的特色了。

至于孔子作《春秋》的政治用意，《孟子》讲得极为深刻。“孔子惧，作《春秋》。”“孔子成《春秋》而乱臣贼子惧。”两个“惧”字表明孔子对周室东迁后的社会变化的确是忧心忡忡。礼坏乐崩、名分淆乱的状况，他视同洪水猛兽。他想制裁弑君弑父的乱臣贼子而又深知力不能及，乃作《春秋》，以针砭当时，规范后人，达于王事，确实是孔子作《春秋》的用意之所在。

另外，关于《春秋》一书的性质，据《孟子》的说法，《春秋》是“天子之事”，写的是齐桓、晋文之类的事件，采取的是史书的文体形式，而表达的是孔子自己的“义”，这“义”就是《庄子·天下篇》说“《春秋》以道名分”的“名分”和《史记·自序》说“《春秋》以道义”的“义”。《春秋》重义不重事，当然属于政治书的性质。[1]

前文说过，《易》与《春秋》是“六艺”中两部讲理论的书，前者孔子读《易》而作《易传》，是一部哲学著作，后者孔子因《鲁春秋》而作，是一部政治性著作。二者全是最难读的书。孔子用“六艺”做教材教学生，能学懂这两部书的只有少数高足弟子。《史记·孔子世家》说：“孔子以诗书礼乐教，弟子盖三千焉，身通

[1] 金景芳、吕绍纲、吕文郁著：《孔子新传》，湖南出版社 1991 年版，第 228—229 页。

六艺者七十有二人。”三千弟子都能学习诗书礼乐四艺，其中能学通《易》与《春秋》即六艺皆通的只有七十二个人。古人言及六艺时无不《易》与《春秋》并举。《庄子·天下篇》说“《易》以道阴阳，《春秋》以道名分”，《史记·自序》说“《易》以道化，《春秋》以道义”，《史记·司马相如列传》说“《春秋》推见至隐，《易》本隐以之显”，既指出了二书的差异，又肯定了它们的共性。差异是一讲哲学一讲政治，共性是二者都是讲理论的书。

总而言之，“六艺”与孔子有着密切的关系，孔子对它们下了极大的功夫。《诗》《书》是论次，《礼》《乐》是修起，《易》是赞，《春秋》是作。这些都是孔子留下的珍贵文化遗产，也是孔子学说的主要载体，孔子的思想大量地蕴含其中，《易》与《春秋》尤为重要。治孔学而舍“六艺”于不顾，是不可思议的。[1]

夏曾佑在论孔子与“六艺”（即后来所谓之“六经”）关系时，也曾有如下比较系统之观点。他说：

> 中国之圣经，谓之六艺，一曰《诗》，二曰《书》，三曰《礼》，四曰《乐》，五曰《易象》，六曰《春秋》。其本质皆出于古之圣王，而孔子删定之，笔削去取，皆有深义。自古至今，绎之而不尽，经学家聚讼焉。
>
> 一、《易》。包牺始画八卦，因而重之为六十四卦。文王作卦辞。周公作爻辞。孔子作《彖辞》《象辞》《文言》《系辞》《说卦》《序卦》《杂卦》，是为十翼，以授鲁商瞿子木，

[1]　金景芳、吕绍纲、吕文郁著：《孔子新传》，湖南出版社1991年版，第232—233页。

凡《易》十二篇。

二、《书》。《书》本王之号令，古史所记。孔子删订，断自唐虞，下讫秦穆，典、谟、训、诰、誓、命之文，凡百篇，而为之序。及秦禁学，孔子之孙惠壁藏之，凡《书》二十九篇。

三、《诗》。诗者，所以言志，吟咏性情，以讽其上者也。古有采诗之官，王者巡守，则陈诗，以观民风，知得失，自考正也。动天地，感鬼神，厚人伦，养教化，莫近乎诗。是以孔子最先删录，既取周诗，上兼商颂，以授子夏，凡三百一十一篇。

四、《礼》。帝王质文，世有损益。至于周公，代时转浮，周公居摄，曲为之制，故曰经礼三百，威仪三千。及周之衰，诸侯始僭，将逾法度，恶其害已，皆灭去其籍，自孔子时而不具矣。孔子反鲁，乃始删定。值战国交争，秦氏坑焚，故惟《礼》经，崩坏为甚。今所存者，惟《仪礼》至为可信，《周礼》《礼记》，皆汉人所掇拾耳，凡《礼》经十七篇。

五、《乐》。自黄帝下至三代，乐各有名。孔子曰："安上治民，莫善于礼；移风易俗，莫善于乐。"二者相与并行，周衰俱坏。孔子自卫反鲁，然后乐正。然乐尤微眇，以音律为节，又为郑、卫所乱，故无遗法。

六、《春秋》。古之王者，必有史官，君举必书，所以慎言行，昭法式也。诸侯亦有国史，《春秋》即鲁之史记也。孔子应聘不遇，自卫而归，西狩获麟，伤其虚应，乃因鲁旧史，而作《春秋》，上述周公遗制，下明将来之法，勒成十二公之经，以授子夏，凡《春秋》十二篇。

右为六经，皆孔子所手定也。此外犹有二经，与六经并重，皆门人记录孔子言行之所作也。

一、《论语》者，孔子应答弟子时人，及弟子相与言，而接闻于夫子之语也。当时弟子各有所记，夫子既卒，门人相与辑而论纂，故谓之《论语》，凡二十篇。

二、《孝经》。《孝经》者，孔子为曾子陈孝道也，凡一篇。

右二经，六经之总汇。至宋儒乃取《论语》二十篇，及《礼记》中之《大学》一篇，《中庸》一篇，而益以《孟子》七篇，谓之《四书》，于今仍之不改，非孔子之旧矣。[1]

夏曾佑所论，至为精当。

孔子作为中国历史上第一位伟大的文献整理家，主要的功绩即在于他整理传播和保存了中国上古时期特别是夏商周时期的政治、经济、文化、思想等方面的宝贵资料，这对研究中国古代早期的思想文化史、政治社会史都起到了不可估量的作用，正是有这些珍稀的文明成果，中国才有成为世界文明古国的资格与底气，从这种意义上讲，“六艺”之成为“六经”，说孔子是记录和传播中国文化的圣人，看来一点也不为过。

[1] 杨琥编：《夏曾佑集》下，上海古籍出版社 2011 年版，第 832—833 页。

第四章　孔学的内核

“复礼”：如何治理国家

国家治理是孔子思想体系的核心，而这个核心中的各个环节则是由“礼”贯穿起来的。可以说，在孔子整个思想体系中，“礼”占据着决定性地位。

从历史上看，孔子“祖述尧舜，宪章文武”(《礼记·中庸》)，处处称道周礼。而周礼，是严格区别亲疏、长幼、贵贱、尊卑、上下、男女等的一整套系统的封建制度、宗法制度、贵族等级制度、财产分配原则以及伦理道德规范，是维护和巩固周王朝国家统治的重要工具。维护周礼是孔子政治活动和思想学说的出发点，其目的是恢复和维护周初周公制定的一系列国家政治社会秩序。

从政治思想看，孔子主张以礼治国，其目的为挽救礼坏乐崩，恢复西周时期的礼乐制度。从经济思想看，孔子要人们严格遵守礼的规定，按照自己的等级名分实行财产分配。从哲学思想看，孔子强调“畏天命”与“克己复礼”，他提出的仁、义、礼、智、信、忠、恕、孝悌、中庸等，显然是复礼的道德手段。从文艺思想看，孔子主张“兴于《诗》，立于礼，成于乐”（《论语·泰伯》）。以乐助礼，“礼节民心，乐和民声。”（《礼记·乐记》）从史学思想看，孔子修《春秋》，“贬天子，退诸侯，讨大夫，以达王事而已矣”，“拨乱世反之正，莫近于《春秋》”（《史记·太史公自序》）。从教育思想看，礼也是孔子教育思想的基本点，强调“不学礼，无以立”（《论语·季氏》），强调“君子博学于文，约之以礼，亦可以弗畔矣夫！”（《论语·雍也》）集中到一点，“礼”就是孔子整个思想体系的中心。《论语》全书所载孔子的言行，多在“礼”的范围之内。[1]

孔子说：“克己复礼为仁。一日克己复礼，天下归仁焉。为仁由己，而由人乎哉？”（《论语·颜渊》）在这里，复礼是行仁的最终目的，而克己则是复礼之必由途径。

在《论语》里，孔子从各个角度来谈如何“克己”。

“修己”是其中一途。子路问什么叫君子，孔子的答案是：“修己以敬”，“修己以安人”，“修己以安百姓。”（《论语·宪问》）

“约”则是孔子提出的另外一重要方法。他说：“以约失之者鲜矣。”（《论语·里仁》）意思是以礼约束自己，所犯错误就会减少。他又说：“君子博学于文，约之以礼，亦可以弗畔矣夫！”（《论语·雍也》）颜渊说：“夫子循循善诱人，博我以文，约我以礼。”

---

[1]　蔡尚思著：《孔子思想体系》，上海古籍出版社 2013 年版，第 227—228 页。

(《论语·子罕》) 颜回就是约束自己的典型，所以孔子盛赞道："贤哉，回也！一箪食，一瓢饮，在陋巷，人不堪其忧，回也不改其乐。贤哉，回也！"(《论语·雍也》)

"自戒"是克己的又一种方式。孔子说："君子有三戒：少之时，血气未定，戒之在色；及其壮也，血气方刚，戒之在斗；及其老也，血气既衰，戒之在得。"(《论语·季氏》)《论语·学而》里说："君子食无求饱，居无求安，敏于事而慎于言，就有道而正焉，可谓好学也已。"这也是教人"自戒"。

孔子还提倡"自讼""自省"和"自责"，其意仍在于克己。子曰："见贤思齐焉，见不贤而内自省也。"(《论语·里仁》)《论语·学而》里，曾子把这个问题讲得更清楚，"吾日三省吾身：为人谋而不忠乎？与朋友交而不信乎？传不习乎？"在《论语·卫灵公》里，孔子说："躬自厚而薄责于人，则远怨矣。"因此，对于当时人少有自我检讨的情形，孔子感慨良多："已矣乎！吾未见能见其过而内自讼者也。"(《论语·公冶长》)

除此之外，《论语》中还多次讲到"慎言"与"慎行"，这也算是克己的方式。尤其是，孔子还讲到一种极端克己的方式——"无争"。《论语·八佾》里说："君子无所争。"《论语·卫灵公》里说："君子矜而不争。"《论语·泰伯》里曾子说："犯而不校"，即便别人触犯自己也不去计较。

由此可见，在孔子看来，把克己的精神用于对人就是忠恕，就是爱人；用于治家，就是齐家；用于治国就是平天下。克己、爱人、复礼形成三位一体，内在精神修养与外在行为规范相互制约、相互补充。孔子由此把高尚和平庸、内美和外辱、精神满足与自我约束高度统一起来，成为统治者最理想的伦理原则。

在孔子看来，礼是治理国家的法宝，是伦理政治的实体。

孔子说："礼，经国家，定社稷，序民人，利后嗣者也。"（《左传·隐公十一年》）"民之所由生，礼为大。非礼无以节事天地之神也，非礼无以辨君臣、上下、长幼之位也；非礼无以别男女、父子、兄弟之亲，婚姻、疏数之交也。"（《礼记·哀公问》）孔子所要实行的礼，讲的是处理人际关系的行为规范。"在实践活动中，孔子的礼是人的界碑。"[1] 孔子所要实行的礼，从大处说，又是指当时的政治与社会的正常秩序，基本是周礼。正如他自己所讲："周监于二代，郁郁乎文哉！吾从周。"（《论语·八佾》）孔子认为他生活的时代是"天下无道"的时代，"有道"时代是西周。由于周礼已衰，而自己对春秋以来的礼崩乐坏又十分不满，故而孔子提出了"复礼"（《论语·颜渊》）的主张，并且以此作为他的终身的使命。

孔子认为，做一个合格的统治者，必须在思想上行动上符合周礼的规定。

把礼作为治国之经纬，是西周以来的传统思想。孔子的政治思想继承了这一点，认为礼是治国之本。"为国以礼"（《论语·先进》）集中表达了孔子对礼在政治中的地位和作用的认识。孔子一生的很大一部分时间都用在恢复周礼上面。在他看来，恢复周礼的政治措施即是"正名"，恢复周礼的思想保证是贯彻仁的原则。孔子信而好古，对传统礼乐文化有渊博的学识和精深的研究。孔

---

[1]　刘泽华著：《中国政治思想史集》第一集，人民出版社 2008 年版，第 229 页。

子自称“吾从周”，他关于礼的思想是对周礼的全面继承，同时又有所损益。《论语·为政》里，子张问今后十世的礼仪制度是否可知，孔子答道：“殷因于夏礼，所损益，可知也；周因于殷礼，所损益，可知也。其或继周者，虽百世，可知也。”在实践中，他也的确有过损益。《论语·子罕》里说：“麻冕，礼也。今也纯，俭，吾从众。”意思是说，帽子用麻织，本来是礼的规定，可是现在人们都用丝织品，比用麻织品节省。我也从众，改用丝织。因为这合乎孔子所说的“与其奢也，宁俭”（《论语·八佾》）的原则。

礼在周代，具有根本法的性质，作为人行为规范，已经具有道德准则和社会政治制度的双重含义。礼在孔子那里同样具有双重性。一方面，礼是社会生活必须遵守的道德规则。孔子要求处处以礼为规范，“博学于文，约之以礼”，要求“非礼勿视，非礼勿听，非礼勿言，非礼勿动”（《论语·里仁》）。因为在他看来，“不学礼，无以立”（《论语·季氏》）。“不知礼，无以立也”（《论语·尧曰》）。所以，孔子对遵礼的要求十分严格，有时甚至达到刻板和迂腐的程度。《论语·八佾》记载：“子贡欲去告朔之饩羊。子曰：‘赐也！尔爱其羊，我爱其礼。’”古代秋冬之时，周天子向诸侯颁发第二年的历书，诸侯接受历书后，把它藏于祖庙。每月初一，杀一只活羊到祖庙祭祀，然后回朝廷听政。这种仪式称“告朔”。举行这种仪式时所用的羊称“饩羊”。当时鲁国君主既不亲自去告朔，也不听政，只是让有关部门杀一只活羊应付了事。子贡想去掉这种有名无实的形式，把杀羊一事也免了。孔子则认为，尽管如此，保留这种形式还是比去掉的好。虽然是形式，但毕竟表明这种制度规范还存在，如果连这种形式都去掉了，周王朝的王纲很可能就真的会彻底“礼崩乐坏”了。所以，孔子看到子贡欲去其羊，颇为感慨。

另一方面，礼不仅是社会生活中的行为规范，而且还是政治规范。为君者好礼，就能治理好民众，“上好礼，则民莫敢不敬”（《论语·子路》）；“上好礼，则民易使也”（《论语·宪问》）。孔子甚至把礼提高到治理国家的根本政治制度的重要地位上，“为政先礼，礼，其政之本欤？”（《礼记·哀公问》）把礼视为“政之本”。

实现“仁与礼”的完美结合，亦是孔子治国理政思想中的一个显著特点。

在仁与礼的关系问题上，孔子认为，仁为礼的内在精神，礼是仁的践行体现。

仁是基于血缘之亲而扩展的内在的道德品质，礼则是外在的行为规范和社会政治规范。两者既相互区别，又相辅相成，共同构成孔子政治思想的两个核心概念。

首先，仁重自律，礼在他律。前者作为一种道德品性，重在自我修养，所谓“君子求诸己，小人求诸人”（《礼记·卫灵公》）。后者作为外在规范，强调遵守。

其次，仁是礼的内在精神，礼是仁的外在表现。孔子认为“人而不仁如礼何？人而不仁如乐何？”（《论语·八佾》）如果没有仁的内在品质，就不可能使自己的视听言动都符合礼的规范。仁学，是在“礼崩乐坏”的背景下产生的。三代以来的礼乐文化，到了春秋之时，已逐渐难以维系人心，礼作为外在的规范和制度也已废弛，社会陷入无序状态。孔子在这样的背景下为礼这种外在的硬性规范找到了一个内在的支撑点。

再次，仁是礼的最高境界，礼是实现仁的途径。如前所述，“克己复礼为仁，一日克己复礼，天下归仁焉”。孔子主张通过礼的节制，达到天下归仁的境界。人的言行视动，都在礼的约束下，才是归仁的途径。礼则是仁的政治目标。

最后，仁与礼结合，实际上是血缘关系与社会等级关系的结合，人道与政治的结合。仁是一种伦理观念和品德，礼是一种伦理规范和政治制度。一方面，用道德的力量来促进和约束人们遵守礼制；另一方面，可利用礼制的强制力量来保证仁德的修行。复礼和归仁互为因果，最终达到维护西周以来的宗法等级秩序的政治目的。[1]

孔子还主张践行周公“以德治国”的政治主张。

孔子的政治主张是德治。他十分强调道德在政治中的作用，主张政治应该与道德实践相结合，甚至认为政治的根本问题就是如何保证民众道德的实践问题。

首先，孔子认为，德政是统治者影响民众和获得民众支持的根本所在。

在孔子看来，所谓德治，实际上就是仁、礼学说在治国方式上的具体体现。既然仁是礼的内在精神，礼是仁的外在表现，那么，礼最终归依于内在品质仁的培养。

孔子说：“为政以德，譬如北辰，居其所而众星共之。”（《论语·为政》）统治者自身有良好的道德品质，并且依据优良的道德品质治理国家，以优良的道德品质影响民众，就可以获得民众心

[1] 丁小萍著：《中国古代政治智慧》，浙江大学出版社 2005 年版，第 35—39 页。

理上的支持。在《论语·为政》里，孔子提出："道之以政，齐之以刑，民免而无耻；道之以德，齐之以礼，有耻且格。"孔子认为，不懂得以礼的基本精神来治理国家，礼制本身也就失去了意义。他说："能以礼让为国乎，何有？不能以礼让为国，如礼何？"礼治的关键是要懂得以道德品质为基础的礼让。

其次，孔子主张以礼治国，要求以礼来辨别等级名分的差异。

把正名与复礼联系起来作为治理之策，先秦诸子百家几乎都有谈论，但数孔子为最早。孔子说："君君、臣臣、父父、子子。"（《论语·颜渊》）"非礼无以辨君臣、上下、长幼之位也。"（《礼记·哀公问》）这就要求每个人确认其在礼仪制度中的身份地位，其视听言行合乎自身的地位身份，所谓"不在其位，不谋其政"（《论语·泰伯》）也。作为一种治国模式，孔子提出的德治所维护的社会秩序是一种上下有分、尊卑有序的等级社会。这种社会秩序以礼来维系。这就是孔子的以礼治国的主张。"为政先礼，礼，其政之本欤？"（《礼记·哀公问》）在孔子看来，在一个秩序优良的社会中，从天子至于庶人，都应该谨于职守，第一个等级都应该做与自己的社会地位相应相称的事情。因此，在孔子看来，礼所规定的名分等次是绝对不可僭越的。季氏八佾舞于庭，孔子愤愤然："是可忍也，孰不可忍也？"（《论语·八佾》）因为周礼规定，天子用八佾，诸侯用六佾，大夫用四佾，士用二佾。季氏作为大夫，依礼只能用四佾，他却越级用八佾，孔子认为这是一种不能容忍的僭礼行为。

为贯彻礼治主张，孔子提出了正名思想。孔子对不同社会地位的等级制度作了集中的概括，这就是他的正名思想。

“正名”的思想是孔子在游卫时讲的。子路问他：“卫君待子而为政，子将奚先？”孔子答道：“必也正名乎！”子路觉得老师有些迂腐，孔子说：“名不正，则言不顺；言不顺，则事不成；事不成，则礼乐不兴；礼乐不兴，则刑罚不中；刑罚不中，则民无所措手足。”（《论语·子路》）所以，正名在政治领域中是个至关重要的问题。正名指的是按照其名分行事，确切地说就是“君君、臣臣、父父、子子”。即君的言行举止要符合君的身份，臣、父、子亦然。

在治国理政上，孔子还提出了德刑并用，先德后刑、以德去刑的治国理政主张。

德与刑是政治治理中的两手。孔子主张两手并用，先德后刑、以德去刑。

在治国理政上，孔子首先强调德优于刑，强调道德感化的作用，主张先教后刑。“道之以政，齐之以刑，民免而无耻：导之以德，齐之以礼，有耻且格”。所谓“导之以德”，就是指统治者必须推行德治，表现为宽惠使民，轻徭薄赋，省法轻刑。同时要为人民树立道德榜样，启发民众的心理自觉。所谓“齐之以礼”，一是统治者要模范遵守礼的规定，从而感化和影响群众；二是所有的人都应该用礼来规范自己，用礼来约束自己。这样，道德教化和礼教的结合就能防止犯罪和反叛。行政命令，刑罚手段，只是一种外加的强制和威慑，可以使人畏惧、服从，免陷于罪，但却不能以犯罪为耻，达不到至善的境界。

不过，应该指出的是，孔子的德治思想以德为主，当道德与法律发生冲突时，孔子的选择是舍法取德。据《论语·子路》记载:“叶公与孔子曰:吾党有直躬者,其父攘羊,而子证之。孔子曰:吾党之直者异于是,父为子隐,子为父隐,直在其中矣。”其父偷了人家的羊,其子告发,这从法律角度来说是一种正直的行为:但用父慈子孝的道德规范来评价,却是一种有悖道德的行为。孔子主张父子相隐,是他德重于刑、礼重于法的思想的反映。既然仁德为治国施教之本,父慈子孝作为仁德之体现,父子之亲不能互相庇护,是不合逻辑的,也是不符合统治者的根本利益的。孔子“父子相隐”的主张,被后世封建刑律采用后,一直是封建法制的重要内容和指导原则。在封建法典中,称为“亲亲相隐不为罪”。这是中国古代法不外乎人情,情大于法的普遍法观念的源头之一。

实际上,孔子并非不重视刑罚的作用,只不过是他主张德主刑辅而已。

《孔丛子·刑论》记载了四件孔子师徒谈论刑法的事情。

第一件是仲弓问刑。书中说:

> 仲弓问古之刑教与今之刑教,孔子曰:“古之刑省,今之刑繁。其为教,古有礼然后有刑,是以刑省;今无礼以教而齐之以刑,刑是以繁。《书》曰:‘伯夷降典,折民维刑’,谓下礼以教之,然后维以刑折之也。夫无礼则民无耻,而正之以刑,故民苟免。”

仲弓向孔子请教古今的刑罚与教化。孔子说:“古代的刑罚少,现在的刑罚多。在教化百姓方面,古代先用礼仪规范民众的行为,然后才用刑罚来管理，所以刑罚少；现在不用礼仪教化百姓，而只用刑罚来管制他们的行为，刑罚所以繁多。《尚书》上说：‘伯夷颁布法典，以刑法裁决百姓的狱讼。’称作先颁布礼仪、法则来教化百姓，然后才用刑罚来管制他们。不讲礼仪，百姓就不知有耻，只用刑罚来匡正百姓的行为，他们就只要能暂时避免触犯刑罚就行。”

第二件是子张问刑：

> 《书》曰：“兹殷罚有伦。”子张问曰：”何谓也？”孔子曰：“不失其理之谓也。今诸侯不同德，每君异法，折狱无伦，以意为限，是故知法之难也。”子张曰：“古之知法者与今之知法者异乎？”孔子曰：“古之知法者能远狱，今之知法者不失有罪。不失有罪，其于怨寡矣。能远于狱，其于防深矣。寡怨近乎滥，防深治乎本。《书》曰：‘维敬五刑，以成三德。’言敬刊所以为德矣。”

子张与孔子讨论德刑的问题。子张问孔子：“殷人的刑法有条理是什么意思？”孔子说：“就是不失掉刑法本身的道理啊。现今各诸侯不同心同德，各国君主的法令也各异，裁判诉讼没有纲领，只求达到自己的目的就行，因此可知刑法很难啊。”子张说：“古代的执法者和现在的执法者有哪里不一样吗？”孔子说：“古代的执法者能避免狱讼，现在的执法只要有罪就不放过。只要有罪就不放过，这样做就缺乏宽恕。能够远离狱讼，其戒备就很深远。缺乏宽恕和放任自流差不多，戒备深远才能够从根本上进行治理。

《尚书》说：‘希望慎用五刑，以帮助我养成三种德行。’意思是说，谨慎地使用刑罚就是在成就德行。”

第三件是曾子问刑：

> 曾子问听狱之术。孔子曰：“其大法也三焉，治必以宽，宽之之术归于察，察之之术归于义。是故听而不宽是乱也，宽而不察是慢也，察而不中义是私也，私则民怨。故善听者听不越辞，辞不越情，情不越义。《书》曰：‘上下比罚，亡僭乱辞。’”

曾子向孔子询问审理狱讼的方法。孔子说：“有三个大的法则：对待百姓要宽宏大量，宽厚的方法在于体察民情，体察民情的根本在于义。因此，裁决诉讼不宽宏会破坏法纪，有宽容之心却不体察民情会轻视法纪，体察民情却不合乎道义断案就会不公正，裁决不公百姓就会有怨恨。所以，会裁决的人审理诉讼时不会偏离讼词，详察讼词不脱离实情，以实情决讼不违背道义。《尚书》说：‘（定罪的时候）要上下比照其罪行，不能错乱诉讼之辞。’”

第四件还是仲弓问狱：

> 《书》曰：“哀敬折狱。”仲弓问曰：“何谓也？”孔子曰：“古之听讼者，察贫贱，哀孤独及鳏寡老弱不肖而无告者，虽得其情，必哀矜之。死者不可生，断者不可属。若老而刑之，谓之悖；弱而刑之，谓之克；不赦过，谓之逆；率过以小罪，谓之枳。故宥过赦小罪，老弱不受刑，先王之道也。《书》曰：

‘大辟疑赦。’又曰‘与其杀不辜，宁失不经。’”

仲弓向孔子请教裁断狱讼方面的事情。《尚书》说：“要以同情心和严肃认真的态度裁断狱讼。”仲弓问道：“这句话是什么意思呢？”孔子说：“古代审理断案的人，体察贫苦之情，怜悯那些鳏、寡、孤、独、老弱、穷苦及举目无告的人，即使知道他们所犯的罪行，也会同情他们：死去的人不能复生，砍断的肢体不可能再接上。如果对老人施以刑罚，称为悖乱；对年幼的人施以刑罚，称为凶暴；不赦免小的过失，称为违背道义；把小过失夸大追究，称为伤害。因此，宽恕过失赦免小罪，不对年老和幼小之人用刑，才是先王之道。《尚书》说：‘涉及死罪而案情有疑点，可以从轻处治。’又说：‘与其错杀无罪的人，宁可放掉有罪的人。’”

在强调德教、礼治主导作用的同时，孔子主张以刑罚辅助德教。对于不可教化之民，孔子亦主张以刑禁之，以刑治之。

《孔子家语·刑政》中说：“圣人之治化也，必刑政相参焉：太上以德教民，而以礼齐之；其次以政导民，以刑禁之，刑不刑也；化之弗变，伤义以败俗，于是乎用刑矣。”孔子主张“先教后诛”。在一般情况下，孔子反对杀人。如季康子问政于孔子：“如杀无道，以就有道，何如？”他回答说：“子为政，焉用杀？子欲善而民善矣。”（《论语·颜渊》）他还认为，“善人为邦百年，亦可以胜残去杀矣”（《论语·子路》），把克服残暴，免除虐杀，作为善人治国百年的政治成果。但对于那些罪大恶极，非杀不可的人，孔子认为只有在当政者曾施行过德教，使百姓都知道什么是善，什么是恶，什么是美，什么是丑，懂得如何做人之后，对那些不接受教化，不改其恶的人，再判处死刑。

在政治诸种因素中，孔子最注重执政者的作用。孔子把政治的实施过程看作道德化过程，十分强调领导者自己在政治实践中以身作则的表率作用。

《论语》中很多地方对此都有记载。

“季康子问政于孔子。孔子对曰：‘政者，正也，子帅以正，孰敢不正？”又说：“子为政，焉用杀？子欲善而民善矣。君子之德风，小人之德草。草上之风，必偃。”（《论语·颜渊》）孔子还说过：“其身正，不令而行，其身不正，虽令不从。”“苟正其身矣，于从政乎何有？不能正其身，如正人何？”（《论语·子路》）“君子笃于亲，则民兴于仁。”（《论语·泰伯》）有人问孔子：“子奚不为政？”孔子说：“《书》云：‘孝乎惟孝，友于兄弟，施于有政。’是亦为政，奚其为为政？”（《论语·为政》）在孔子看来，从政不必当官，宣传孝道就是参政。所以有子说：“其为人也孝弟，而好犯上者，鲜矣；不好犯上而好作乱者，未之有也。”曾子也说：“慎终，追远，民德归厚矣。”（《论语·学而》）

在孔子看来，君臣之间不只是权力制约关系，而且要靠礼、忠、信等道德来维系。“君使臣以礼，臣事君以忠”（《论语·八佾》）。这种关系维系的主要纽带便是执政者、管理者之间都要遵守道德的准则。孔子主张，培养官僚不是首先讲如何学会政治之道，而是首先从事道德训练与培养。子张学干禄，子曰：“多闻阙疑，慎言其余，则寡尤；多见阙殆，慎行其余，则寡悔。言寡尤，行寡悔，禄在其中矣。”（《论语·为政》）孔子的话包含了一部分认识和处理问题的方法，从基本精神上看是讲处世之道、官场之术，而不是讲统治之理。子张又一次问为政，子曰："居之无倦，行之以忠。"（《论语·颜渊》）同样是讲道德修养。这样，孔子主张人治，把政治视为道德的延伸和外化，这一认识构成了人治的理论基础。[1]

在治国理政问题上，孔子重视管理过程中的策略的运用，主张软硬兼施，德威并用，宽猛相济。

《左传·昭公二十年》中说："政宽则民慢，慢则纠之以猛；猛则民残，残则施之以宽。宽以济猛，猛以济宽，政以是和。"孔子主张管理百姓有张有弛，"张而不弛，文武弗能也；弛而不张，文武弗为也。一张一弛，文武之道也"（《礼记·杂记》）。孔子反对苛政，认为"苛政猛于虎也"。但他并不一味地反对重刑，据《韩非子·内储说上》记载，孔子认为"殷之法刑弃灰于街者"，不算严酷，却是"知治之道"，因为弃灰易引起争斗，甚至"三族相残"的严重后果。而且"重罚者，人之所恶也；而无弃灰，人之相易也，使人行其所易无罹其所恶，此治之道"，是合乎人之常情和心理状态的，从而可以减少犯罪。

在治国理政上，孔子很重视人才在治理中的作用，提出过类似贤人政治的观点。

孔子主张德治，但德治必须由人来体现、来实行，因而其政治思想必然强调人的作用。人定法，人执法。有了人，才能制定良法，执行良法，使社会安定，国家昌盛长久。"文武之道，布在方策。其人存则其政举，其人亡则其政息"（《中庸》）。所以孔子

[1] 刘泽华、葛荃主编：《中国古代政治思想史》，南开大学出版社 2011 年版，第 37 页。

的结论是“故为政在人”（《中庸》）。孔子认为，当政者都要以文王、武王为榜样，律己严，施仁政，言必信、行必果、要善于考察和选用官吏，用以作为治理国家的基础，才能求得国家的长治久安。在选拔德才兼备的人才问题上，孔子说：“举直错诸枉，则民服”（《论语·为政》）。即把正直的人提拔到奸佞的人的上面，这样就能使百姓服从。相反，如果“举枉错诸直”，民众就不会服从。有一次，樊迟请教孔子什么叫“知人”，孔子说：“举直错诸枉，能使枉者直。”（《论语·颜渊》）孔子认为重用正直的人，置其于奸佞之人之上，还能使奸佞之人也变得正直起来。子夏进一步解释说：“舜有天下，选于众，举皋陶，不仁者远矣，汤有天下，选于众，举伊尹，不仁者远矣。”（《论语·颜渊》）对于贤才的标准，孔子说：“志于道，据于德，依于仁，游于艺。”（《论语·述而》）既要有良好的道德品质，又要有一技之长。也就是德才兼备。孔子还提出了举贤之途，即“学而优则仕”。孔子反对樊迟学稼，因为他认为学稼不足以治民，只有礼义才能治民。孔子主张出仕任官一定要有礼乐知识。他认为出身于社会下层的人，首先学习了礼乐知识，然后才能入仕；而出身于卿大夫世家的贵族子弟，入仕后也必须学习礼乐知识。孔子“学而优则仕”的举贤观，明确反对商周以来的世卿世禄制度。在孔子的弟子中，孔子认为雍父为贱人，出身贫微，但有德行，“雍也可使南面”；仲弓可担任一个地方或部门的长官；子路，如果有一千辆兵车的国家，可负责兵役和军政方面的工作；冉求，可做千户人口之县的县长，或有一百辆兵军的大夫封地，可叫他总管；公西赤，可以穿着礼服，立于朝廷之中，接待外宾，办理外交等。他认为弟子中凡学而优者，皆可以量才而用。孔子关于选拔贤才的思想，反对商周以来的世卿世禄制度，而且强调从文化素质较高的人中选拔国家官吏的思想，在当时具有一定的进步意义，对后世影响也极为深远。

孔子在治国理政中强调富民、使民、教民的重要性。

在经济与政治的关系上，孔子主张先经济后政治，对于民众，先富而后教。子贡问政。孔子说："足食，足兵，民信之矣。"（《论语·颜渊》）孔子认为，治理一个国家，最起码得具备三个条件：食、兵、信。还是将"食"放在首要地位。

先秦诸子，一般均重视经济问题，如管仲就有"衣食足而后知荣辱，仓廪实而后知礼节"之论。孔子及其学派亦不例外。在《论语·颜渊》篇中，孔子在回答子贡关于政事的问题时，首先提到的就是"足食"问题。因为"民以食为天"，如果百姓食不果腹，时处饥馑之中，还去侈谈什么社会安定？孔子在与冉有的对话中提出，对于民众百姓，统治者不但要使之"足食"，而且要"富之"；不但要"富之"，而且要"教之"（《论语·子路》）。《论语·子路》里记载："子适卫，冉有仆。子曰：'庶矣哉！'冉有曰：'既庶矣，又何加焉？'（子）曰：'富之。'"富民，是孔子的一贯思想。所以，有若在答鲁哀公"年饥，用不足"的提问时说："百姓足，君孰与不足？百姓不足，君孰与足？"（《论语·颜渊》）而为了民殷国富，还须"节用而爱人，使民以时"（《论语·学而》），反对聚敛。所以，当冉有帮助季氏聚敛时，孔子便十分生气，说：冉有"非吾徒也！小子鸣鼓而攻之可也"（《论语·先进》）。"使民以时"，使民要像祭祀那样慎重，"使民如承大祭"（《论语·颜渊》）。孔子还提出过以义使民、先惠而后使民，等等。针对当时统治者的横征暴敛，孔子反对厚敛，主张应取民有度，少征用民力，少收赋税。[1] 通过调整分配关系和节用民力，达到“博施于民而能济众”，这是孔子的最高理想。

长期以来，孔子的政治主张在中国历史上很有地位，其价值不应低估。

中国两千多年来的历史已经证明，封建统治者最先采用法治，如秦帝国，继而又采用无为而治，如汉帝国。但都行之一时，无法持久，而当孔子的政治思想一登上中国历史舞台，便长期占据官方意识形态的统治地位直到清末。北宋宰相赵普说过：“半部论语治天下。”从某种程度上讲，《论语》就是一部关于中国人自己的政治管理学。这部政治管理学，既是个人管理的范畴，也属于国家治理的范畴。今天总结中国政治治理，孔子的治国之方和统治之道自应当加以重视研究和扬弃。

“践仁”：怎样成就道德

孔子学说基本上是一种政治伦理学说，孔学的范畴主要就是政治学和伦理学的范畴，在这两个范畴中，仁与礼是孔子政治思想的两大支柱。

如果说，“礼”是周代国家根本大法，是周代国家政治、社会秩序的集中浓缩，是孔子对三代政治文化总结外化的话，“仁”则

---

[1]　丁小萍著：《中国古代政治智慧》，浙江大学出版社 2005 年版，第 48—50 页。

是孔子对人之所以为人的一种开创性的探索，是关于成就人的道德的一门学问。成就道德，实际上就是通过践仁而造就一个高尚的人、一个纯粹的人，一个脱离了酒色财气、“饮食男女”层面低级趣味的人。也就是说，“礼”表现为道德的行为实践，“仁”表现为道德的思想实践。“仁”是一个思想实践的问题，而不是抽象的理论问题，成就道德，就是要在“践仁”上下足功夫。

“仁”的发现，是孔学发展历史上的一个重大事件。从一定程度上说，孔子的“仁”，既是对个人品质升华的要求，又是人与人之间和谐关系的实际需要。仁是孔子伦理政治之大本，是孔子的最核心的政治精神。

孔子对于“人”的发现，最集中地体现在孔子思想的核心部分之一“仁”的上面。“仁”可以说是孔子对人的一大发现，是对中国哲学的一个填补。正是孔子，把“仁”发展充实成为贯穿着他整个思想体系的总纲领，并在中国历史上第一次将“仁”完善成为一种人本哲学。

从孔学的体系来看，孔子体现人本哲学的“仁”，对内就是修身以达到精神与道德的最高境界“君子”；体现在政治上，就是博施济众的仁政，就是以周礼为其外在表现形式；体现在教育上，就是有教无类，就是一系列符合人性的教育思想与教育方法，就是促进人的全面发展；而作为实现仁的思想方法，则是以“敧”为标志的中庸，即矛盾对立统一，相克相生下的执中、中正与中和。“执其两端，用其中于民。”（《礼记·中庸》）“允执其中”（《论语·尧曰》），提倡“和而不同”，即保持对立面的和谐和共存，而不是硬性消除对立面之间的差异，反对“过犹不及”，等等。就是因为在孔子庞大思想体系之中有“仁”提纲挈领，而这个“仁”又是以人为本，所以他才“不语怪力乱神”，从而使他的仁学精神，由原始的道德观念上升为具有实践意义和人文精神的哲学范畴。[1]

孔子将治理国家与人们各阶层人际关系的处理作了较好的结合，把人际关系概括为君臣、父子、兄弟、朋友四个方面，夫妇问题基本没有涉及。至于如何处理好人际关系，他用过许多概念，如仁、义、礼、智、信、温、良、恭、俭、让、忠、恕、孝、悌、刚、毅、木、讷，等等，要之，还是以仁、礼为核心，以此上升为他的治国理政纲领。

有人说:“‘仁’这一个词在孔子以前已广泛应用，但作为哲学范畴的提出，是从孔子开始的。”[2]

不过，“仁”这个词在孔子以前虽然已经出现，但在《论语》之前的文献中却不多见。据有人统计，《尚书》里只有一次提到“仁”，《诗经》提到两次，《国语》二十四次，《左传》三十三次，而一部《论语》，四百九十九段，竟然有五十八段讨论“仁”的问题，一百零九次提到“仁”，并从各种角度对“仁”进行阐释。[3]

春秋时，人们把亲敬尊长、爱众庶、忠君主皆称为仁。孔子把春秋时期仁的观念发展为系统的仁学。

据杨伯峻先生在《论语译注》一书中统计，在《论语》中，孔子讲“仁”的地方共 109 次，讲礼的地方出现了 75 次。孔子提

---

[1]　李木生著 :《布衣孔子》，东方出版社 2013 年版，第 63—64 页。
[2]　任继愈主编 :《中国哲学史》第一册，人民出版社 1963 年版，第 72 页。
[3]　李木生著 :《布衣孔子》，东方出版社 2013 年版，第 63 页。

出“仁”的概念可以说是他全部思想的核心，它是“礼”的根本内涵，是伦理道德的基本依据，是做人的根本道理，是人们应该追求的最高境界。在《论语》中，孔子从各个角度论述了仁的本质、含义、致仁的方法。

大致来说，“仁讲的是处理人际关系的精神指导，要之可归纳为三点，即克己、爱人、复礼”。[1]

仁主要包括以下几方面的内容：

仁，指的是血缘关系范围内的“爱亲”。“爱亲”是仁的一个最基本的规定。

早在孔子之前，就已有“为仁者，爱亲之谓仁”（《国语·晋语一》）的说法；而在孔子之后，孟子也曾指出：“亲亲，仁也。”（《孟子·告子下》）《中庸》里说：“仁者人也，亲亲为大。”《说文》则直接把仁定义为“亲也”。所谓亲也、亲亲、爱亲，等等，都是指在一定血缘关系范围内人们之间相亲相爱的一种秩序状态。

孔子把“爱亲”作为仁最基本的含义，并视其为仁之本质与根本。《论语·学而》里有一个经典的表达：“君子务本，本立而道生。孝弟也者，其为仁之本与！”基于血缘的爱亲，是仁之根本。反之，就是不仁。《论语·阳货》中孔子斥责认为三年之丧太长的弟子宰我说：“予之不仁也！子生三年，然后免于父母之怀。夫三年之丧，天下之通丧也。予也有三年之爱于其父母乎！”

孔子的仁以“孝悌”为本，而又不局限于爱亲。他把基于血缘之爱的仁扩展到爱无血缘关系的其他人。所谓仁者，爱人也。

[1] 刘泽华、葛荃主编：《中国古代政治思想史》，南开大学出版社 2011 年版，第 34 页。

《论语·颜渊》里载："樊迟问仁，子曰爱人。"《论语·学而》提倡："泛爱众，而亲仁。"仁的最高境界是"博施于民，而能济众"。但是，孔子的泛爱众，不是无差别的平等之博爱。他的仁者爱人，强调爱有差等。他主张根据人与人之间血缘关系的远近和政治地位的尊卑，爱人要有差等。如君对臣之爱，符合礼即可，所谓"君使臣以礼"，而臣对君之爱，则表现为忠，所谓"臣事君以忠"。因尊卑不同，爱应有差等。同样，因血缘远近，爱也应有程度之别。

仁表现在内，体现为四种品质。在《论语·子路》篇中，孔子说："刚、毅、木、讷，近仁。"在孔子看来，实践仁并非难事，只要人能做到刚强、坚毅、质朴、慎言，就离仁不远了。

仁表现在外，体现为五种品质。《论语·阳货》里，子张问孔子什么是仁，孔子曰："能行五者于天下为仁矣。"子张请问是哪五种品德，子曰："恭、宽、信、敏、惠。恭则不侮，宽则得众，信则人任焉，敏则有功，惠则足以使人。"

如何践仁？孔子提出了由己及人的践行方法。"子曰：志于道，据于德，依于仁，游于艺。"（《论语·述而》）当子贡请教孔子："有一言可以终身行之乎？"孔子回答："其恕乎！己所不欲，勿施于人。"（《论语·卫灵公》）"夫仁者，己欲立而立人，己欲达而达人。能近取譬，可谓仁之方也已。"（《论语·雍也》）"己所不欲，勿施于人"是恕，"己欲立而立人，己欲达而达人"是忠。孔子的弟子曾参曾经总结说："夫子之道，忠恕而已矣。"（《论语·里仁》）

照孔子的说法，"忠"乃是"己欲立而立人，已欲达而达人"。用现在的话说，就是要让自己站得住，同时也要让别人站得住；自己要事事行得通，同时也要让别人事事行得通。显然，在孔子那里，“忠”不是像后世所理解的那样，专指封建社会中处理君臣关系的道德规范。实际上，“忠”具有更为广泛的含义。诸如“子以四教：文、行、忠、信。”（《论语·述而》）“主忠信。”（《论语·学而》）“与人忠。”（《论语·子路》）“为人谋而不忠乎？”（《论语·学而》）“忠焉，能勿诲乎？”（《论语·宪问》）“言忠信，行笃敬”（《论语·卫灵公》），等等，就是这方面的例子。这里所说的忠，都包含着真心诚意，积极为人的意思。因此说，“忠”是“爱人”的积极方面的表现。

对“恕”，孔子也有明确的解释。这就是“其恕乎！己所不欲，勿施于人”。这是说，作为可以终身奉行的信条来说，大概就是“恕”道了，即自己所不愿意的任何东西，不要强加在别人身上去。由此可以看出，“恕”包含着“宽恕”“容人”“成人之美”的意思。这就是孔子所提倡的“不念旧恶，怨是用希”（《论语·公冶长》）与人为善的品德。

孔子的“忠恕”思想，作为道德规范构成了“仁”的主要内容，是“爱人”观念的理论升华。同时，作为对人们行为施以控制的手段，即为仁之方，则成为人们进行道德修养、培植高尚情操的有效手段。换句话说，“忠恕”不仅是理论的，更是实践的，即要把“忠恕”精神贯彻于每个人的立身处世、待人接物的日用之中。

“忠恕”精神的培养和“忠恕”行为的运作，二者是统一的。概括起来，其要点大致如下：

第一，无论对人对事，“忠”重在尽心，对任何事情都要竭诚去做，尽力而为，从自己的角度尽到应有的责任；而“恕”则重在关心，即无论对人对事，都要细心体察，“施诸己而不愿，亦勿施于人”。(《礼记·中庸》)

第二，对自己而言，“忠”是要发挥主观能动的努力，要尽其在我，而恕则要随时应变，以适应各种不同的情况；对人而言，忠要设身处地，有诚恳为人之心，而恕则要推己及人，无丝毫害人之意。

第三，忠、恕都要基于仁者“爱人”之感情。论忠，宁可自己吃亏也不要亏待别人，做到“博施于民而能济众”；论恕，宁可多原谅别人，不应只原谅自己，实行“躬自厚而薄责于人”，不成人之恶。总之，孔子的“忠恕”之道，是包括存心与行为、己与人这两个方面的。但孔子并不是把它们同等看待的。相反，孔子认为，要想处理好人际之间以及个人与社会之间的关系，重点是在“自己”的方面，在自己的道德完善，在自己的“存心”、“养心”方面。而自身的道德完善，又取决于个人的道德修养和心灵的完善。因此，人要获得“忠”“恕”的品行，自觉地和谐人与人、人与国家和社会的关系，就必须从“己”的方面做起，把完善人的内心世界和修身作为一个基础性的环节。

孔子所创立的儒家学派，是最看重社会道德的。不仅把它视为个人修身的主要内容，同时又把它作为推行教化社会、调节人际关系的重要手段。即使在今日现代之社会，它也仍然在发挥它的积极影响和作用。[1]

---

[1]　山东省人民政府台湾事务办公室、金陵之声广播电台编：《孔子思想与现代文明》，中国广播电视出版社 1990 年版，第 46—48 页。

总之，孔子的忠恕即从眼前的事情推及其他，从自身推及别人的实践仁道的方法。忠在尽己，恕以及人。孔子的己立己达，是忠；立人达人，是恕。孔子认为，忠恕，可以做到，却不容易推行。如果真正能行忠恕之道，则“违道不远”，可成圣人了。君主能践行，不仅本人可以成为圣人，而且能成就王道政治。

关于如何践行“仁”，孔子自己的回答是最可靠的。他说：“人而不仁，如礼何？人而不仁，如乐何？”（《论语・八佾》）在孔子看来，如果失去“仁”，礼乐就无从谈起。

对于行仁，孔子还提出了另一个重要的命题：“克己复礼为仁。一日克己复礼，天下归仁焉。”（《论语・颜渊》）在这里，复礼是行仁的最终目的，而克己则是复礼之必由途径。

孔子在解决社会问题时，力图从根本处着眼，他认为解决社会问题，根本在于提高人的道德水平；行仁之道，关键处是做好“修身”。

《礼记・大学》篇中云：

自天子以至于庶人，壹是皆以修身为本。

《大学》作者将儒家道德理想主义简明概括为“三纲八目”。

“大学之道，在明明德，在亲民，在止于至善”，这是三纲。“明明德”是内圣，而“亲民”是外王，“止于至善”也可以说是德福的圆满之实现，是内圣外王实现。

至于八目，《礼记・大学》篇中曰：

古之欲明明德于天下者，先治其国；欲治其国者，先齐其家；欲齐其家者，先修其身；欲修其身者，先正其心；欲正其心者，先诚其意；欲诚其意者，先致其知，致知在格物。

八目包括格物、致知、诚意、正心、修身、齐家、治国、平天下。八目之中，“修身”则居于承上启下的地位，作用也是最为重要的。

在《论语》里，孔子从各个角度来谈如何“克己”。

“修己”是其中一途。子路问什么叫君子，孔子的答案是：“修己以敬”，“修己以安人”，“修己以安百姓。”（《论语·宪问》）

“约”则是孔子提出的另外一重要方法。他说：“以约失之者鲜矣。”（《论语·里仁》）意思是以礼约束自己，所犯错误就会减少。他又说：“君子博学于文，约之以礼，亦可以弗畔矣夫！”（《论语·雍也》）颜渊说：“夫子循循善诱人，博我以文，约我以礼。”（《论语·子罕》）颜回就是约束自己的典型，所以孔子盛赞道：“贤哉，回也！一箪食，一瓢饮，在陋巷，人不堪其忧，回也不改其乐。贤哉，回也！”（《论语·雍也》）

“自戒”是克己的又一种方式。孔子说：“君子有三戒：少之时，血气未定，戒之在色；及其壮也，血气方刚，戒之在斗；及其老也，血气既衰，戒之在得。”（《论语·季氏》）《论语·学而》里说：“君子食无求饱，居无求安，敏于事而慎于言，就有道而正焉，可谓好学也已。”这也是教人“自戒”。

孔子还提倡“自讼”“自省”和“自责”，其意仍在于克己。子曰：“见贤思齐焉，见不贤而内自省也。”（《论语·里仁》）《论语·学而》里，曾子把这个问题讲得更清楚，"吾日三省吾身：为人谋而不忠乎？与朋友交而不信乎？传不习乎？"在《论语·卫灵公》里，孔子说："躬自厚而薄责于人，则远怨矣。"因此，对于当时人少有自我检讨的情形，孔子感慨良多："已矣乎！吾未见能见其过而内自讼者也。"（《论语·公冶长》）

除此之外，《论语》中还多次讲到"慎言"与"慎行"，这也算是克己的方式。尤其是，孔子还讲到一种极端克己的方式——"无争"。《论语·八佾》里说："君子无所争。"《论语·卫灵公》里说："君子矜而不争。"《论语·泰伯》里曾子说："犯而不校"，即便别人触犯自己也不去计较。

由此可见，在孔子看来，把克己的精神用于对人就是忠恕，就是爱人。孔子的仁是指一个人内在的道德品质，它源于血缘之亲，立足于自我，以反身求己的实践为根本。所以，孔子在谈到为人处世的准则时说："仁远乎哉？我欲仁，斯仁至矣。"（《论语·述而》）"为仁由己，而由人乎哉？"（《论语·颜渊》）克己、爱人、复礼形成三位一体，内在精神修养与外在行为规范相互制约、相互补充。孔子由此把高尚和平庸、内美和外辱、精神满足与自我约束高度统一起来，成为成就人格最理想的伦理原则。

"中庸"：正确做事处世

说起"中庸之道"，国人大概都不会陌生，都知道它与孔夫子有着莫大的关系。"中庸之道"，是孔子思想的重要组成部分，它不仅仅是一个道德范畴，更是孔子思想中最高的道德准则和执政做事时所运用的一种哲学思维方式，是儒家在处理政治关系和做出政治决策时所采取的一种高明的办法。

《礼记·中庸》中有这样一段话：

> 大哉圣人之道。洋洋乎！发育万物，峻极于天。优优大哉！礼仪三百，威仪三千。待其人然后行。故曰苟不至德，至道不凝焉。故君子尊德性而道文学，致广大而尽精微，极高明而道中庸。温故而知新，敦厚以崇礼。
>
> 是故居上不骄，为下不倍。国有道其言足以兴，国无道其默足以容。《诗》曰："既明且哲，以保其身。"其此之谓与？

"致广大而尽精微，极高明而道中庸。"却是道明了孔子关于"中庸"的辩证思维方法。

1939年，毛泽东在致张闻天的信中曾经指出："孔子的中庸观念……是孔子的一大发现，一大功绩，是哲学的重要范畴，值得很好地解释一番。"[1] 从方法论角度而言，中庸之道比较容易为人所理解。庸，即"用"；中庸即用中、执中，与之相对立的是偏执、走极端。《论语·为政》说："子曰：'攻乎异端，斯害也已。'"《礼记·中庸》又说："子曰：'舜其大知也与？舜好问而好察迩言。隐恶而扬善，执其两端，用其中于民。其斯以为舜乎？"在这里，

[1] 《毛泽东书信选集》，中央文献出版社1983年版，第147页。

孔子所说的“攻乎异端，斯害也已”与“执两用中”，实际上是孔子在日常生活中分析和处理问题的基本思想方法。

孔子所谓的“攻乎异端，斯害也已”，是反对只向一端用力，不主张遇事用极端的方法来解决。

“执两用中”则与今人所说的“一分为二”而后“合二为一”的辩证思维方法比较接近，不过两者并不相等，“执两用中”内涵应该是更加丰富、更加辩证。事实上，“执其两端，用其中于民”和“攻乎异端，斯害也已”这两句话是一个意思，一句是从正面说教，一句是从反面警示，孔子不只是以政治伦理原则教人，他更主张在实际政治社会生活中践行与培养学生“中庸之道”“执两用中”的思维方式。

“中庸”一词，始见于《论语》，孔子说：“中庸之为德也，甚至矣乎！民鲜久矣！”（《论语·雍也》）“中庸”是孔子提出来的，但在《论语》中，提到“中庸”这个概念的只有一次。孔子对伦理所设的标准是“中庸”。然“中庸”的“中”字，作为一种道德范畴和哲学思想，则由来已久。如《尚书·盘庚》所说：“各设中乃于心。”《尚书·酒诰》所说：“作稽中德。”《论语》说：“尧曰：‘咨！尔舜！天之历数在尔躬，允执厥中。四海困穷，天禄永终。’舜亦以命禹。”（《论语·尧曰》）由此可见，孔子提出的中庸是继承自古代圣贤“中”的思想。上述的“中”，是公正、公平的意思。孔子把尧舜的治国方针推广到人们处事的一切言行之中，首次提出了中庸的概念。孔子的孙子子思记录了孔子在这方面的论述，辑成一书名曰《中庸》。《中庸》亦被后人推崇为“实学”，被视为人们可以终身享用的儒学经典。

那么，什么是中庸呢？

中者，中正。庸者，容也，宽容；恒常也。常持中正而宽容，这就是“中庸”。

具体而言，“中庸”主要有如下几层基本含义：

第一，是用中、执中、中正。

在孔子看来，中是礼，用中、执中，就是符合礼。用中，即是坚持原则。孔子时时处处都以礼分是非，臧否人物。他提出“非礼勿视，非礼勿听，非礼勿言，非礼勿动”（《论语·颜渊》）的处世原则，分明就是证明礼与中是一致的。

中庸之道要求人们按照一定的道德原则和规范，自觉地调节个人的思想感情和言论行动，使之不偏不倚，无过无不及，严格保持在儒家规定的道德规范所许可的范围之内。所以，中庸的这层含义指的是不偏不倚以礼为言行准则，即坚持原则的意思。

在孔子看来，春秋时期的政治是偏险不正的，何以正之？他主张用仁义正之。孔子惶惶然奔走于列国，就是试图以仁义匡正之，匡正而不得才退而著述讲学。用中之道、中正之道是其后儒家从道不从君，坚持仁义的最高原则的理论依据和渊源。

第二，孔子从日常生活到政治行为，一再提出要避免“过”与“不及”的言论和行为。中庸不仅是一种为人处世应该坚持的原则，还是一种方法论。这种思维方法认为“过”和“不及”都是不对的，因为它们都不符合“中”的标准。作为一种重要的决策原则和方法，中庸之道反对做事走极端，主张任何事情都要遵循一个适当的标准“度”。“过”就是过火，“不及”就是火候不到，过和不及皆不能成事，因而都是应该反对的，凡事都要适中和适度。在一定意义上讲，整部《论语》都是在论述中庸之道的，如“子温而厉，威而不猛、恭而安”（《论语·述而》）。“乐而不淫，哀而不伤”（《论语·八佾》）。“君子矜而不争，群而不党”（《论语·卫灵公》）。“质胜文则野，文胜质则史。文质彬彬然后君子。”（《论语·雍也》）这都是在论述“度”，即事物都有一个限度，超过了一定的限度，事物就会发生质的变化。要做到中庸就要时刻注意这个度。孔子认为舜是这方面的典范，他认为舜能够听取各种不同的意见，善于审察不大引起注意的言论，能够容忍别人的缺点，充分发扬大家的长处，权衡人们言论中过与不及的两个极端，采用正确的主张来治理国家，这就是中庸之道，这就是舜所以能够成为大智的圣贤原因之所在。

《论语》中有一个十分通俗的解释。

一次，学生子贡问孔子，他的同学“师（子张）与商（子夏）也孰贤”？孔子回答说：“师也过，商也不及。”子贡又问：“是不是师比商好一些呢？”孔子回答说：“过犹不及。”师是颛孙师，即子张；商是卜商，即子夏。两人年龄相仿，是子贡的小师弟。子张志向高远，言行时常偏激过头，有些张扬；与之相反，子夏狷介、谨慎，该说的有时未说，该做的有时未做，过于收敛保守，子贡觉得子张比子夏更优秀一些，而孔子告诉他“过”等同于“不及”，两人彼此彼此。“过”不好，“不及”也不好，两者之间的“中”才是最好的。西汉经学家孔安国深通孔子语意，训解上述对话一针见血。他说：“言（师与商）俱不得中也。”[1] 在实际生活中，

[1] 《论语集释》，中华书局 1990 年版，第 3 册，第 773 页。

“中”极易被人误解或者错解。我们必须明白：第一，“中”是哲学上一个极其抽象的概念，它不是数学、物理上所谓的中点或各占百分之五十的科学概念，而是说事物两端之间在时间、地点等各种条件符合时的恰到好处。第二，“中”不是事物对立两端的简单混合，而是与两端有关联但又不同的第三者。此“第三者”即是所谓的“中”。这第三种状态超越于两端，与两端一起共同构成事物的总体，从而使事物的发展变化呈现出“一分为三”的新的状态。孔子以后，“过犹不及”，就成为人们在日常实践中衡量中庸的尺度，比如勇敢是中庸，鲁莽就过了，怯懦是不及，超过了一定的限度，勇敢就成了鲁莽或怯懦。

第三，中庸的另一个含义是中和。

《中庸》提出，“中和”是天下之“大本”“达道”。“喜怒哀乐之未发，谓之中；发而皆中节，谓之和。中也者，天下之大本也；和也者，天下之达道也。致中和，天地位焉，万物育焉。”（《中庸》）《论语·学而》说：“礼之用，和为贵。”“和”，是与“同”相对立的思维方式。“同”是重复、叠加、附和，“和”则是异质的事物、因素的对立统一。《国语·郑语》里说：“以它平它谓之和”，《中庸》里说“发而皆中节谓之和”。一种声响不成音乐，一种颜色不成文采，一种味道不成佳肴，只有各种不同的事物、因素、成分合理配置，甚至相反的事物、因素、成分相成相济，处置得恰到好处，无过无不及，才能形成和谐，产生新的事物。“以它平它”的对立面是“以同裨同”，是同一事物、因素、成分的机械重复、简单相加。“中和”实际上指的是对立面之间的调和、平衡、相辅相成、整合。“中和”的目的是追求人与人、人与社会、人与环境之间的和谐。但这种和谐并非是无原则的，更不是盲目的附和。

第四，中庸还有一个含义是“时中”。《中庸》引孔子的话说：“君子之中庸也，君子而时中。”这里中是原则性，不可变；时是灵活性，是可变的，目的是更好地实现“中”原则。实际上，在我们日常的生活中，“中”也是随“时”（包括时间、空间、对象）的变化而会有相应不同的表现。相对来说，“时中”就是既能坚持原则，又能审时度势，不死抱教条。该柔则柔，该刚则刚，该左则左，该右则右，这应该才是“时中”的应有之义。

第五，孔子说：“君子之于天下也，无适也，无莫也，义之与比。”（《论语・里仁》）这句话也是说，没什么事必须怎样去做，或绝不能怎样去做，而是要根据实际情况怎样能合于义就怎样去做。孔子在教育学生方面有个例子：一次子路问，听到了应该要办的事就要去办吗？孔子答，有父母在，怎么能听到了就去办呢！冉有问同样的问题，孔子肯定地说，听到了就要去办。公西华不解，请老师解惑。孔子答：“求也退，故进之；由也兼人，故退之。”（《论语・先进》）意思是冉有平时畏缩怕事，所以鼓励他有想法时就大胆地去干；子路好胜争强，所以孔子让他遇事冷静一下，三思后行。所以，孟子称孔子是“圣之时者也”，称道他“可以速则速，可以久则久，可以处则处，可以仕则仕”。（《孟子・万章下》）

“无适也，无莫也”，也就是通权达变。孔子对管仲的评价也颇能说明问题。齐桓公、公子纠都是齐襄公的弟弟。齐襄公无道，鲍叔牙侍奉桓公逃往莒国，管仲和召忽侍奉公子纠逃往鲁国。后来襄公被杀，桓公先入齐为君，兴兵伐鲁，迫使鲁国杀了公子纠，召忽因此而自杀，管仲却不但苟生，而且还归附了桓公，甚至做了齐国的宰相。子贡问孔子，管仲不是仁人吧？齐桓公杀了公子纠，他不但没有以身殉主，还为相辅佐齐桓公。孔子答道："管仲相桓公，霸诸侯，一匡天下，民到于今受其赐。微管仲，吾其被发左衽矣。岂若匹夫匹妇之为谅也，自经于沟渎而莫之知也？"（《论语·宪问》）在孔子看来，管仲不以小信（忠君自杀）而失大信（使百姓得益），是一个懂得"权"变的人。

孔子在谈到"中庸"时，还说过一段十分精辟的话。他说："可以共学，未可与适道；可以适道，未可与立；可以立，未可与权。"（《论语·子罕》）意思是说，可以一起学习仁义道德的人，不一定能达到道；可以一起和他达到道的人，不一定能做到坚守；可以和他一起做到坚守的人，不一定能做到通权达变。这样，孔子就把权作为中庸的最高境界，即只有能够通权达变的人才能真正理解和实行中庸之道。孟子对这个问题做了很多精彩的注解，他说："执中为近之，执中无权，犹执一也。所恶执一者，为其贼道也，举一而废百也。"（《孟子·尽心上》）意思是说，能做到不偏不倚，无过无不及，近乎中庸了，但是固执一端，客观情况变了，还死抱教条，不懂得通权达变，那是偏颇的。我们所以厌恶那种固执偏颇的人，就是因为他们损害了中庸之道，只顾一隅不顾全局呀！孟子还对权做了一个很通俗的解释说："男女授受不亲，礼也，但嫂溺于水，伸手援救，就是权。"（《孟子·离娄上》）

第六，孔子还提出了"不可则止"的处世原则。

不可则止就是"权"的思想在人们实践中的具体体现。孔子认为处理事情要注意分寸，不可使行动突破质的规定。譬如，在处理君臣关系中，他一方面强调臣子要“君使臣以礼，臣事君以忠”（《论语·八佾》）。“从道不从君”，“以道事君”，但如果进谏不听，臣子应适可而止，或引退以洁身。“所谓大臣者，以道事君，不可则止”（《论语·先进》）。“邦有道，则仕；邦无道，则可卷而怀之”（《论语·卫灵公》）。“用之则行，舍之则藏”（《论语·述而》）。“天下有道则见，无道则隐”（《论语·泰伯》）。如果遵照这样的理论行事，臣决不会对君构成威胁。对于朋友也是一样，“忠告而善道之，不可则止，毋自辱焉”（《论语·颜渊》）。可见，中庸就是根据实际情况，寻求正确的方法，以尽力达到所追求的目标。

第七，中庸还有一种方式，即“无可无不可”。

如果说“中庸”是折中主义不尽妥帖，那么“无可无不可”则无疑是典型的折中主义了。孔子把自己同一些逸民作了比较，他说伯夷、叔齐“不降其志，不辱其身”；柳下惠、少连“降志辱身矣”，但仍然“言中论，行中虑”。虞仲、夷逸表现又不同，“隐居放言，身中清，废中权”，他们虽然过着隐居生活，说话随便，但保持自身洁白；虽然离开职位，但仍合乎权宜。这三类人虽有高低之分，但各有自己的行为哲学，孔子很敬重这些人。然而他最后说：“我与这些人不一样，我的行为原则是无可无不可。”（《论语·微子》）关于孔子对事物两面性的把握的言行极多，这里再举数例，如：

孔子一方面信神，“祭神如神在”；另一方面又对鬼神是否存在表示怀疑。

孔子一方面认为人“性相近”；另一方面又主张“有生而知之者”（《论语 · 季氏》），“唯上知与下愚不移”（《论语 · 阳货》）。

孔子一方面认为自己是学而知之；另一方面又说自己是天命的承担者，“天生德于予”（《论语 · 述而》）。

孔子一方面主张“杀身以成仁”（《论语 · 卫灵公》），“见危授命”（《论语 · 宪问》）；另一方面又主张“危邦不入，乱邦不居”（《论语 · 泰伯》）。

以上所说的并不是一个事物的两个方面，而是对待两种不同的事物的两种态度。依据它们的性质，两者之间不能调和，只能二者必居其一，但孔子却要无可无不可。从理论上说，无可无不可似乎也可以说得过去，应该算是一种通权达变的智慧吧。[1]

中庸可以折中，但绝不是折中主义。孔子一生主张仁义，是非分明，反对调和，他曾严厉指责那些无原则是非的好好先生说：“乡愿，德之贼也。”（《论语 · 阳货》）对于孔子这句话，后世的万章疑惑不解。他曾问孟子：全乡人都称赞的好人，为什么孔子责骂他是破坏道德的贼呢？孟子回答说：“非之无举也，刺之无刺也，同乎流俗，合乎污世，居之以忠信，行之似廉洁，众皆悦之，自以为是，而不可与人尧舜之道，故曰‘德之贼’也。”孟子说这种人表面上似乎样样都好，挑不出毛病，但他们不分是非，与尧舜之道是格格不入的。

第八，“和而不同”同样是“中庸”的一种实践方式。

中庸要求人们追求“和而不同”。

[1]　刘泽华、葛荃主编：《中国古代政治思想史》，南开大学出版社 2011 年版，第 41 页。

孔子主张“和”，反对“同”，甚至把“和”和“同”作为君子和小人的区分。他说：“君子和而不同，小人同而不和。”（《论语·子路》）

那么，何为和？何为同？在先秦，人们把保持矛盾对立面的和谐叫作“和”，把取消矛盾对立面的差异叫作“同”，“和”与“同”有原则性区别。如齐国的晏婴认为君臣关系应和而不同：“君所谓可而有否焉，臣献其否以成其可；君所谓否而有可焉，臣献其可以去其否。是以政平而干，民无争心。”（《左传·昭公二十年》）君主认为可行的事，但其中也隐藏着不可行或行而不利的因素，臣下把这一方面意见提出来使君主能考虑得更为周全，以避免不利因素；反过来也一样，君主认为不可行的事情，其中可能存在着可行的、有利的因素，臣下把这些因素说出来以使君主放弃其认为不可行的决定。这是一种君臣之间的“中和”，是对君主的意见不盲从，作理性分析，进行必要的补充，促其完善，甚至放弃原来的意见而形成更好的决策。那种一味逢迎附和的臣子，则是“以同裨同”，不利于治国。正因为这样，孔子才称前者为“君子”，而后者为“小人”。从和而不同的思想出发，孔子主张对君主采取“勿欺也，而犯之”（《论语·宪问》）的态度。所谓犯，即向君主提意见。孔子喜欢给别人提意见，也希望别人包括弟子们对他本人提出不同意见。颜回是孔子最得意的门生，但他过于谦虚，从不提不同看法，孔子对此是不满意的。他说：“回也，非助我也，于吾言无所不说（悦）。”（《论语·先进》）

孔子的“和而不同”，包含着这样的思想内容：孤立的、单一的因素不能构成完美的事物，只有多种因素特别是矛盾对立面经过斗争达到的新的统一、和谐、共同作用，才能形成新生事物。在个人的修养方面，孔子说：“质胜文则野，文胜质则史。文质彬彬，然后君子。”（《论语·雍也》）他认为，做人如果朴实多于文采，便会显得粗野；如果文采胜过朴实，便会显得浮夸，可见只要一端而排斥另一端的做法是要不得的。孔子认为，只有把文与质这两种不同的品质恰到好处、相互协调地保持下来，让文与质互补对方之不足，并克制对方之偏胜，做到既朴实又有文采，或者说既不粗野又不浮夸，那样才能形成一个新的比较完美的事物。也就是说，矛盾的和谐或统一、平衡，等等，仅仅是矛盾斗争的一种状态，是事物发展的量变阶段。旧的和谐一定会打破，而代之以激烈斗争；量变阶段也会结束，出现渐进性的中断，即飞跃或质变阶段。不过，孔子虽然发现并认识到了“矛盾对立因素的统一、和谐、共同作用，才能形成新生事物”这一客观规律，但他对现实世界中破坏和谐的激烈斗争和质变规律，却采取了一种鸵鸟式的不敢正视的态度，不承认它们是发展的常规，不承认大乱是走向大治的必由途径，因此，面对春秋时代“礼崩乐坏”的巨变，他无论如何不能接受，以“天下无道”四字一概否定，并且决心要恢复不可能恢复的西周初年那样的和谐、安定的秩序状态，这不能不说是他一生在政治上到处碰壁的一个重要的原因。[1]

由此可见，孔子首创的中庸与无原则的折中、调和，并不是一回事，将“中庸之道”扩展为“中和之道”，或许更能表述孔子中正大道的本质。

---

[1] 匡亚明著：《孔子评传》，齐鲁书社 1985 年版，第 208—209 页。

孔子及其后儒家的“中庸”政治思维，以“用中”为本义，以“中和”即对立面的统一、系统的整合来求“中正”，“时中”和“权”是根据情势的变化灵活追求实现“中正”。“用中”“中和”“时中”和“权”在以儒家思想为主流的中国古代政治文化中，具有重要的政治价值论、方法论的作用。中庸思想可谓是“致广大而尽精微，极高明而道中庸”，内中蕴含着妙不可言的政治智慧和政治艺术。诚然，“中庸”思想在政治层面上，旨在维护君主政治，含有使君臣相济、上下相安，以及维护等级秩序、劝民安身守己等内容，但其“和而不同”“发皆中节”“中正不倚”“无过不及”“通权达变”等命题则具有恒常价值的合理化因素在内，在今日的政治关系乃至一般的社会关系中，仍然是极具启迪意义和践行价值的。[1]

“君子”：成就品质人生

在《论语》中，以中和为标准，孔子把人格分成四等：中行之人、狂者、狷者、乡愿。

《论语·子路》说：

> 不得中行而与之，必也狂狷乎！狂者进取，狷者有所不为也。

[1] 俞荣根著：《儒言治世——儒学治国之本》，四川人民出版社 1995 年版，第 78—84 页。

《论语·阳货》说：

> 子曰：乡愿，德之贼也。

“中行”，是指符合一切中和之道的言行举止。

“狂者”，是指勇于进取但又往往急于求成的人。

“狷者”，是指处事谨慎，进取不力的人。

“乡愿”，是指毫无原则、欺世盗名的小人人格。

在《孔子家语》中，孔子又把人格自下而上界定分为五个层次，即庸人、士、君子、贤人、圣人。

《孔子家语·五仪解》说：

> 哀公问于孔子曰：“寡人欲论鲁国之士，与之为治，敢问如何取之？”
>
> 孔子对曰：“生今之世，志古之道；居今之俗，服古之服。舍此而为非者，不亦鲜乎？”
>
> 曰：“然则章甫絇履、绅带缙笏者，皆贤人也？”
>
> 孔子曰：“不必然也。丘之所言，非此之谓也。夫端衣玄裳，冕而乘轩者，则志不在于食荤；斩衰菅菲，杖而歠粥者，则志不在于酒肉。生今之世，志古之道；居今之俗，服古之服，谓此类也。”
>
> 公曰：“善哉！尽此而已乎？”
>
> 孔子曰：“人有五仪，有庸人，有士人，有君子，有贤人，

有圣人。审此五者，则治道毕矣。”

公曰：“敢问何如斯可谓之庸人？”

孔子曰：“所谓庸人者，心不存慎终之规，口不吐训格之言，不择贤以托其身，不力行以自定。见小暗大，而不知所务；从物如流，不知其所执。此则庸人也。”

公曰：“何谓士人？”

孔子曰：“所谓士人者，心有所定，计有所守。虽不能尽道术之本，必有率也；虽不能备百善之美，必有处也。是故智不务多，必审其所知；言不务多，必审其所谓；行不务多，必审其所由。智既知之，言既道之，行既由之，则若性命之于形骸不可易也。富贵不足以益，贫贱不足以损。此则士人也。”

公曰：“何谓君子？”

孔子曰：“所谓君子者，言必忠信而心不怨，仁义在身而色无伐，思虑通明而辞不专。笃行信道，自强不息。油然若将可越，而终不可及者。君子也。”

公曰：“何谓贤人？”

孔子曰：“所谓贤人者，德不逾闲，行中规绳。言足以法于天下而不伤于身，道足以化于百姓而不伤于本。富则天下无宛财，施则天下不病贫。此贤者也。”

公曰：“何谓圣人？”

孔子曰：“所谓圣人者，德合于天地，变通无方。穷万事之终始，协庶品之自然，敷其大道而遂成情性。明并日月，化行若神。下民不知其德，睹者不识其邻。此谓圣人也。”

公曰：“善哉！非子之贤，则寡人不得闻此言也。虽然，寡人生于深宫之内，长于妇人之手，未尝知哀，未尝知忧，未尝知劳，未尝知惧，未尝知危，恐不足以行五仪之教，若何？”

孔子对曰：“如君之言，已知之矣。则丘亦无所闻焉。”

公曰：“非吾子，寡人无以启其心，吾子言也。”

在上面鲁哀公与孔子关于人格人品的讨论中，我们大致可以摸到孔子对于社会上人的区分层面。孔子认为，人在社会上可以分为五个等级：

“庸人”，是指那些没有追求，庸庸碌碌、随波逐流的人。

“士人”，是指那些行事有原则，生活有目标，积极上进的人。

“君子”，是指那些有修养、有道德、有文化、有能力的人。

“贤人”，是指那些在品行上能够影响民众的人。

“圣人”，是指那些可以通达天地万物，惠泽百姓，万世师表的人。

由此可以看出，“君子”在孔子的心目虽然不是最理想的人格，但已经具备了诸如忠信、仁义、思虑通明、笃行信道、志存高远、自强不息等的美德。在《论语》中，“君子”一词出现的频率很高，达 107 次之多。虽然在孔子的观念中，“圣人”是最高的人格典范，但孔子也明白，并非人人都能成为圣人。孔子说：“圣人，吾不得而见之矣，得见君子者，斯可也。”（《论语·述而》）由此可见，孔子是以君子人格来期许自己的。

正因为如此看重君子的人格，孔子长期与弟子们在一起探讨做好君子的事情。

子贡问于孔子曰:“君子所以贵玉而贱珉者，何也?为夫玉之少而珉之多邪!”孔子曰:“恶!赐!是何言也!夫君子岂多而贱之，少而贵之哉!夫玉，君子比德焉。温润而泽，仁也;栗而理，知也;坚刚而不屈，义也;廉而不刿，行也;折而不桡，勇也;瑕适并见，情也;扣之，其声清扬而远闻，其止辍然，辞也;故虽有珉之雕雕，不若玉之章章。《诗》曰:言念君子，温其如玉。此之谓也。”(《荀子·法行》)

君子之德似玉，所以孔子以玉比喻君子的德行。

西汉刘向说:

玉有六美，君子贵之。望之温润;近之栗理;声近徐而闻远;折而不挠，阙而不荏;廉而不刿;有瑕必示之也外。是以贵之。望之温润者，君子比德焉;近之栗理者，君子比智焉;声近徐而远闻者，君子比义焉;折而不挠，阙而不荏者，君子比勇焉;廉而不刿者，君子比仁焉;有瑕必见之于外者，君子比情焉。(《说苑·杂言》)

玉在古代本是极其珍贵的稀有之物，其极品常常价值连城。孔子以玉比君子之德，强调君子集仁、义、礼、智、信等各种德行于一身，品性高洁，不离世俗，其行为和品德却不为世俗所污染，故《礼记·玉藻》中有“君子无故，玉不去身。君子于玉比德焉”的说法。

孔子还曾有君子以水比德的说法：

> 子贡问曰："君子见大水必观焉，何也？"孔子曰："夫水者，君子比德焉。遍予而无私，似德；所及者生，似仁；其流卑下句倨，皆循其理，似义；浅者流行，深者不测，似智；其赴百仞之谷不疑，似勇；绵弱而微达，似察；受恶不让，似包蒙；不清以入，鲜洁以出，似善化；至量必平，似正；盈不求概，似度；其万折必东，似意：是以君子见大水观焉尔也。"（《说苑·杂言》）

水善利万物而不争，德、仁、义、智、勇、正等品质兼备，为君子必有，故孔子以水德来比喻君子之德。

在《孔子家语·在厄》篇中，孔子还曾有以兰比君子之德的记载：

> 芝兰生于深林，不以无人而不芳；君子修道立德，不为穷困而改节。

兰花深处幽谷，"能白更兼黄，无人亦自芳，寸心原不大，容得许多香"。不以物喜不以己悲，怪不得孔子对之如此钟情，世今流传《猗兰操》，即是孔子借兰花以自比身世，由此多少可见孔子心目中的君子价值取向。

那么，怎样才算是真正的"君子"呢？或者换句话说，孔子的君子标准究竟有哪些呢？

（1）孔子认为，君子首先应该“文质彬彬”。孔子说：

质胜文则野，文胜质则史。文质彬彬，然后君子。（《论语·雍也》）

孔子认为，一个人内在质朴如果多于外在的学识、才华，就会显得粗陋不堪；而外在的学识、才华如果胜过了内在的质朴，就会显得轻佻浮华。只有才华与质朴两者搭配适当，才能称作“君子”。

（2）孔子要求君子不仅能“独善其身”，还要能“兼济天下”。

子路问君子，子曰：“修己以敬。”曰：“如斯而已乎？”曰：“修己以安人。”曰：“如斯而已乎？”曰：“修己以安百姓。修己以安百姓，尧、舜其犹病诸！”（《论语·宪问》）

“修己”“安人”“安百姓”，一个比一个境界高。

（3）孔子认为，君子为人应该庄重大方，重道德，慎交友，有了过错，能够随时改正。

子曰：“君子不重则不威，学则不固。主忠信。无友不如己者。过则勿惮改。”（《论语·学而》）

（4）孔子认为，君子应“好学”。

子曰：“君子食无求饱，居无求安，敏于事而慎于言，就

有道而正焉，可谓好学也已。”(《论语·学而》)

（5）孔子认为，君子应该学问博雅，不能只钻研通晓一门学问。

子曰：“君子不器。”(《论语·为政》)

（6）孔子认为，君子应该具有践行力、实践力，说话谨慎，勤于做事。

子贡问君子。子曰：“先行其言，而后从之。”(《论语·为政》)

子曰：“君子欲讷于言而敏于行。”(《论语·里仁》)

子曰：“君子耻其言而过其行。”(《论语·宪问》)

（7）孔子认为，君子应该具有大局观，讲团结，不拉帮结派。

子曰：“君子周而不比，小人比而不周。”(《论语·为政》)

子曰：“君子和而不同，小人同而不和。”(《论语·子路》)

（8）孔子认为，君子应该为而不争，即使“争”，也要符合礼节。

子曰：“君子无所争，必也射乎！揖让而升，下而饮。其

争也君子。”(《论语·八佾》)

子曰:“君子矜而不争,群而不党。”(《论语·卫灵公》)

（9）孔子认为，君子应该具备根据实际情况发展自己事业的能力。

子曰:“君子之于天下也,无适也,无莫也,义之与比。”(《论语·里仁》)

（10）孔子认为，君子应该重视“德”“义”，不以私利为重。

子曰:“君子怀德,小人怀土;君子怀刑,小人怀惠。”(《论语·里仁》)

子曰:“君子喻于义,小人喻于利。”(《论语·里仁》)

（11）孔子认为，君子应该行为端庄，对上负责，对下爱护。

子谓子产:“有君子之道四焉:其行己也恭,其事上也敬,其养民也惠,其使民也义。”(《论语·公冶长》)

（12）孔子认为，君子对人对事，应保持一个合理的尺度和原则。

子华使于齐,冉子为其母请粟,子曰:“与之釜。”请益,

曰："与之庾。"冉子与之粟五秉。子曰："赤之适齐也，乘肥马，衣轻裘。吾闻之也，君子周急不继富。"(《论语·雍也》)

(13)孔子认为，君子应该胸怀坦荡、光明利落，不惑不忧不惧，泰而不骄。

子曰："君子坦荡荡，小人长戚戚。"(《论语·述而》)

司马牛问君子，子曰："君子不忧不惧。"曰："不忧不惧，斯谓之君子已乎？"子曰："内省不疚，夫何忧何惧？"(《论语·颜渊》)

子曰："君子泰而不骄，小人骄而不泰。"(《论语·子路》)

子曰："君子道者三，我无能焉：仁者不忧，知者不惑，勇者不惧。"子贡曰："夫子自道也。"(《论语·宪问》)

(14)孔子认为，君子应该摈弃凭空猜测、绝对肯定、拘泥固执、自以为是四种毛病。

子绝四：毋意、毋必、毋固、毋我。(《论语·子罕》)

(15)孔子认为，君子应"成人之美"。

子曰："君子成人之美，不成人之恶。小人反是。"(《论语·颜渊》)

（16）孔子认为，君子应尽职敬业，能够真正做到“量才使用”。

子曰：“君子易事而难说也。说之不以道，不说也。及其使人也，器之。小人难事而易说也。说之虽不以道，说也，及其使人也，求备焉。”（《论语·子路》）

子曰：“君子不以言举人，不以人废言。”（《论语·卫灵公》）

（17）孔子认为，君子应重“仁”，追求并且通达“仁义”。

子曰：“君子而不仁者有矣夫，未有小人而仁者也。”（《论语·宪问》）

子曰：“君子上达，小人下达。”（《论语·宪问》）

（18）孔子认为，君子学习是为了充实自己，并非用它来装饰门面。

子曰：“古之学者为己，今之学者为人。”（《论语·宪问》）

（19）孔子认为，君子在最困难的时候能够坚守底线而不改变自己坚持的原则。

（孔子师徒）在陈绝粮，从者病，莫能兴。子路愠见曰：

“君子亦有穷乎？”子曰：“君子固穷，小人穷斯滥矣。”（《论语·卫灵公》）

（20）孔子认为，君子应做人公正，行为合礼，语言谦虚，态度忠诚。

子曰：“君子义以为质，礼以行之，孙以出之，信以成之。君子哉！”（《论语·卫灵公》）

（21）孔子认为，君子应严格要求自己，始终注重增长自己的才能。

子曰：“君子求诸己，小人求诸人。”（《论语·卫灵公》）

子曰：“君子病无能焉，不病人之不己知也。”（《论语·卫灵公》）

（22）孔子认为，君子应“谋道不谋食”。

子曰：“君子谋道不谋食。耕也，馁在其中矣；学也，禄在其中矣。君子忧道不忧贫。”（《论语·卫灵公》）

（23）孔子认为，君子应重信义而不拘小节。

子曰：“君子贞而不谅。”（《论语·卫灵公》）

子曰："君子义以为上。"（《论语·阳货》）

（24）孔子认为，君子应有"三戒""三畏""九思"。

孔子曰："君子有三戒：少之时，血气未定，戒之在色；及其壮也，血气方刚，戒之在斗；及其老也，血气既衰，戒之在得。"（《论语·季氏》）

孔子曰："君子有三畏：畏天命，畏大人，畏圣人之言。小人不知天命而不畏也，狎大人，侮圣人之言。"（《论语·季氏》）

孔子曰："生而知之者，上也；学而知之者，次也；困而学之，又其次也；困而不学，民斯为下矣。"（《论语·季氏》）

孔子曰："君子有九思：视思明，听思聪，色思温，貌思恭，言思忠，事思敬，疑思问，忿思难，见得思义。"（《论语·季氏》）

（25）孔子认为，君子应有四憎：讨厌总说别人坏话的人；讨厌处在下位却诽谤上级的人；讨厌刚愎自用、顽固不化的人；讨厌勇而无礼的人。

子贡曰："君子亦有恶乎？"子曰："有恶。恶称人之恶者，恶居下流而讪上者，恶勇而无礼者，恶果敢而窒者。"曰："赐也亦有恶乎？""恶徼以为知者，恶不孙以为勇者，恶讦以为直者。"（《论语·阳货》）

（26）孔子认为，君子应“知命”“知礼”“知言”。

孔子曰：“不知命，无以为君子也；不知礼，无以立也；不知言，无以知人也。”（《论语·尧曰》）

（27）孔子认为，君子不仅在世时要道德高尚、积极进取，更要以立“万世名”为远大理想。

子曰：“君子疾没世而名不称焉。”（《论语·卫灵公》）

《左传》说：“‘太上有立德，其次有立功，其次有立言。’虽久不废，此之谓不朽。”

孔子说：“作为君子，应担心自己死后的名字不为人所称道。”

司马迁在《史记·孔子世家》说：

子曰：“弗乎弗乎，君子病没世而名不称焉。吾道不行矣，吾何以自见于后世哉？”乃因史记作《春秋》。

“弗”通“怫”，悒郁不快之义。孔子力图在“为政”上有所作为，而“道不行”，“道不行”则“没世而名不称”，这使他十分焦虑，于是便在晚年放下一切，集中心力根据鲁国的“史记”“作《春秋》”。

总之，在《论语》等书中，多处记载着孔子教诲其弟子如何造就君子品格的言论，要怎样，不要怎样，为什么，怎么办，浅显易懂，容易践行。

《论语》中说：

子以四教：文，行，忠，信。（《论语·述而》）

孔子从四个方面教育弟子，除了文化知识外，其余三个方面“行”“忠”“信”全都事关君子人格的培养。

“孔子的理想目标是圣人和仁人，现实目标是培养君子和有恒者。”[1] 孔子的君子观，他所认定君子品格的诸要素如自强不息、厚德载物、勤勉、力行、诚信、谦恭、勇敢、智慧、仁义，等等，至今仍不失其现实意义和人生指导意义。

[1] 李零著：《丧家狗——我读〈论语〉》，山西人民出版社2007年版，第353页。

第五章　孔子的此岸与彼岸

“东周梦”：孔子现世政治追求

孔子是一个积极入世，热衷仕途，欲求“达则兼济天下”的政治理想主义者。在学有所成之后，孔子“尝为委吏矣”，“尝为乘田矣”（《孟子·万章下》）。后来虽然是以授徒讲学为职业，但常有“不可一日无君”之感。所谓“三月无君，则皇皇如也”（《孟子·滕文公下》），所谓“君命召，不俟驾而行”（《论语·乡党》），这都反映了他求仕心切。唐玄宗曾写过一首《经邹鲁祭孔子而叹之》的诗来凭吊孔子。诗中说：“夫子何为者，栖栖一代中。地犹鄹氏邑，宅即鲁王宫。叹凤嗟身否，伤麟怨道穷。今看两楹奠，当与梦时同。”生动地概括了孔子一生为求仕奔走和怀才不遇的惨淡情景。

孔子尝以“危邦不入，乱邦不居，天下有道则见，无道则隐”

(《论语·泰伯》)来教人。并曾夸奖过卫国贤大夫蘧伯玉，说蘧是“邦有道则仕，邦无道则可卷而怀之”。(《论语·卫灵公》)他还对颜渊说过：“用之则行，舍之则藏。唯我与尔有是夫！”(《论语·述而》)这都说明孔子对于进退出处，是极为慎重的。然而证之实践，却又不然。如“公山弗扰，以费畔”，派人来请，他曾想去。子路不悦。孔子说：“夫召我者，而岂徒哉？如有用我者，吾其为东周乎！”又如“佛肸以中牟畔”，派人来请孔子。孔子又想去。再次遭到子路劝阻，孔子很郁闷地说：“吾岂匏瓜也哉，焉能系而不食？”(《论语·阳货》)

流亡途中，当子贡问：“有美玉于斯，韫匵而藏诸？求善贾而沽诸？”孔子说：“沽之哉！沽之哉！我待贾者也。”(《论语·子罕》)这又是孔子有急于求仕之意。事实上，孔子是每“至于是邦也，必闻其政”(《论语·学而》)。他在鲁国“摄行相事”，是上台而“有喜色”(《史记·孔子世家》)，及“齐人归女乐以沮之”(《四书集注·论语序说》)，他又“迟迟吾行”(《孟子·万章下》)。孔子曾经许愿说：“苟有用我者，期月而已可也。三年有成。”(《论语·子路》)

孔门课程，于德行、言语、文学之外，专设政事一科，就是为适应学生们的从政需要而设置。孔子要其弟子都能“使于四方，不辱君命”(《论语·子路》)。如果是“诵诗三百，授之以致，不达；使于四方，不能专对，孔子就认为这种人再多也无益。在孔门弟子中，不断有人出去做官，孔子和这些人的关系都很密切，也对他们寄予厚望。

由于孔子求仕心切，曾对其门人弟子影响很大。《论语》中子张学干禄很能代表孔子培养弟子的方向，也由此多少可以看出孔子师生对于仕途经济的热衷与追求。

子张，姓颛孙，名师，字子张，陈国人，陈国公子颛孙之后，小孔子 48 岁，是孔子晚期的弟子。子张志向高远，态度务实，希望进入仕途推行大道。《孔子家语》中说他容貌姣好，天资聪慧，性格宽厚温和，举止文雅从容。子张务实，不太喜欢仁义道德之类的大道理，不喜欢与闲人打交道，所以孔子说“师也辟”，“辟”为清高孤傲之义。孔门弟子对他虽然友善，却不太尊敬。子游和曾子对他的评价较高，曾子说：“堂堂乎张也，难与并为仁矣。”（《论语·子张》）认为他的道德学问已经达到了一定的境界，但还未达到“仁”的境界。韩非子说孔子死后，儒分为八，其中就有“子张氏之儒”（《韩非子·显学》）。荀子对子张颇有微词，说他“弟佗其冠，神禅其辞，禹行而舜趋，是子张氏之贱儒也。”（《荀子·非十二子》）大概意思是说他整天装腔作势的样子，做派有点儿浮夸，所以孔子拿他与子夏作比较时说他“过”，聪明过头了，不是什么好事。

在《论语》中，记载有数则子张与孔子探讨如何从政的小故事。

第一个小故事：

> 子张学干禄。子曰：“多闻阙疑，慎言其余，则寡尤。多见阙殆，慎行其余，则寡悔。言寡尤，行寡悔，禄在其中矣。”（《论语·为政》）

子张向孔子请教做官的方法，孔子告诉他：“多听少讲，不讲没有把握的话，对有把握的话也要谨慎地讲，这样就可以少说错话；多观察，不做没有把握的事，对有把握的事情也要细心去做，这样就可以少干错事。不说错话，不干错事，官职和俸禄就在其中了。”

第二个小故事：

> 子张问：“十世可知也？”子曰：“殷因于夏礼，所损益，可知也；周因于殷礼，所损益，可知也。其或继周者，虽百世，可知也。”（《论语·为政》）

子张问孔子：“今后十世的礼仪制度可以预先知道吗？”孔子回答说：“商朝继承了夏朝的礼仪制度，所减少和所增加的内容是可以知道的；周朝又继承商朝的礼仪制度，所废除的和所增加的内容也是可以知道的。将来或者有继承周朝的新帝王，礼仪制度也自当会有所修补、增减、完善，就是一百世以后的情况，也是可以预先知道的。”

第三个小故事：

> 子张问曰：“令尹子文三仕为令尹，无喜色，三已之无愠色，旧令尹之政必以告新令尹，何如？”子曰：“忠矣。”曰：“仁矣乎？”曰：“未知，焉得仁？”“崔子弑齐君，陈文子有马十乘，弃而违之。至于他邦，则曰：‘犹吾大夫崔子也。’违之。之一邦，则又曰：‘犹吾大夫崔子也。’违之，何如？”子

曰："清矣。"曰："仁矣乎？"曰："未知，焉得仁？"（《论语·公冶长》）

子张问孔子说："令尹子文几次做楚国宰相，都没有显出高兴的样子，几次被免职，也没有显出怨恨的样子。而且每次被免职时一定把自己的一切政事全部告诉给新来接任的人。你看这个人怎么样？"孔子说："算得上是对国家忠心耿耿了。"子张问："算得上仁了吗？"孔子说："不知道。这能算仁吗？"子张又问："崔杼杀了他的君主齐庄公，陈文子因此弃官不做，离开了齐国。他先后到了两个国家又都离开了，因为他看出那两个国家的执政者和崔杼是一类人。这个人你看怎么样？"孔子说："这人很清高。"子张说："算得上仁吗？"孔子说："不知道。这能算仁吗？"

第四个小故事：

子张问善人之道。子曰："不践迹，亦不入于室。"（《论语·先进》）

子张问老师孔子使人向善的方法。孔子说："守住本心，顺其自然，不刻意、不沿袭别人的脚步，也不要给'善'设置目标、不要执着于这个目标，不要为向善而行善。"

第五个小故事：

子张问政，子曰："居之无倦，行之以忠。"（《论语·颜渊》）

子张问如何治理政事。孔子说:“居于官位不懈怠,执行君令要忠心。”

第六个小故事:

> 子张问行,子曰:“言忠信,行笃敬,虽蛮貊之邦,行矣。言不忠信,行不笃敬,虽州里,行乎哉?立则见其参于前也,在舆则见其倚于衡也,夫然后行。”子张书诸绅。(《论语·卫灵公》)

子张问如何才能使自己的主张行得通。孔子说:“说话要忠诚老实,行事要笃敬严肃,即使到了没有开化的野蛮地区,也可以行得通。言而无信,行为轻浮,即便是在本乡本土,也行不通。只要你随时随地牢记‘忠信笃敬’这几个字,就到处可以行得通。”于是子张把这几个字写在自己的腰带上。

第七个小故事:

> 子张问仁于孔子,孔子曰:“能行五者于天下为仁矣。”请问之,曰:“恭、宽、信、敏、惠。恭则不侮,宽则得众,信则人任焉,敏则有功,惠则足以使人。”(《论语·阳货》)

子张向孔子问仁。孔子说:“能够处处实行五种品德,就是仁人了。”子张说:“请问是哪五种?”孔子说:“庄重、宽厚、诚实、勤敏、慈惠。庄重就不致遭受侮辱,宽厚就会得到众人的拥护,诚信就能得到别人的任用,勤敏就会提高工作效率,慈惠就能够使唤人。”

第八个小故事：

> 子张问于孔子曰：“何如斯可以从政矣？”子曰：“尊五美，屏四恶，斯可以从政矣。”子张曰：“何谓五美？”子曰：“君子惠而不费，劳而不怨，欲而不贪，泰而不骄，威而不猛。”子张曰：“何谓惠而不费？”子曰：“因民之所利而利之，斯不亦惠而不费乎？择可劳而劳之，又谁怨？欲仁而得仁，又焉贪？君子无众寡，无小大，无敢慢，斯不亦泰而不骄乎？君子正其衣冠，尊其瞻视，俨然人望而畏之，斯不亦威而不猛乎？”子张曰：“何谓四恶？”子曰：“不教而杀谓之虐；不戒视成谓之暴；慢令致期谓之贼；犹之与人也，出纳之吝谓之有司。”（《论语·尧曰》）

子张问孔子说：“怎样才能将政事治理妥当？”孔子说：“尊重五种美德，排除四种恶政，这样就可以顺利治理政事了。”子张问：“五种美德是指什么？”孔子说：“执政者给百姓带来实惠，自己却能无所耗费；役使百姓，百姓却没有怨恨情绪；追求仁德而不是贪图财利；性情安泰而不骄傲自满；态度威严而不凶猛残暴。”子张问：“该怎样做到给百姓以实惠而自己却能无所耗费呢？”孔子说：“让百姓们去做对他们有利的事，这不就能对百姓有利而又不用耗费国帑吗？选择适合劳作的时间和事情让百姓去做，百姓又怎么会有怨恨呢？自己想追求仁德便得到了仁德，还有什么可贪图的呢？无论人多人少，势力大小，执政者都不怠慢他们，这不就是庄重而不傲慢吗？执政者衣冠整齐，目不斜视，态度庄重，使人见而生敬畏之心，这不就是威严而不凶猛吗？”子张问：“那么，四种恶政又是什么呢？”孔子说：“不经教化便加以杀戮叫作虐；不加申诫便要求成绩叫作暴；不加监督而突然限期叫作贼；同样是给人财物，却出手吝啬，叫作小气。”

第九个小故事：

> 子张曰：士见危致命，见得思义，祭思敬，丧思哀，其可已矣。(《论语·子张》)

子张说：“读书人在国家危难时敢于杀身成仁，平日不取不义之财，祭祀时能想到是否严肃恭敬，居丧时要想到自己是否哀伤。能做到这些，也就算是可以了。”

在《论语》一书中，关于子张请教孔子如何做官以及子张关于为政的言论，主要也就是上述这些内容了，这说明，子张向孔子请教从政方面的事情内容很是广泛。从《为政篇》中问“干禄”（做官素质）、“十世可知也”（历史方面），《公冶长篇》中问“令尹子文三仕为令尹”（人物方面），《先进篇》问“善人之道”（处世方面），《颜渊篇》“问政”，《阳货篇》问“仁”（道德修养方面），直到《尧曰篇》孔子回答子张时提出的“尊五美摒四恶”的为政准则等。孔子对于子张询问“为政”的问题，从各个方面都做了详细的解答，许多还都是心得真传，可见孔子是对子张格外器重，有所期待的。

在上述故事中，子张请教如何获得官职与俸禄，如何畅行于四海。孔子教他要提高品德，也要避免因情绪而迷惑。方法上，多听多看各种言行，把疑惑的、不妥的放到一边，选择有信心、有把握的去做。如此，减少了他人的责怪与自己的后悔，自然得到俸禄。还要要求自己，说话真诚而守信，做事踏实而认真，如此不论身处何地都能通行无阻。子张曾请教三百年后的制度可否推知，孔子告诉他，礼、乐、法律等，会配合时代的需要进行调整损益，然而人性是相近的，所以制度的订立有其普遍的准绳。当子张请教推动政务的办法时，孔子详细地教导他“尊五美，摒四恶”的执政大纲，其原则是处处替百姓设想。推崇的五种美德是：施惠于民但不浪费，劳动百姓但不致引来抱怨，有所欲求但非贪图私利，神情舒泰但不骄傲，态度威严但不凶猛。排除的四种恶行是：酷虐、残暴、害人、刁难。子张曾经强调过：对德行的实践不够坚持，对理想的信念不够深刻，这样的人有他不为多，无他不为少！其孤高的个性虽不完美，志向与作为却难能可贵。

子张对政治热衷追求，孔子又何尝不是这样。

孔子说他“十有五而志于学”。《说文》：“仕，学也；宦，仕也。”汉朝以前，学与仕不分。孔子“志于学”，就是“立志”要做官。从“十有五而志于学”立定目标走“学而优则仕”的道路以来，经过刻苦努力，“三十而立”，也就是学有所成，基本上获得了从政做官的本领。可惜从政的机缘一直未至，于是他就走上了另外一条道路，即收徒讲学，这也成就了他万世师表之名。孔子 35 岁那年，即鲁昭公二十五年（公元前 517 年），鲁国统治集团公室内讧。鲁昭公为了公室的生存，图谋打击执政者季平子，结果在季孙氏、叔孙氏、孟孙氏三家联盟下大败逃亡齐国。本来对从政满怀希望的孔子，见到“鲁乱”没有机会，就跑到齐国寻找门路，想得到齐景公的信用。司马迁描写说：“孔子适齐，为高昭子家臣，欲以通乎景公。”（《史记·孔子世家》）通过高昭子的引荐，孔子见到了齐景公。据《史记·孔子世家》记载：齐景公曾两度向孔子问政。孔子一次回答说“君君、臣臣、父父、子子”，另一次说“正在节财”。齐景公本欲重用孔子，但在晏婴等权臣的反对下作罢。在齐三年，孔子非但没有得到重用，反而引起了齐国一些掌权人物的忌惮，他们“欲加害孔子”，孔子空梦一场，匆忙离齐返鲁。从齐国逃回鲁国后，孔子继续办学。因为在齐从政挫折的打击，此后好多年，孔子再也没有从事任何实际求官政治活动，而是把主要精力放在培养自己学生上面。从“三十而立”“四十不惑”一直到“五十而知天命”，孔子在开堂授徒的同时，并没有停止他的政治求索。在这期间，鲁昭公困死国外，季氏继续专权，季氏家臣阳虎通过控制季氏家政进而干预鲁国国政，形成“陪臣执国命”的局面。鲁定公八年（公元前502年），孔子50岁那年，阳虎失败出走，孔子终于等到了出山从政的机会。“其后，定公以孔子为中都宰，一年，四方皆则之；由中都宰为司空，由司空为大司寇。”（《史记·孔子世家》）孔子在鲁国为官期间，相鲁定公“会齐侯于夹谷”，挫败齐国的阴谋，取得了外交斗争的胜利；为大司寇，杀少正卯；“与闻国政三月”“鲁国大治”。最后，在集权公室的斗争中，孔子“堕三都”计划失败，失去了鲁国掌权贵族的支持，被迫离鲁出走，这一年，孔子已经55岁了。此后，孔子师徒在外流亡14年，辗转各国，希望见用，可都是到处碰壁。68岁那年，孔子才被允许回到鲁国，这个时候，鲁定公与季桓子已先后去世。晚年的孔子，并没有再谋求一个政治舞台上的什么具体职务，而是将自己全部身心沉浸于授徒讲学和研究学问之中，留下读《易》而韦编三绝的千古佳话。

孔子的一生，遇到了重重困难，坎坷而艰辛，但他目标明确，执着而坚定，知其不可而为之。为了求仕，孔子师徒曾经遭遇过很多的危险与刺激。如由卫适陈、过匡，“匡人以为阳虎而拘之”。由曹适宋，“司马桓魋欲杀之”。而“在陈绝粮”，则是几乎连随行的人都一齐饿死。至于所受的讥笑谩骂冷嘲热讽，那就更是数不胜数了。有骂他如“丧家之犬”的，有说他是“四体不勤，五谷不分的”，也有认为他是“知其不可而为之”的。流亡途中迷路，孔子派人“问津”，对方不但不以“津”相告，反而讥笑说：“滔滔者天下皆是也，而谁以易之？”虽然如此，孔子并不气馁。只有在“陈蔡之厄”时，因见“弟子有愠色”，孔子才发牢骚说：“吾道非耶！吾何为于此？”但是经过颜渊的一番温辞劝慰，他又“欣然而笑”(《史记·孔子世家》)了。

应该看到，孔子之热衷于求仕，并不是为了个人“追名逐利”的目的，而是要寻找一个可以施展才能的机会来改变“天下无道”的局面。所以他一听到“而谁以易之"这句话，便断然表示：“天下有道，丘不与易也！”(《论语·微子》)就是说，正因为他是处在“无道之世”，所以才非要起而“易之”不可。如何“易”？他说：“天下有道，则礼乐征伐自天子出；天下无道，则礼乐征伐自诸侯出。”(《论语·季氏》)这就是主张把治天下的大权还归于周天子。这是中央集权的大一统思想。孔子以“九合诸侯，一匡天下”(《论语·宪问》)来称赞管仲，也是这种思想的表现。而后来孟子所提出的“定于一”(《孟子·梁惠王上》)的政治主张，就是继承和发展了孔子的这种思想。

孔子有着伟大的政治理想与政治目标，想要达到“天下归仁”的理想境界，并有将此付诸实践的政治智慧与治理才能。但是，当时乱世的客观形势却没有给他施展才华的机会与舞台，他仅仅只有四五年的时间处于鲁国政治舞台的中心，其他时间最多也只是一个政治舞台上的“边缘人”。尽管孔子充满“如有用我者，吾其为东周乎”的自信，洋溢着“天生德于予”与“文不在兹乎”的历史使命感，然而现实追求中却处处碰壁。各国当政者也就将他作为一个装饰门面的招牌，并不想用他来改革与推动历史的前进。治世的理想没能实现，对他可谓是一个凄婉的悲剧。不过，他的信念始终都没有改变，现实再残酷也没能使他降低对理想目标标准的设定。一个人在逆境中执着了一辈子，严以律己、宽以待人，自强不息，不怨天，不尤人，不变节，不移志，学而忘忧，诲人不倦，不见风使舵，不追名逐利，“知其不可而为之”，“虽九死其犹未悔”。在这方面，孔子可以说是中国两千多年来一个最高尚的文化理想人的典型。

“大同世”：孔子的政治乌托邦

一般而言，政治理想是政治思想家对理想社会的美好设计与描绘，是对社会政治终极走向的一种价值性的判断和确定，具有普遍性的意义。政治理想制约着政治思想体系的价值取向和理论构架，所以，把握政治理想对于理解政治思想十分重要。

从学术意义看，能不能提出一个政治理想国方案和具有普遍意义的政治原则与理论，是衡量能否成为政治思想家的一个基本标准。西方柏拉图的理想国是拥有智慧、勇敢、节制和正义这四种美德的“公正”之国。孔子的理想国则可以称为“有道之世”。“有道之世”的理想国是针对“无道”现实而发，最高境界包括“大同”和“小康”两个层次。

孔子的政治理想，概括起来具有以下几个基本特征：

首先，孔子的理想国是大一统的君主国家。

《礼记·坊记》载孔子言：

> 天无二日，土无二王，家无二主，尊无二上。

在大一统的君主制国家里，天子享有至高无上的权力，国家的一切政事的决策都出自天子，权在天子，权在中央。

孔子说：“天下有道，则礼乐征伐自天子出；天下无道，则礼乐征伐自诸侯出。”（《论语·季氏》）春秋时“礼乐征伐自诸侯出”，在孔子看来，就是天下无道的最糟糕的表现。

孔子主张“礼乐征伐自天子出”，这是他理想社会的一个特征。

孔子说：“自诸侯出，盖十世希不失矣；自大夫出，五世希不失矣；陪臣执国命，三世希不失矣。天下有道，则政不在大夫。天下有道，则庶人不议。”（《论语·季氏》）孔子对这种极不正常的现象非常反感，站在大一统的立场，他主张恢复周礼，恢复到周公定制的大一统政治秩序。

其次，孔子的理想社会有着严格的等级制度管理。

严格的社会等级制度是稳定的社会秩序的重要保障，正如司马谈在《论六家要旨》中所指出的，儒家有些地方尽管迂腐烦琐，“然其序君臣父子之礼，列夫妇长幼之别，不可易也。”（《史记·太史公自序》）“贵贱有等，衣服有制，朝廷有位，则民有所让”（《礼记·坊记》）。在严格的等级制度上，建立安定的统治秩序，“目巧之室，则有奥阼，席则有上下，车则有左右，行则有道，立则有序”（《礼记·仲尼燕居》）；这样的社会，任何的僭越行为都是不允许的，“天下有道，则政不在大夫；天下有道，则庶人不议”。从天子到庶人，每一等级都必须谨于职守，不在其位，不谋其政。

再次，孔子的政治理想追求道德完善，上下和谐。

在孔子看来，尽管有道社会等级分明，但各个等级之间应该是和谐的。有道社会里，君臣之间，“君使臣以礼，臣事君以忠”（《论语·八佾》）。君民之间，君对民以爱，民事君以敬，凡民有丧，君则扶服救之。君臣上下之间待人以仁让，克己以中和，和谐相处。这是一个君贤民和，上下有序，社会稳固，道德完善的理想社会。

最后，孔子从尧舜禹夏商周的文化中提炼出了自己的“理想国”方案。

孔子的“有道之世”的理想国是针对“无道”之现实而发的，“有道之世”的最高境界包括“大同”和“小康”两个层次。

《礼记·礼运》篇中记载了孔子所推崇的“天下为公”的大同理想：

大道之行也，天下为公，选贤与能，讲信修睦。故人不独亲其亲，不独子其子。使老有所终，壮有所用，幼有所长，鳏寡孤独废疾者，皆有所养，男有分，女有归。货恶其弃于地也，不必藏于己；力恶其不出于身也，不必为己。是故谋闭而不兴，盗窃乱贼而不作，故外户而不闭，是谓大同。

这个理想国的总纲是“天下为公”，这是一幅以原始公有制社会为摹本而设计出来的理想社会蓝图，其间人们对远古社会美好的回忆清晰可辨。在这个理想社会里，财产公有、政治民主、人人各尽其能，人与人之间平等、博爱，各得其所，社会安定，没有盗贼，也没有战争，一派安定和谐的景象。

孔子所描绘的这个天下大同理想社会的蓝图，不是发思古之幽情，更不是要求历史倒退，它表达了孔子对“礼崩乐坏”“天下无道”“世风日下”的现实的不满和批判，也寄寓了孔子对人类美好社会的向往与憧憬。

大同，是儒家政治大一统追求的最高目标。

儒家的“大同”理想，不仅是对人类公平、正义和美好社会的追求，而且也是对政治社会合理性、合法性的高层面的期冀。这一政治理想，曾经对中国社会与历史产生过深远的历史影响。自孔子提出“大同社会”方案以后，“大同”便成了一个上下数千年，“引无数英雄竞折腰”的社会理想，一个令志士仁人前仆后继的世代憧憬，一个令炎黄子孙魂牵梦萦的万年情结。

孔子之后一千年的东晋时代，又出现了一个对“有道之世”

充满向往的士人陶渊明，他根据自己的美好设想，为人类塑造出了一个无战争之苦、无尔虞我诈的“桃花源”。

东晋也是乱世时代，人心思治，陶渊明“桃花源”的出现，与孔子的“大同世”提出的时代背景十分相似。陶渊明利用一个迷途的渔夫，一不小心走进了这个美妙神奇的“桃花源”：

> 晋太元中，武陵人捕鱼为业。缘溪行，忘路之远近。忽逢桃花林，夹岸数百步，中无杂树，芳草鲜美，落英缤纷。渔人甚异之，复前行，欲穷其林。
>
> 林尽水源，便得一山，山有小口，仿佛若有光。便舍船，从口入。初极狭，才通人。复行数十步，豁然开朗。土地平旷，屋舍俨然，有良田美池桑竹之属。阡陌交通，鸡犬相闻。其中往来种作，男女衣着，悉如外人。黄发垂髫，并怡然自乐。
>
> 见渔人，乃大惊，问所从来。具答之。便要还家，设酒杀鸡作食。村中闻有此人，咸来问讯。自云先世避秦时乱，率妻子邑人来此绝境，不复出焉，遂与外人间隔。问今是何世，乃不知有汉，无论魏晋。此人一一为具言所闻，皆叹惋。余人各复延至其家，皆出酒食。停数日，辞去。此中人语云：“不足为外人道也。”
>
> 既出，得其船，便扶向路，处处志之。及郡下，诣太守，说如此。太守即遣人随其往，寻向所志，遂迷，不复得路。
>
> 南阳刘子骥，高尚士也，闻之，欣然规往。未果，寻病终。后遂无问津者。

陶渊明说：东晋太元年间，武陵郡有个人，以打鱼为生。有一天，他沿着溪水划船，忘记了路的远近。忽然遇到一片桃花林，紧靠着两岸生长有几百步。其中没有其他杂树，草木鲜美，落花纷纷。渔人感到很惊奇。继续往前走，想走到林子的尽头。桃花林尽处，是溪流的源头，出现了一座小山，山上有一个小洞口，隐隐约约好像有点亮。渔人离开船，从洞口进去。起初很狭窄，仅容一个人通过。又走了几十步，突然变得开阔明亮起来。这里土地平坦宽阔，房屋整整齐齐，有肥沃的田地，美丽的池塘和桑树竹子之类。田间小路交错相通，鸡鸣狗叫之声可以互相听到。在那里人们来来往往耕种劳作，男女的穿着打扮，完全都像桃花源外的世人，老人和小孩，都安闲快乐。桃花源里的人见到渔人，大吃一惊，问渔人从哪里来。渔人详细地回答了他的问题，有人便邀请渔人到自己家里去，摆酒杀鸡做饭来款待他。村中的人听说来了外人，都来打听消息。他们自己说自己的祖先为了躲避秦时的战乱，带领着自己的妻子、儿女及乡邻们来到这与世隔绝的地方，不再出去了，于是就与外面的人断绝了来往。桃花源里的人问现在是什么朝代，竟然不知道有汉朝，更不必说魏晋了。渔人把自己听到的事一一详细地告诉了他们，村中的人都感叹惋惜。其余的人又各自把渔人请到自己的家中，拿出最美酒食来款待他。渔人逗留了几天以后，告辞离开了。这里的人对渔人说："这里的情况不值得对外边的人说啊！"渔人离开桃花源以后，找到了他的船，顺着从前的路回去，处处都做了标记。到了郡城，拜见了太守，说了自己的这番经历。太守立即派人跟随他前往，寻找以前做的标记，竟然迷了路，再也找不到通往桃花源的路了。南阳人刘子骥，是志向高洁的隐士，听说了这件事，高兴地计划前往。没有实现，不久就病死了。此后就再也没有人访求桃花源了。

桃源之梦就是大同之梦，桃源世界就是大同世界，从孔子到陶渊明再到后人，不是无人问津，而是络绎不绝，只不过是不得其门而入罢了。

大同世界，也是近现代中国人追求向往的最高目标。

从康有为到孙中山再到毛泽东，近代先进的中国人一直没有停止其追求的步伐。戊戌变法前，康有为著《新学伪经考》《孔子改制考》。他说，人类社会是依“据乱世”——“小康世”——“大同世”循序渐进的。一人专制是据乱世，君主立宪是小康世，民主共和是大同世。他认为这是孔子的真经，以此为其变法维新提供理论根据。中国民主革命的先行者孙中山也把《礼运》篇中的大同世界作为自己为之终生奋斗的社会理想的最高形式。

1965 年 10 月，一代伟人毛泽东在其《念奴娇·昆仑》一词填写中大笔一挥：

横空出世，莽昆仑，阅尽人间春色。飞起玉龙三百万，搅得周天寒彻。夏日消溶，江河横溢，人或为鱼鳖。千秋功罪，谁人曾与评说？

而今我谓昆仑：不要这高，不要这多雪。安得倚天抽宝剑，把汝裁为三截？一截遗欧，一截赠美，一截还东国。太平世界，环球同此凉热。

彻底改造人类社会，实现共产主义的大同梦想，毛泽东的气势栩栩然跃上纸面。

世界大同，今日似乎尚遥不可及，与“大同”等而下之的便是“小康”社会，则为国人正孜孜以求。

《礼记·礼运》篇接下来描述道：

> 今大道既隐，天下为家。各亲其亲，各子其子，货力为己。大人世及以为礼，城郭沟池以为固。礼义以为纪：以正君臣，以笃父子，以睦兄弟，以和夫妇，以设制度，以立田里，以贤勇知，以功为己。故谋用是作，而兵由此起。禹、汤、文、武、成王、周公，皆由此其选也。此六君子者，未有不谨于礼者也。以著其义，以考其信，著有过，刑仁讲让，示民有常。如有不由此者，在势者去，众以为殃。是谓小康。

儒家所讲的小康社会则是夏、商、周三代的“天下为家”的理想社会。

在这样的社会里，尽管大道已隐，但城池坚固，以“礼义”来维系君臣、父子、兄弟、夫妇之间的关系，人们谨慎地依礼法行事，并且用礼来表明道义，考查诚信，辨明过错，效法仁爱，讲求谦让，向民众昭示为人做事的常规。如果有不遵守这种礼法常规的人，即使是执掌权力者，也要撤职去位，被民众视为祸殃。可见，孔子的所谓“小康”是一种礼法完备、赏罚严明、秩序井然、君主圣贤、人人和谐相处的社会状态。在这种社会中，虽然人们“各亲其亲，各子其子，货力为己”，但是，毕竟礼法整肃，赏罚有度，诚信仁爱，谦恭礼让，帝王亦谨行其礼，民众皆遵守常规，违背礼法者，一律加以处罚，即使是当权者也不例外。在孔子所处的时代，这无疑是一种理想的但无法实现的社会模式。

孔子的政治蓝图是如此的美好，但毕竟是“仙山遥远，遥不可及”。

千里之行，始于足下。

面对春秋乱世，孔子又提出了诸多具体解决方案，主要特征就是要求各阶层的人们包括统治者和民众都要“克己复礼”，重建西周初年的政治社会秩序。然而，孔子的时代早已经与西周初年的形势大相径庭。时间、地点、条件均已经发生了实质性的变化，这使得孔子的救世方案注定不能实现。

从改造现实政治来看，孔子的救世方案就是企图用周天子作为统一的象征，重建周公那样的事业。但是，事实上春秋时期，周天子的势力已经大大削弱，难以控制各个诸侯了。齐桓公时，打着“尊王攘夷”的旗号来讨伐不服从周天子命令的诸侯，这个口号还是可行的。所以齐桓公能成为霸主。但是，到了孔子之时，像齐桓、晋文那样的局面也没有了。周天子的实力十分微弱，已不能有多大作为。周公时代周天子那种政治控制力、军事震慑力以及赏罚诸侯的权柄早已经名存实亡，可是，孔子却把希望仍寄托在周天子的身上。这样势必与当时的现实产生很大的距离。

一方面，孔子“克己复礼”的政治主张有其一定合理性，反映了当时人们厌恶战乱、渴望统一，形成一个有秩序的正常社会的强烈愿望。另一方面，孔子对事物发展的认识又违反了历史发展规律。社会基础变了，政治生活的内容也变了，政治观念与治理方案必然跟着变。孔子虽然看到了战乱不已，人心思治，但却不能让自己的观念与治理社会的方案与时俱进，适应社会存在的变化，反而将历史的客观发展与变化看作不正常、不合理的东西，企图用已经过时的标准作为衡量与治理社会的尺度，这就使他的观念不合时宜，在具体标准的认识上必定出错。孔子希望从天子、诸侯、卿大夫到士，都能讲道德，自觉地做到不僭越，各守本分，“克己复礼”，使庶人不敢议论朝政，犯险者不敢犯上作乱。孔子想以旧的“名”去改变新的“实”，以“正名”去挽救礼坏乐崩，这显然是一种行不通的幻想，不能不使孔子自己陷于到处碰壁的困境。

我们再从孔子“大同”社会的理想追求来看，“大同梦”不是可有可无，对于人类的精神追求与终极向往而言，“大同梦”显得非常重要，这也是自孔子而后历代志士仁人代代相继的终极梦想。然而，如果我们用科学的态度认真分析，孔子的“大同梦”在现实中却缺乏生长的土壤。

首先，孔子的理想国思想来源于原始社会生产力极端低下、物质生活极端匮乏的时代，当时，人们为了生存，万众一心，民风淳朴，不是没有可能。但到了孔子时代，整个社会基础已经完全不同于原始社会初级的共产主义时代。用古风作为现实治理政策，显然不会实事求是。

其次，孔子所谓大同之世“天下为公，选贤与能，讲信修睦”，只能在一种小国寡民、与世隔绝的状态中实现，在列国并立，利益至上、实力为尊的“全球化时代”，只要国家利益、民族利益至上，“讲信修睦”就只是一句空话，只能当作一种理想的思想探求，在现实中是没有出路的。

最后，尧舜禹时代的早期政治，是否真的做到了“天下为公”“禅让”“夜不闭户，路不拾遗”，这并没有可靠资料证实，这其中是否有孔子的主观美好的“臆想”成分在里面，我们不得而知，但这种整治方案具有理想化的成分则是不言自明的。理想领域的探索是思想家的事情。政治治理领域的探索是政治家的事情。理想是理想，现实是现实，二者之间虽有关系，但我们不能将二者画等号。

如此看来，孔子的政治方案，无论是“大同世”或者是“重建东周”，虽然具有一定普遍的意义，但均具有一定的空想成分，这就注定了孔子在现实政治上只能是个悲剧式的结局。由他在临死之前所发出的“天下无道久矣，莫能宗予”（《史记·孔子世家》）的哀叹之语来看，孔子并未意识到他的救世方案具有乌托邦的色彩。

第六章　孔学的变异与现实的孔学

七十子对孔学的继承

中国古代的思想学术发展，从孔子时代开始，正式进入了传统上所谓的“私学”时代。也就是说，从孔子开始，才出现了以个人的思想和学术成就为特色的新的思想文化发展进程。在此之前是“官学”占统治地位的时代，思想家以个人身份传播思想文化既是不现实的，也是不被允许的。

春秋战国时期，各国统治者都很需要精通《诗》《书》《礼》《乐》的儒生在政治、外交、祭祀礼仪等各方面为他们提供服务。因此，尽管孔子的政治主张不能实行，孔子学派还是得到了很大的发展。相传孔子有三千弟子，其中“受业身通者七十有七人”（《史记·仲尼弟子列传》），孔子死后，他们整理编辑孔子教授他们之言，这就有了《论语》这部经典的产生。孔门弟子当中的一些人，在孔子死后也开始传道授业，创办私学，于是孔门后学越来越多。孔子弟子出身不同，阅历不同，因而对孔子学说的理解便逐渐产生歧义，从《论语》中可看到他们各立门户、相互指责的情形。例如，在《论语》中就有这样的记载：

> 子游曰："子夏之门人小子，当洒扫应对进退则可矣，抑末也。本之则无，如之何！"子夏闻之曰："噫！言游过矣！君子之道，孰先传焉？孰后倦焉？譬诸草木，区以别矣。君子之道，焉可诬也？有始有卒者，其惟圣人乎！"（《论语·子张》）

这说明，孔子死后不久，孔子学派就成一盘散沙，失去了凝聚力，往日那种"定一尊"的一统局面已经不再拥有。子游重本轻末，主张由本（仁）直接悟入。子夏先末后本，主张由末而达本，即由礼乐体会仁。也就是说，子游强调主观的人格自觉，子夏更强调客观的礼乐制度。他们代表了儒家学派的两种不同倾向，后来演化为孟子的仁义学说和荀子的礼乐学说。

在《论语·子张》篇中，我们还可以看到子张批评子夏、曾子的言论，以及子游批评子张的言论。《礼记·檀弓》篇中，也有孔子弟子间因观点歧异而相互批评的记载。因为观点不同，在孔学内部逐步形成了相互对立的一些派别，孔学于是分裂。

据《韩非子·显学》中记载，孔子死后，儒分为八：

> 自孔子之死也，有子张之儒，有子思之儒，有颜氏之儒，有孟氏之儒，有漆雕氏之儒，有仲良氏之儒，有孙氏之儒，

有乐正氏之儒。

历春秋战国秦汉社会的大变革后，儒家的这八个学派中，包括颜子一派在内的五派，均逐渐湮灭而无闻。真正使儒家在秦汉以后仍能够薪火相传的，只有三家，即子思之儒、孟氏之儒与孙氏之儒。而在孔门弟子中，对孔子学说继承最得力的是所谓的“孔门四杰”，即孔子晚年收的四位年轻的弟子，他们分别是曾子、子夏、子游和子张。

孟氏即孟轲。其学术出于曾参、子思之门，子思是孔子的嫡孙。

孙氏即荀卿。荀子之学，则师承于孔子弟子子张与子夏，主要是“外王”之学，亦即辅助王侯用权与法术之学。战国中后期的法家一派，实际主要源自子夏学派。

孔子之后，大批的孔子弟子或者成为有成就的思想家，或者参政成为政治家。“孔门四杰”中的子夏（卜商）是三晋人氏，从三晋地区进入孔门，又在孔子去世后回到三晋地区。子夏是魏文侯的老师，魏文侯的重要大臣也几乎都师从子夏。子夏虽然未在魏国做官，但他的思想却深刻影响了魏国政治、经济和法治建设。在政治上，子夏坚持孔子所主张的“以德为政”；在经济上，子夏主张把发展经济和改善民生放在首位；在法治上，子夏主张建立严格而健全的法治体系。子夏的这些思想在魏国初期得到了很好的贯彻执行，对于魏国在战国初期的发展起到了重要作用。而且，正是因为战国初期魏国国势的不断加强，才使子夏及其思想在魏国国内及周边地区产生了重要而持久的影响。[1]孔子死后，孔门七十二贤之一的子夏受魏文侯之弟魏成子邀聘，晚年讲学于魏国的西河，在这里建立了子夏学派。这个学派就是战国三晋法家之祖，其门生首先是魏文侯。司马迁说："文侯受子夏经艺"（《史记·魏世家》），其弟子中包括李悝、段干木、田子方、吴起等人。

据历史记载，战国初期的法家，多出于子夏的门下。战国初年的魏国，是为寻求富国强兵之道而率先变法的国家。而魏文侯则是这一变法的推动者。魏文侯以礼贤下士闻名于诸侯。子夏及其诸门生都受到魏文侯高度礼遇。曾从子夏问学的李悝与吴起，后来都成为一代著名变法者、政治家、军事家。子夏的西河学派，实开后来齐稷下学派之先河。子夏之学后来为荀子有所批判地继承，发展为荀子学派。而思孟及夏荀两派，在战国末世，成为儒学中并立的两大流派。[2]

除子夏外，曾参也是孔子的学生，以通晓孝道而闻名，著有《孝经》，被后世尊为宗圣，为儒家五圣之一。

在韩非子的眼中，曾参是个以孝出名的人。他曾说过："修孝寡欲如曾（参）、史（鳍）。"（《韩非子·八说》）另据司马迁在《史记·孙子吴起列传》中记载："吴起者，卫人也，好用兵。尝学于曾子，事鲁君。"如此看来，曾参还曾是战国初期著名改革家、军事家吴起的老师。

从《论语》中可知，孔子对曾子的评语是："参也鲁。"（《论语·先进》）所谓"鲁"，是指性情迟钝、反应慢、固执、不善变

[1] 高专诚著：《荀子传》，北岳文艺出版社 2017 年版，第 5 页。
[2] 何新著：《论孔学》，同心出版社 2012 年版，第 135、136 页。

通。可见曾参的先天条件并不优秀。不过，曾参虽然智商情商都不是很高，但“鲁”也有“鲁”的好处。有这种性格的人往往认死理，能坚持，一旦选择一条正道，往往比那些聪明但不懂得坚持的人更能取得成功。

曾子志存孝道，善养父母，每天都要亲自侍奉父亲曾皙吃饭，而且每餐必有鱼肉，撤席时必定要问，剩下的饭菜给谁，曾皙如果问饭菜是否还有剩余，即便没有，他也一定回答说有。孟子说他事亲做到了“养志”：“事亲若曾子，可也。”（《孟子·离娄章句上》）齐国曾想礼聘曾子，让他担任国卿，他却回绝了，有人问他缘故，他说：“我父母年事已高，我接受别人的俸禄，就必须尽心尽力为人谋事，而我现在不能远离父亲受人差遣。”曾参的后母对他很不好，但曾参仍然供养她、孝敬她。他的妻子因藜羹没有蒸熟，他就要休妻。有人对他说：“你的妻子没有犯七出条款呀。”他却说：“蒸藜羹不熟，看起来是一件小事，却反映了对父母的态度问题，难道这不是大事吗？”后来他果真把妻子休了，终身不娶。他的儿子曾元劝他再娶，他对儿子说：“殷高宗武丁因为后妻的缘故而杀死了自己的儿子孝已，尹吉甫也因为后妻的缘故而放逐了自己的儿子伯奇。我上不及高宗贤明，中不及尹吉甫贤达，怎么能知道自己以后不再犯同样的错误呢？”（《礼记·七十二弟子解》）曾参父母去世后，他南游到越国，受到越王礼聘，官位尊显，俸禄丰厚，府邸阔绰奢华，堂高九仞，但他却经常因思念父母，独自一人面北而泣。

司马迁说：“孔子以为能通孝道，故授之业。”（《史记·仲尼弟子列传》）孔子认为曾参虽然为人刻板，但恪守孝道，尽事父母，于是重点向他传授关于孝道方面的礼仪与知识，他勤习反省，反复体会，后来将有关内容整理成《孝经》，在孝道方面继承和发扬了孔子的思想。[1]

《论语》中记录了曾参的一些言论，如“曾子曰：吾日三省吾身——为人谋而不忠乎？与朋友交而不信乎？传不习乎？”（《论语·学而》）“曾子曰：慎终，追远，民德归厚矣。”（《论语·学而》）“曾子曰：可以托六尺之孤，可以寄百里之命，临大节而不可夺也——君子人与？君子人也。”（《论语·泰伯》）“曾子曰：士不可以不弘毅，任重而道远。仁以为己任，不亦重乎？死而后已，不亦远乎？”（《论语·泰伯》）等语录。

据《孟子·滕文公章句上》中记载：“他日，子夏、子张、子游以有若似圣人，欲以所事孔子事之，强曾子。曾子曰：不可，江汉以濯之，秋阳以暴之，皜皜乎不可尚已。”这说明，孔子去世后，许多弟子认为有若学识最好，深得孔子真传，而且他的言谈举止都很像孔子，因此想推举他为儒家学派的领袖，后因曾子不同意而只好作罢。《论语》书中记载孔子弟子一般都称字，只有有若和曾参称“子”，这很可能说明他们两人在传承孔子学术思想方面的成就比较突出，得到了大多数人的认可，也可能是他们二人弟子众多，在师承方面影响较大的缘故。

至于子张、子游，子张在第四章中已有提及，此不赘述。子游则是孔门弟子中唯一的一个南方人。他学成南归后，积极传播孔学，道启东南，对江南文化的繁荣做出巨大贡献，因此被后世

[1] 卞朝宁著：《〈论语〉人物评传》，江苏人民出版社 2015 年版，第 410—411 页。

誉为“南方夫子”。至今常熟城郊虞山上有言子墓。

孟、荀对孔学的发展

孟子名轲，约生于公元前372年，卒于公元前289年，邹国人。

相传，孟子是鲁国贵族孟孙氏的后裔。他幼年丧父，家庭贫困，但幸运的是，他有一个极有远见、十分热爱并懂得孩子教育的严厉的母亲，正是这位对孩子十分负责的母亲将孟子的人生拔高到了一个普通人无法企及的高度。

孟母三迁的故事广为人知。

著名的孟母三迁讲的是：为了孩子将来有个好一点的前程，孟母将家迁到鲁国的都城。因为家贫，为了省钱，孟子一家就在墓葬区附近落下脚来。这是个哭丧的地方，小孟子就经常模仿着别人哭葬；孟母看到这种现象，认为这对孟子的成长不好，就将家迁往闹市区；闹市区是商人做生意的地方，小孟子又很快学着商人和别人讨价还价，孟母认为这对孟子的教育也不利，于是将家再迁到书院的旁边。于是，小孟子就又跟着学生们诵读诗书。孟母认为这对教育孟子最好，于是就在书院旁边定居下来。

孟母三迁的故事反映出这样一种现实情况：

近朱者赤，近墨者黑。一个人所处社会环境的好坏往往对具体个人的成长影响很大。

小孩子都是善良的，社会环境好不好，会影响到小孩的品德情操的养成，这为以后孟子人性善的提出奠定了理论基础。

另外，孟母断机喻学的故事也流传甚广。

在家庭教育上，孟母可谓是教子有方。

孟子小时候厌倦学习，有一天不愿读书，早早就离开学校回了家。孟母正好在织布，见孟子逃学回来，一句话没讲，就把织布的梭子给弄断了，这意味着马上将要织成的一匹布全毁了。孟子非常孝顺与敏感，忙跪下来问："母亲为什么要这样做？"孟母告诉他："读书求学不是一两天的事，就像我织布一样，必须从一根根线开始，然后不能停下来，一寸一寸地积累才能织成一匹布，而布只有织成一匹了，才有用，才可以做衣服。读书也是这个道理，如果不能持之以恒，像你这样半途而废、浅尝辄止，以后怎能有望成才呢？"孟子的根基毕竟不同于常人，为了供他上学，母亲起早贪黑地织布。断机让孟子如梦初醒、恍然大悟，他立即向母亲认错，从此一心向学，不但不随便旷课，而且倍加努力。孟子崇拜孔子，受业于子思的门人。因此，孟子继承孔子、子思的学术，成为战国中期最著名的儒学大师。现在邹县有孟庙、孟府、孟林，加上孟母林，合称四孟。孟子好学深思，最后终于学有所成，继孔子之后而成为儒家的"亚圣"。

就像孔子一样，孟子十分热衷于政治事业，在政治上也有远大抱负，同时他也十分自信，以一肩担承道统自任。孟子曾经以"如欲平治天下，当今之世，舍我其谁"自许：

五百年必有王者兴，其间必有名世者。由周而来，七百有余岁矣！以其数，则过矣；以其时考之，则可矣。夫天未欲

平治天下也；如欲平治天下，当今之世，舍我其谁也。（《孟子·公孙丑下》）

为了推行自己的政治主张，孟子也曾周游列国。

据不完全统计，孟子到过魏国、齐国、滕国、鲁国等国，极力游说他的“王道”和“仁政”的政治主张。其间历时二十余年，虽然整个过程极其艰难坎坷，没有诸侯愿意采纳他的政治主张，但并没有击垮他的信念与执着。与孔子一样，孟子仕途不顺，最后退居讲学著书。

当时，“天下方务于合从连衡，以攻伐为贤，而孟轲乃述唐、虞、三代之德，是以所如者不合。退而与万章之徒序《诗》《书》，述仲尼之意，作《孟子》七篇”（《史记·孟子荀卿列传》）。在收徒教学活动中，孟子得到了很大的慰藉。他说：“君子有三乐，而王天下不与存焉。父母俱存，兄弟无故，一乐也；仰不愧于天，俯不怍于人，二乐也；得天下英才而教育之，三乐也。君子有三乐，而王天下不与存焉。”（《孟子·尽心上》）

在战国前期，儒、墨并称“显学”，到了战国中期，儒学被边缘化了，杨朱一派与墨翟一派成为显学，流行于天下。孟子为了维护儒学，挺身而出，辟杨、墨，弘扬儒学。孟子说：“圣王不作，诸侯放恣，处士横议，杨朱、墨翟之言盈天下。天下之言，不归杨，则归墨。杨氏为我，是无君也；墨氏兼爱，是无父也。无父无君，是禽兽也。”“杨、墨之道不息，孔子之道不著。”（《孟子·滕文公下》）孟子辟杨、墨，捍卫儒学，对于后来儒学复兴，贡献极大。

第一，人性善是孟子政治思想的哲学基础。孟子是中国历史上第一个比较系统地研究人性问题的思想家。

> 滕文公为世子，将之楚，过宋而见孟子。孟子道性善，言必称尧舜。(《孟子·滕文公上》)

孟子的人性善学说主要集中在《孟子·告子》上下篇中，孟子以对话论辩的方式提出他的人性理论。

孟子反对以自然性来规定人性。告子认为“食色，性也”，主张“生之谓性”。孟子对此进行反驳。告子认为，应该以自然本性即人的自然欲望和需要来看待人性，那么食色既是人的本性，同样也是犬的本性，也是牛的本性，也就是说人的本性与犬的本性、牛的本性就没什么差别了。在孟子看来，人性不应该以自然性来界定，否则，就把人贬低为动物了。人再饿也不会“紾兄之臂而夺之食”，再有性的需要也不会“逾东家墙而搂其处子”(《孟子·告子下》)。因而，人的本质规定性应该从人与动物相区别的方面来界定。

孟子主张，人性应该是人异于禽兽的规定，而人异于禽兽的本性应是人类所普遍具有的善性。

在人性是否本善的问题上，孟子与告子也针锋相对。告子认为，从本性而言人无所谓善恶，“性犹湍水也，决诸东方则东流，决诸西方则西流。人性之无分于善不善也，犹水之无分于东西也”(《孟子·告子上》)。告子以水为喻，认为人性无先验之善或不善。而孟子则认为，人具有一种先验的善性，他同样以水为喻，“水信无分于东西，无分乎上下乎？人性之善也，犹水之就下也；人无有不善，水无有不下”(《孟子·告子上》)。人性本善，犹如“水之就下”，是自然之势。

孟子通过“同类相似”的命题来论证人具有普遍的善性，他说：“口之于味也，有同嗜焉；耳之于声也，有同听焉；目之于色也，有同美焉。至于心，独无所同然乎？心之所同然者，何也？谓理也，义也。圣人先得我心之所同然耳。故理义之悦我心，犹刍豢之悦我口。”(《孟子·告子上》)在孟子看来，人的味觉、听觉、视觉，同样的感官具有相同的特点，同样，人心也应具有相同的特性。他由此得出结论：“理义之悦我心，犹刍豢之悦我口。”但是，孟子的论证使用的是类比推理，这在逻辑上是不严谨的。他推论的前提是“同类”，而口、耳、目是感官，心则非感官，并非同类；“理”“义”与味、声，色等感觉更是不同，故其论证又超出了“类”的范围。孟子的论证是不成立的。

孟子强调人的本性存在先验之“善”。但现实生活中的人有善有恶，如何解释这一矛盾？孟子的性善论主张人先验具有的只是“善端”，即善的萌芽，也就是具有的是向善的可能性，而非现实性。孟子说：“人皆有不忍人之心者，今人乍见孺子将入于井，皆有怵惕恻隐之心，非所以内交于孺子之父母也，非所以要誉于乡党朋友也，非恶其声而然也。由是观之，无恻隐之心，非人也；无羞恶之心，非人也；无辞让之心，非人也；无是非之心，非人也。恻隐之心，仁之端也；羞恶之心，义之端也；辞让之心，礼之端也；是非之心，智之端也。人之有是四端，犹其有四体也。”(《孟子·公孙丑上》)仁、义、礼、智是“人皆有之”的四种善德的萌芽。这就是孟子著名的“四端”说。

孟子认为：“仁、义、礼、智，非由外铄于我也，我固有之也，弗思耳矣。”（《孟子・告子上》）这是一种与生俱来的善性，是“不学而能”的“良能”，是“不虑而知”的“良知”。他还说：“君子所性，仁、义、礼、智根于心，其生色也睟然，见于面，盎于背，施于四体，四体不言而喻。”（《孟子・尽心上》）仁、义、礼、智是君子的固有本性，不过是成于内而形于外罢了。

人从本性来说具有善的可能性，但现实社会确实存在不善之人。孟子分析了不善的原因，他认为原因有两个方面：一是外界的影响，这是客观因素使然。他说：“今夫水，搏而跃之，可使过颡；激而行之，可使在山。是岂水之性哉？其势则然也。人之可使为不善，其性亦犹是也。”（《孟子・告子上》）意思是，水的本性是往低处流，但是，用手拍打水，它可以溅得很高，高过额头；用戽斗汲它可以倒流，以致引上高山。这哪是水的本性呢？是情势使它变成这样的。人可以被怂恿做不善之事，本性起变化的道理与水一样。

在《孟子・告子上》中，孟子说：“富岁，子弟多赖；凶岁，子弟多暴，非天之降才尔殊也，其所以陷溺其心者然也。”可见，孟子承认人之“不善”，但不善不是本性使然，而是客观环境所致。

二是人自身是否有向善的主观愿望。他说，“人之异于禽兽者几希，庶民去之，君子存之”（《孟子・离娄上》）；“求则得之，舍则失之，是求有益于得也，求在我者也”（《孟子・尽心上》）。与强调客观因素的作用相比，孟子更强调主观因素的作用。他说：

“舜之居深山之中，与木石居，与鹿豕游，其所以异于深山之野人者，几希。及其闻一善言，见一善行，若决江河，沛然莫之能御也。”孟子认为，一个人主观上不愿意向善，“不能居仁由义”，那就是“自暴自弃”“自贼”，也就会丧失本性之善。

孟子的性善论，以善端说为理论出发点，既能合理解释不善之现实，又逻辑地推演出仁、义、礼、智“四端”如何发展到“四德”的必要性，即修身养性的必要性。所以，孟子性善论的最重要内容就在于如何保存和扩展人的“善性”，为此他提出了既然人人都具有善端，所以只要肯努力存养、思考和扩充，人人都可为尧舜。

孟子的性善论把善与食色相对立，把人的社会属性（道德性）与自然属性相对立，把自然欲望排除出人性的范围，必然要求压抑物欲之性，推而行之，在实践中必然实行禁欲主义。由于其思想影响巨大，对中国人的文化人格的形成的影响不可低估，儒家思想禁欲主义色彩浓郁，与此关系密切。

纵观世间历史，一切有益于人类的伟大功业，没有不是起源于人本性中的善端的。因此，仁、义、礼、智四种善端，可以说是人生的一切善行，也是国家一切善政的根源。正是在此基础上，孟子提出了他的“以不忍人之心，行不忍人之政”的仁政学说。

孟子的性善论是一种道德先验论。孟子要求人们保持、养育、扩充人的天赋善性，注重人的自身反省。所谓“万物皆备于我矣。反身而诚，乐莫大焉”（《孟子·尽心上》）。这种内省的修养方法，成为后世儒家思想的主流。程颢、程颐、陆九渊、王守仁等宋明理学家，都是对孟子这一方面学说的继承和发挥。从性善论对政治的影响来说，孟子的先验性善论开辟了内求式的政治思维方式，儒家以“内圣”为“外王”条件的政治观，正是从这一“反求诸己”的思维方式中产生出来的。同时，性善论也为儒家的伦理型政治提供了人性的形而上学论证。[1]

第二，孟子有比孔子更突出的独立人格。这种独立人格来自孟子对人生境界的不断内修。他说：

> 舜发于畎亩之中，傅说举于版筑之间，胶鬲举于鱼盐之中，管夷吾举于士，孙叔敖举于海，百里奚举于市。故天将降大任于是人也，必先苦其心志，劳其筋骨，饿其体肤，空乏其身，行拂乱其所为，所以动心忍性，曾益其所不能。人恒过，然后能改。困于心，衡于虑，而后作；征于色，发于声，而后喻。入则无法家拂士，出则无敌国外患者，国恒亡。然后知生于忧患，而死于安乐也。(《孟子·告子下》)

孟子十分强调自身人格的修养。他说：“居天下之广居，立天下之正位，行天下之大道。得志，与民由之；不得志，独行其道。富贵不能淫，贫贱不能移，威武不能屈，此之谓大丈夫。”(《孟子·滕文公下》) 有志者就应当居庙堂之上，始终能坚持独立的人格与正确处事的原则。得志，忧民；不得志，忧君。

为了能保证实现自己独立的人格，孟子认为需要做到“寡欲”(《孟子·尽心下》) 和“富贵不能淫，贫贱不能移，威武不能屈”

[1] 丁小萍著：《中国古代政治智慧》，浙江大学出版社 2005 年版，第 52、53、54、56 页。

(《孟子·滕文公下》)两件事情。

孟子说:“古之人未尝不欲仕也,又恶不由其道。”(《孟子·滕文公下》)

要想达到以上的目的,孟子提出了“我善养吾浩然之气”的修身养德措施。他说:“其为气也,至大至刚,以直养而无害,则塞于天地之间。其为气也,配义与道;无是,馁也。是集义所生者,非义袭而取之也。行有不慊于心,则馁矣。”(《孟子·公孙丑上》) 在《孟子·公孙丑上》篇中,公孙丑请教孟子:“请问老师您长于哪一方面呢?”孟子说:“我善于分析别人的言语,我善于培养自己的浩然之气。”公孙丑问:“怎样才算善于分析别人的言语呢?”孟子回答说:“偏颇的言语知道它片面在哪里;夸张的言语知道它过分在哪里;怪僻的言语知道它离奇在哪里;躲闪的言语知道它理穷在哪里。”公孙丑接着问:“何谓浩然之气?”孟子说:“这很难用一两句话就能说得清楚。这种气,至大至刚,用正直去培养它而不加以伤害,就会充溢天地之间。不过,这种气必须与仁义道德相配合,否则就会缺乏力量。而且,必须要有经常性的仁义道德涵养才能长成,而不是靠偶尔的正义行为就能获取的。一旦你的行为问心有愧,这种气就会缺乏力量了。所以我说,告子不懂得义,因为他把义看成心外的东西。我们一定要不断地培养义,心中不要忘记,但也不要一厢情愿地去帮助它生长。不要像宋人一样:宋国有个人嫌他种的禾苗老是长不高,于是到地里去用手把它们一株一株地拔高,累得气喘吁吁地回家,对他家里人说:‘今天可真把我累坏啦!不过,我总算让禾苗一下子就长高了!’他的儿子跑到地里去一看,禾苗已全部死了。天下人不犯这种拔苗助长错误的实在是很少的。认为养护庄稼没有用处而不去管它们的，是只种庄稼不除草的懒汉；一厢情愿地去帮助庄稼生长的，就是这种拔苗助长的人。不仅没有益处，反而害死了庄稼。”

正是将自己的事业与日常生活建立在保持自己独立人格的基础上，因而孟子才懂得时刻去小心翼翼地不断养育自己至大至刚的浩然之气的重要性。他之所以敢于藐视王侯，靠的就是“富贵不能淫，贫贱不能移，威武不能屈”的这种通彻天地的浩然之气。

对于为政者，孟子提出了存心、养心、尽心等比较具体系统的一套道德修养方法。

所谓存心，就是要保持自己的善心。孟子认为，能否保持自己的善心，是君子与小人的首要区别，是为政者的首要应该达到的修养。“君子所以异于人者，以其存心也。君子以仁存心，以礼存心。”（《孟子·离娄下》）如果失去了善心，就一定要把它找回来，“学问之道无他，求其放心而已矣”（《孟子·告子上》）。

所谓养心，就是不断地培养自己的善心。养心的途径主要有两条：“寡欲”和“养浩然之气”。孟子说：“养心莫善于寡欲，其为人也寡欲，虽有不存焉者，寡矣；其为人也多欲，虽有存焉者，寡矣。”（《孟子·尽心下》）在孟子看来，修养品性最好的办法莫过于减少欲望。节制感官欲望，即使失去一点善心，也不会很多；如果不节制感官欲望，即使有一些善心，也会很快失去。对于养心，孟子根据他对现实社会的观察还提出了天爵与人爵的问题。他说：“有天爵者，有人爵者。仁义忠信，乐善不倦，此天爵也；公卿大夫，此人爵也。古之人修其天爵，而人爵从之。今之人修其天爵，以要人爵，既得人爵，而弃其天爵，则惑之甚者也，终亦必亡而已矣。”（《孟子·告子上》）孟子认为，“仁义忠信，乐善不倦”是天爵，“公卿大夫”为人爵。修天爵，人爵自得。在修养方面，孟子很强调取舍的重要性。他说：“鱼，我所欲也，熊掌，亦我所欲也；二者不可得兼，舍鱼而取熊掌者也。生亦我所欲也，义亦我所欲也；二者不可得兼，舍生而取义者也。”（《孟子·告子上》）孟子认为，做官者在于为民众服务，而不是讲求自己的享受。他说：“说大人，则藐之，勿视其巍巍然。堂高数仞，榱题数尺，我得志，弗为也。食前方丈，侍妾数百人，我得志，弗为也。般乐饮酒，驱骋田猎，后车千乘，我得志，弗为也。在彼者，皆我所不为也；在我者，皆古之制也，吾何畏彼哉？”（《孟子·尽心下》）孟子认为，那些当官的讲究排场、享受，我如果当了官，不要那些东西，我还害怕什么？许多当官的怕上级，就是怕丢了乌纱帽，怕失去官位与权力，怕失去既得利益，我不在乎那些东西，我还害怕什么？因此，孟子才会说：“向权贵进言，要藐视他，不要看他那副高高在上的样子。殿堂几丈高，屋檐几尺宽，我要得志了，就不这么干。面前摆满美味佳肴，侍妾有数百人，我要得志了，就不这么干。饮酒作乐，驰骋打猎，让成千辆车子跟随着，我要得志了，就不这么干。他们的所作所为，都是我所不愿干的；我所愿干的，都是符合古代制度与官德标准的，我为什么要怕他们呢？”为了欲望就顺从上级，这是历代从政者的大忌，也是贪官奸臣的基本特色。孟子这种大丈夫精神是支撑中华民族气节与社会正义的支柱。在提出“寡欲”的同时，孟子还提出“养浩然之气”。“浩然之气”是一种道德精神力量，是结合“义”与“道”，经过平日修养积累而形成的。有了“寡欲”与这种至大至刚的浩然之气，就可以真正做到“富贵不能淫，贫贱不能移，威武不能屈”的节操了。

所谓尽心，孟子认为心之官则思。“尽心”，就是用心去发现、扩充内心固有的“善端”。孟子说：“尽其心者，知其性也。知其性，则知天矣。存其心，养其性，所以事天也。夭寿不贰，修身以俟之，所以立命也。”（《孟子·尽心上》）人能够尽自己之力去行善，就算是懂得人的本性了。懂得人的本性，也就懂得天命了。能保存人的善心，培养人的本性，便可用以对待天命了。无论夭折长寿都态度如一，修养身心以待天命，就可用以安身立命了。孟子把尽心、知性作为知天命的前提和途径，并作为安身立命的基本方法。从尽心、知性、知天、立命的途径出发，对于一个人来说，知天命在于尽其心，那么一切无须外求，只要“反求诸己”，就能达到知天立命这一天人合一的人生最高境界。对于为政者来说，道德修养达到这一境界，就可以实行仁政，最终使天下归于至善，实现太平盛世。他说：“圣人之行不同也，或远，或近，或去，或不去，归洁其身而已矣。”（《孟子·万章上》）在孟子看来，始终保持自身清白无污染是为政者治理国家最基本的品质。

孟子之后，南宋末年的文天祥曾作有《正气歌》。他之所以敢于以弱抗强，知其不可而为之，最后誓死不降，杀身成仁，依然是因为他心中养育有浩然之气。

“天地有正气，杂然赋流形。下则为河岳，上则为日星；于人曰浩然，沛乎塞苍冥。”

中华民族需要这种独立人格！

中华民族需要这种至大至刚的浩然正气。

第三，孟子提出仁政无敌于天下。

孟子说：

仁者无敌。（《孟子·梁惠王上》）

仁人无敌于天下。（《孟子·尽心下》）

得道者多助，失道者寡助。寡助之至，亲戚畔之；多助之至，天下顺之。（《孟子·公孙丑下》）

正因为仁政之下民众向心力强，所以孟子断言，得民心才能得天下。

然而，怎样才能得到民心呢?

对此，孟子进行了深入的研究与总结，他得出的结论是：欲得民心，统治者就必须认真做好以下两个方面的工作：一是民众想要的，要替他们办到；二是民众反对的，要帮他们去掉。即所谓兴民利除民害。

至于如何兴民利除民害，孟子也提出了一些重要的主张和措施。他主张：

（1）要给民众一定的“恒产”。孟子曰：“民事不可缓也……民之为道也，有恒产者有恒心，无恒产者无恒心。苟无恒心，放辟邪侈，无不为已。”（《孟子·滕文公上》）因此，要给民众一定的“恒产”，恒产就是土地。有了土地，民众生活就有了保证。丰收年，可以生活得富裕些，歉收年，亦不至于饿死。上可以赡养父母，下可以抚养子女。这样百姓就会安居乐业。

（2）要重视对民众的教育。有了生活保障以后，还要对民众进行教育。“饱食暖衣，逸居而无教，则近于禽兽。”（《孟子·滕文公上》）富裕以后，如果不进行教育，人就会变得像禽兽一样，不懂礼义，缺乏道德。因此，孟子十分重视对民众进行道德伦理教育。

（3）要施行仁政，减免刑罚，少收赋税。孟子说：“地方百里而可以王。王如施仁政于民，省刑罚，薄税敛，深耕易耨；壮者以暇日修其孝悌忠信，入以事其父兄，出以事其长上，可使制梃以挞秦、楚之坚甲利兵矣。彼夺其民时，使不得耕耨以养其父母。父母冻饿，兄弟妻子离散。彼陷溺其民，王往而征之，夫谁与王敌？故曰：‘仁者无敌，王请勿疑。’”（《孟子·梁惠王上》）

（4）孟子提出了“老吾老，以及人之老；幼吾幼，以及人之幼，天下可运于掌”（《孟子·梁惠王上》）的著名命题。要想让老百姓长期拥护政府，孟子主张在国家治理上应该实行王道，以己之心来度人之心，以己之欲来兼济天下人之欲。

（5）孟子提出了“与民同乐”的主张。他说：“乐民之乐者，民亦乐其乐；忧民之忧者，民亦忧其忧。乐以天下，忧以天下，然而不王者，未之有也。”（《孟子·梁惠王下》）

（6）孟子强调任人唯贤的用人路线。为此，孟子提出了“尊贤使能，俊杰在位”（《孟子·公孙丑上》）的用人主张。

孟子主张：“惟仁者，宜在高位；不仁而在高位，是播其恶于众也。”（《孟子·离娄上》）这也就是说，仁人适宜在高官的位置上；如果不仁的人做了高官，他们就会将恶劣的风气传播给民众。做官者要清廉自守，以身作则，当官的人不遵守道义，百姓就会不遵守法律，天下安定的局面就不可能实现。

孟子又说："徒善不足以为政，徒法不能以自行。"（《孟子·离娄上》）这就是说，各级官吏应该由贤能者担任，"贤者在位，能者在职"。孟子认为，有的人是好人，是贤者，但未必适合为官当政，做官与做人是不一样的。对于贤人要尊重，未必都让他们当官。"使能"，是指任用能力强的人来办政事。"能"，是指能人。道德与能力，是当官的两个必要条件。愿意为民众办事，能够为民众办事，二者兼而备之，这就是实行仁政所需要的符合标准的最好的官员。

孟子还提出，君主在选拔贤能为官吏时，一定要善于倾听百姓的意见。

在《孟子·梁惠王下》中，孟子说："国君进贤……左右皆曰贤，未可也；诸大夫皆曰贤，未可也；国人皆曰贤，然后察之，见贤焉，然后用之。左右皆曰不可，勿听；诸大夫皆曰不可，勿听；国人皆曰不可，然后察之，见不可焉，然后去之。左右皆曰可杀，勿听；诸大夫皆曰可杀，勿听；国人皆曰可杀，然后察之，见可杀焉，然后杀之。"在孟子看来，只有这样，才能选拔出真正执行君主仁政路线的各级合格官吏，并能有效惩治那些贪污腐败、鱼肉百姓的不法官吏。

至于贤能选拔出来后，在如何为君王做事方面，孟子也有自己独到的见解。

孟子认为，臣事君不能一味顺从。他说："长君之恶其罪小，逢君之恶其罪大。"（《孟子·告子下》）这就是说，助君为恶的人罪比较小，而对君阿谀奉承之人则罪比较大。臣事君的原则是道。在《孟子·公孙丑下》中，孟子说："天下有达尊三：爵一，齿一，德一。朝廷莫如爵，乡党莫如齿，辅世长民莫如德。”天下三样东西最尊贵：爵位、年寿、道德。在朝廷中，首要的是爵位；在乡里，首要的是高寿；在辅佐君主统领百姓方面，首要的是道德。所以，有成就的国君，一定有召唤不动的臣子。他以自己的亲身经历为例。齐王召见，孟子称病不去，他不认为是不敬。相反，他自认为齐人没人能比他更懂得尊敬齐王，因为他能做到“非尧舜之道，不敢以陈于王前”，所以齐国人谁也比不上他对齐王的尊敬。

第四，孟子提出“民为贵，社稷次之，君为轻”的重要命题。

在治理国家根本问题上，孟子要求君主自身要做臣民的道德楷模，对于君主的位置与重要性，孟子则提出了“民为贵，社稷次之，君为轻”的具体政治主张。

孟子主张以“德治”思想治理国家，行仁政，倡王道，首先要求君主以身作则。

孟子说：

> 三代之得天下也，以仁；其失天下也，以不仁，国之所以废兴存亡者亦然。天子不仁，不保四海；诸侯不仁，不保社稷；卿大夫不仁，不保宗庙；士庶人不仁，不保四体。（《孟子·离娄上》）

行仁政的关键是统治者必须成为道德的楷模。“君主暴虐则民背离，君主行仁政则民顺从。”孟子说：“桀纣之失天下也，失其民也；失其民者，失其心也。得天下有道：得其民，斯得天下矣；得其民有道，得其心，斯得民矣；得其心有道，所欲与之聚之，所恶勿施，尔也。民之归仁也，犹水之就下、兽之走圹也。”（《孟子·离娄上》）

孟子把君主统治的合法性建立在道德标准基础上，所以，一旦君主成为“残贼仁义”的“一夫”，他就失去了为王的合法性。因此，孟子主张：“君有大过则谏，反复之而不听，则易位。”在《孟子·梁惠王下》里，孟子说，国君如果滥杀无辜，各级贵族和官僚都可以抵制。“无罪而杀士，则大夫可以去；无罪而戮民，则士可以徙。”（《孟子·离娄下》）孟子反对暴政，称历史上的暴君为独夫民贼，赞成“汤放桀”“武王伐纣”为正义之举。可以说，孟子的仁政学说无疑就是一套系统的儒家政治学。

在孟子看来，仁政的实质在于以民为本。在孟子的“仁政”思想中，十分重视民的地位，他提出“保民而王”，“得其民，斯得天下矣”（《孟子·离娄上》）。孟子甚至得出“民为贵，社稷次之，君为轻”（《孟子·尽心下》）的结论，认为政府要保障民众的利益，君主应以爱护民众为先决条件。他告诫统治者要懂得“重民”“保民”富国裕民的重要性。

总之，孟子是儒家重要的代表人物之一，但孟子的地位在宋代以前并不是很高。自中唐韩愈著《原道》，把孟子列为先秦儒家中唯一继承孔子“道统”的人物开始，孟子其人其书的地位逐渐上升。北宋神宗熙宁四年（1071 年），《孟子》一书首次被列入科举考试科目之中；元丰六年（1083 年），孟子被宋神宗追封为“邹国公”，翌年被批准配享孔庙。以后《孟子》一书升格为儒家经典。南宋时，朱熹又把《孟子》与《论语》《大学》《中庸》合为

“四书”，其后“四书”的实际地位在“五经”之上。元朝至顺元年（1330年），孟子被加封为“亚圣公”，以后就称为“亚圣”，成为儒家地位仅次于孔子的重要历史人物。孟子的思想学说对后世有很大影响，尤其对宋明理学的影响深刻，宋代以后常把孔子与孟子的思想并称为“孔孟之道”。现存《孟子》一书，是研究其思想的可靠材料。

荀子是战国时期继孟子后的另一位著名儒学大师。

司马迁说：荀卿嫉恨昏乱世道的政治，国家被灭亡，君主遭乱离，接连不断，不遵循王政大道，而被神鬼所迷惑，迷信吉凶之兆，鄙陋的儒生拘泥于细枝末节，如庄周等人以其能言善辩淆乱世俗，于是，他考察儒家、墨家、道家的所作所为及成败得失，加以整理论述，著作数万言而最终成就一家之言。

荀子的学说具有实际的可操作空间。

他的礼治思想开辟了中国政治思想史研究的新路径。

他的礼法一体论为两千年来历代统治者所采用，既有理论性，又具有实际政治生活中的可操作空间。即使从今日来看，要说中国诸子百家的学说能够兼理论与实践性为一体的，以本人目前有限的眼光来看，非荀学莫属。

荀子是战国末年的赵国人，生年在公元前298年至前238年之间，名况，后人多尊称他为孙卿。

他年轻时曾到燕国游说过燕王哙。15岁时即到号称集天下贤士的齐国都城稷下学宫游学，50岁时再游学齐国，在稷下学宫同各个学派的学者进行学术交流和讨论，受到齐襄王的优渥接待，曾经三次居于“祭酒”之位，颇受人尊敬。公元前266年左右，荀子还应聘入秦，曾与秦昭王、应侯范雎等论天下大政，后又曾议兵于赵国，“赵以为上卿”。春申君主政楚国时，荀子曾两度任楚国兰陵令。晚年罢官居兰陵，著书立说，直到去世。

荀子一生从教，弟子颇众，著名者有韩非、李斯等人，汉代贾谊是其再传弟子。他被公认为是先秦孔孟之后儒学的第三大家。

荀子自称为儒，以孔子、仲弓的继承者自居，斥子张氏、子夏氏、子游氏之儒为“贱儒”，对子思、孟子一派也颇多批评。

对于经学的传扬，荀子功不可没。如《诗》中的《毛诗》《鲁诗》,《春秋》中的《左传》《谷梁传》，都是由他所传;《大戴记》与《小戴记》中也有多篇他的论文。“六艺之传，赖以不绝者，荀卿也。周公作之，孔子述之，荀卿子传之，其揆一也。”[1]

然而，荀子并不拘泥于儒家一派，他广采博收，学识渊通，在继承前期儒家学说的基础上，对孔子儒学有所损益；他还集各家各派之短长，对先秦道、法、名、阴阳各家加以综合、改造，从而建立起自己的思想体系。他的学说，可用“百科全书”来概括。

在政治思想上，荀子坚持儒家的礼治原则，同时采纳法家的法治之长，主张治理国家，礼治、法治应当充分结合，其中心思想就是“隆礼”和“重法”。他是中国政治思想史上最早儒法结合的伟大思想家之一。

荀子思想对后世影响很大。

梁启超说:“二千年政治，既皆出于荀子矣，而所谓学术者，不外汉学、宋学两大派，而其实皆出于荀子，然则二千年来，只

[1] 转引自王先谦 :《荀子集解 · 考证下》。

能谓之荀学世界，不能谓之孔学世界也。”[1]

孔子主张仁、礼并重，孟子发展了仁的思想，提出仁政说，开辟了反身求己的内在超越的政治思维传统。而荀子则发挥了礼的思想，倡导礼治，重在强调礼、法的外在规范的作用，是外在超越的思维路向的肇始人。如果称孟子思想为“内圣”之学，那么荀子思想则可完全称为“外王”之道。

在认识论上，荀子提出“天人之分”，强调天不能干预人事，天道不能决定社会的变化，主张积极发挥人的主观能动性，认为“人定胜天”。

儒家讲天人合一，讲天道、地道、人道。荀子亦赞同这些，但他反对将儒学神秘化、宗教化，主张“天人之分”，人天分开。

荀子在《天论》中说：“天行有常，不为尧存，不为桀亡。”

荀子认为，天是自然的，大自然是伟大的；人是有主观能动性的。人的吉凶祸福、贫富夭寿，是人们自己决定的，与上天无关。

在荀子看来，上天并不神秘，大自然的运动是有其规律与法则可循的，人可以通过了解和掌握天命来为自己造福，但是不能改变天的客观运行规律。他说：“天不为人之恶寒也，辍冬。地不为人之辽远也，辍广。”（《荀子·天论》）天不会由于人们厌恶寒冷而取消冬季。地不会由于人们厌恶路程遥远就取消辽阔。自然界及其规律的存在不受人的愿望所决定。所以，荀子提出“不求知天”。然而在大自然面前，荀子指出人类对于自然不是无能为力，人类是可以用主观努力去改变自然，给人类造福。他的“制

[1] 梁启超著：《饮冰室合集·文集之三》，上海中华书局1936年版，第57页。

天命而用之”思想的提出，彻底将人们从“人生有命，富贵在天”的消极、神秘思想中解放出来。在这种思想的指导下，荀子认为，君子要依靠自己，不断学习，不断探索，不断努力，不断进步；小人依赖上天的恩赐，托命于天，自己偷懒，经常落后。人在社会上生活，放弃努力，企望上天，是不符合实际的，最终也不会得到幸福。

荀子指出，“大天”“颂天”不如“制”天、“用”天。他说：

> 大天而思之，孰与物畜而制之？从天而颂之，孰与制天命而用之？望时而待之，孰与应时而使之？因物而多之，孰与骋能而化之？思物而物之，孰与理物而勿失之也？愿于物之所以生，孰与有物之所以成？故错人而思天，则失万物之情。（《荀子·天论》）

在荀子看来，与其尊崇天而思慕它，哪里比得上把天当作物一样蓄养起来而控制着它呢？与其顺从天而赞美它，哪里比得上控制自然的变化规律而利用它呢？与其盼望、等待天时，哪里比得上适应天时而役使它呢？与其依顺万物的自然繁殖而求它增多，哪里比得上施展人的才能而使它按着人的需要有所变化呢？与其思慕万物而使它成为能供自己使用的物，哪里比得上管理好万物而不失掉它呢？与其希望于万物能自然生长出来，哪里比得上掌握万物的生长规律呢？所以放弃人的努力而只是寄希望于天，那就不能理解万物的本性，也就不能去利用它了。总之，自然界的恩赐是有限的，它不会主动去满足人类的自然需要，人类应该相信自己的力量，充分发挥人的主观能动作用，积极地利用天时、地材，去开发、控制、改造、征服自然，向自然界夺取财富，让自然界为人类服务。

“制天命而用之”的提出，是中华民族认识发展史上的一次巨大的飞跃。这种人能胜天，不信邪，靠自己拼搏的思想，是中国哲学社会科学史上的一笔巨大的财富。

在人性问题上，荀子认为“人性恶”，主张隆礼重法以约束之。

人性论是先秦思想所争论的一个热点，从现有文献来看，最早对人性进行了深刻总结与认识的人是孔子。

孔子提出：

“性相近也，习相远也。”（《论语·阳货》）

然而，人性的具体内容是什么？其内涵和外延究竟应该如何划定？孔子并没有就此进一步展开。孔子的高徒子贡当时就说“不可得而闻也”（《论语·公冶长》）。这样，因为孔子没有讲清楚这个问题，孔学后门就对此看法不一，意见分歧当属于自然现象。

进入战国时期，诸子对人性的探讨进入了一个新的阶段。

告子认为：“生之为性”“食色，性也”“性无善，无不善也。”（《孟子·告子上》）孟子则提出了性善论，认为人只要很重视自己品德的修养，人人皆可以为尧舜。

和先秦许多思想家一样，荀子对于国家治理的思考也是从探讨人的本性开始的。他的政治思想也是以人性论为理论基础和逻辑出发点而展开论述的。

不过，荀子对人性的看法与孟子的性善论相反，荀子的人性论是一种性恶论。

荀子说：

> 人之性恶，其善者，伪也。(《荀子·性恶》)

荀子认为，人的本性是“恶”的，之所以有“善”，那是人为后天改造修养的结果。

荀子认为：人生而好利，贪情欲好名利。“今人之性，生而有好利焉，顺是，故争夺生而辞让亡焉；生而有疾恶焉，顺是，故残贼生而忠信亡焉；生而有耳目之欲，有好声色焉，顺是，故淫乱生而礼义文理亡焉。然则纵人之性，顺人之情，必出于争夺，合于犯分乱理而归于暴……用此观之，然则人之性恶明矣。”(《荀子·性恶》) 因此，要想拥有一个正常稳定的社会秩序，就必须建立起一套有效的社会约束机制，以礼治、法治与人治的共同治理来防止人的阴暗性一面出笼作乱。

与孟子“人之性善”论相反，荀子说：“是不然，人之性恶。”(《荀子·性恶》)

荀子认为，所谓人性，并非后天习得之善性，而是天成之自然本性，“生之所以然者谓之性”(《荀子·正名》)，这种人的天性，一方面表现在生理的层面上，“今人之性，饥而欲饱，寒而欲暖，劳而欲休，此人之情性也”(《荀子·性恶》)，人的生理欲求决定了“若夫目好色，耳好声，口好味，心好利，骨体肤理好愉佚，是皆生于人之情性者也；感而自然，不待事而后生之者也”。(《荀子·性恶》) 另一方面则表现为心理和意识层面，由生理层面

所决定，“人生而好利焉”“人生而疾恶焉”，“好荣恶辱，好利恶害，是君子、小人之所同也”。(《荀子·荣辱》)

不论是生理层面上的耳、目、口、鼻、性之欲，还是心理、意识层面上的荣辱利害计较，都体现出人的逐利避害之本性。如果从人之性，顺人之情，社会就会陷入混乱无序的状态。

如果人性本恶，那么如何解释现实中的善恶并存现象？

人性的善又是怎么形成的呢？

事实上，强调人性恶是荀子人性论的特点，但并不是荀子人性学说中最有价值的观点，荀子人性学说中最有价值的观点还是他的“化性起伪”的人性改造论。荀子认为，善是后天人为的结果。善，不是人先天具有的本性，而是后天环境影响、教化和学习以及通过自身修养而形成的。荀子认为，人的本性都是一样的，现实中之所以有善、恶之分，就是因为后天环境和经验对人性的改造起着决定性的作用。

由此可见，荀子虽认为人性本恶，但又认为善可人为，这就很自然涉及了人性的改造问题。

如何改造人性恶的本性呢？荀子提出了自己的解决方法。

荀子说：“今之人，化师法，积文学，道礼仪者为君子。”(《荀子·性恶》)

荀子又说：“古者圣人以人之性恶，以为偏险而不正，悖乱而不治，故为之立君上之势以临之，明礼仪以化之，起法正以治之，重刑罚以禁之，使天下皆出于治，合于善也。”(《荀子·性恶》)

他还认为：“得贤师而事之，则所闻者尧舜禹汤之道也；得良友而友之，则所见者忠信敬让之行也。身日进于仁义而不自知也

者，靡使然也。”(《荀子・性恶》)

总结起来，荀子的人性改造，包含了如下几层含义：

（1）人性可化。

荀子说：“性也者，吾所不能为也，然而可化也。”(《荀子・儒效》)

人的本性是可以改变的，若没有这种可能性的话，纵然你是贤是圣，也无法将恶的本性加以矫正。在利害面前，人能以理智的思虑，使其行为限制在合理的范围内，对恶的本性本身会根据实际情况加以有效的约束或者调整，从而达到“可化”的效果。

（2）抑制性恶应该依靠道德教化的引导和法律制度的制约。

只有圣人的道德教化以及统治者的法律制度双管齐下，才能达到弃恶扬善的效果。矫正人之性恶，只有圣人与执政者才能为之。之所以如此，一是因为圣人与执政者能清醒地认识到矫正人性恶的必要性，二是因为圣人与执政者懂得以“礼义”这种社会弱控制手段与“法度”这种社会强控制手段，来有效矫正人的性恶的一面。

（3）改造人性恶要靠国家的教育。

荀子说：“人无师法，则隆性也；有师法，则隆积矣。而师法者，所得乎积，非所受乎性，不足以独立而治。”(《荀子・儒效》)为了改造性，“必将有师法之化”。(《荀子・性恶》)

在荀子看来，单靠本性是难以达到改造性恶的目的，所以荀子将“师法”称为“人之大宝”。

（4）改造人性恶要靠好的环境和习俗的熏陶。

《荀子・儒效》篇中说：

注错习俗，所以化性也。

习俗移志，安久移质。

荀子认为习俗习惯能改变人的思想和习性，久而久之，甚至会改变人的素质。对于这一观点，荀子还有十分精彩的论述。他说：

蓬生麻中，不扶而直；白沙在涅，与之俱黑。兰槐之根是为芷，其渐之滫，君子不近，庶人不服，其质非不美也，所渐者然也。故君子居必择乡，游必就士，所以防邪僻而近中正也。(《荀子·劝学》)

这段话的大意是：蓬草长在麻地里，不用扶持也能挺立住，白沙混进了黑土里，就再不能变白了，兰槐的根叫香艾，一旦浸入臭水里，君子下人都会避之不及，不是艾本身不香，而是被浸泡臭了。所以君子居住要选择好的环境，交友要选择有道德的人，才能够防微杜渐保其中庸正直。

正是因为人“居楚而楚，居越而越，居夏而夏”(《荀子·儒效》)，所以，荀子坚持：“化性”，最重要的就是“积靡”(《荀子·儒效》)。

(5) 改造人性恶要靠人们自己的不断修身与进步。

荀子还十分重视修身，为此专门写了《修身》篇。他主张以道理来节制人性恶的一面，提出要时时处处注意用礼仪来克制自己，努力提高自己的善行。

荀子还说：

> 积土成山，风雨兴焉。积水成渊，蛟龙生焉。积善成德，而神明自得，圣心备焉。(《荀子·劝学》)

在荀子的眼中，“涂之人可以为禹”(《荀子·性恶》)。圣人君子都是积善而成的，是人为的。所以，礼仪法度都出于人为。人人都有积善的可能，所以，只要经过努力，人人都可以通过后天的改造而成为圣人。

客观而言，人性本就是自然性和社会性的有机统一。荀子认为善是后天的人为，不同意道德先验论，强调自我改造和社会改造，这是他比孟子高明的地方。荀子的性恶论为政治控制的必要性和政府管理提供了理论根据，将人们对伦理政治的关注焦点，从伦理一端转移到了政治的一端，这是荀子对东方政治的一大贡献。

如何有效地控制人性恶的一面?

如何进行政治控制?

如何加强外在规范的权威的政治控制问题?

对此，荀子给出的答案是：“隆礼尊贤而王，重法爱民而霸。”主张以隆礼重法的双重手段，来保证人心抑恶趋善与维护社会的正常秩序。“隆礼”“重法”可谓是荀子政治学说的重要特征。

重视礼，这本是儒家的特征和传统。

孔子贵“仁”，主张德礼并重。

孟子主张仁义，强调仁政。

与孔孟不同的是，荀子隆礼，也主张法治。荀子说：

隆礼至法，则国有常。(《荀子·君道》)

国之命在礼。(《荀子·天论》)

国无礼则不正，礼之所以正国也。(《荀子·王霸》)

为政不以礼，政不行。(《荀子·大略》)

在荀子看来，礼是治国的标准，为政的前提。“礼者，治辨之极也，强国之本也，威行之道也，功名之总也。王公由之，所以得天下也；不由之，所以陨社稷也。”(《荀子·议兵》)礼是治理国家的最高准则，是使国家强盛坚固的根本，是威力盛行于天下的途径，是建立功名的总纲。天子诸侯遵循礼，就能夺得天下；反之，就会毁坏国家。“隆礼贵义者其国治，简礼贱义者其国乱。”(《荀子·议兵》)君主崇尚礼义则国治，怠慢礼义者，国家就会产生混乱。

《荀子·王制》中还说：

天地者，生之始也。礼义者，治之始也。君子者，礼义之始也。

荀子所说的“礼”，内涵丰富，主要包括外在的道德规范和礼节仪式。荀子认为，礼，不仅是个人立身处世的规范，思想言论的准绳，同时也是治国安民所不可缺少的准则。“人无礼则不生，事无礼则不成，国家无礼则不宁。”(《荀子·修身》)荀子在《荀子·礼论》篇概括说，礼是人修身、处世、治事、安国、平天下最高的准则。只有遵守外在的道德规范和礼节仪式，国家才能长治久安，最终结束割据状态，实现天下的统一。

荀子将礼的作用归纳为四个方面："治辨之极""强国之本""威行之道""功名之总"，即礼是确定人与人之间关系的分界，是治理国家的根本，是人们在政治与日常生活中遵循的法则，是从事政治的人能够具体运作的规范法式。孔子仁、礼并重；孟子内求于仁；荀子则承继了孔子之礼治为用的思想。孔子以仁、礼学说确定了儒家的伦理政治理论的构架，孟子的性善论、仁政说凸显了它的伦理内蕴。荀子少言仁义，而专注于礼义，把本于人伦的礼外在化、政治化、制度化、实践化了，这也是儒学适应当时现实的必然结果。

荀子不但"隆礼"而且"重法"。荀子深刻认识到了"法者，治之端也"(《荀子·君道》)的重要道理，不仅继承了孔子政治思想中的礼治观，而且在"隆礼"的同时还特别"重法"。

荀子的政治思想的特点之一就是强调礼法并重，荀子指出：

> 治之经，礼与刑，君子以修百姓宁。明德慎罚，国家既治四海平。(《荀子·成相》)

荀子首先在地位上把法这样的外在规范，提升到与孔孟认定的体现了仁义的礼同等重要的地位，这是荀子与先秦其他儒家的最大的区别。他主张礼法并重，认为"隆礼重法则国有常"，礼和法都是治国所必不可少的手段。这说明，荀子与主张"法治"的法家也有明显的区别。

荀子强调要重视法度的作用与尺度。他认为治理国家离不开法律。对犯法的人不加以严惩，社会就会发生混乱，民心就会不服，国家就会不稳定。在实施法治时，刑罚必须与罪行相当，“故刑当罪则威，不当罪则侮”(《荀子·君子》)。刑罚与所犯的罪相称，社会就安定：刑罚与所犯的罪不相称，社会就混乱。对于犯法的官吏，也要依法惩治。“正法以齐官”(《荀子·富国》)，这样，“百吏畏法循绳”(《荀子·王霸》)，君主才能把自己的治国理念落到实处。

荀子引法入礼，隆礼而不轻法，这给儒家传统的礼治观、德治观注入了崭新的时代内容。他的“隆礼重法”思想，为汉以后中国历代王朝所重视，在政治治理过程中不同程度地得到了实践和运用。

荀子主张法后王，兼王霸。

先秦诸子，几乎都喜欢挟先王以令当今。自荀子出，方提出了“法后王说”。法后王是荀子针对孟子的“法先王”的思想而提出的政治主张。

《荀子·儒效》里说：“法后王，统礼义，一制度，以浅持博，以今持古，以一持万。”

荀子的“法后王”是从现实出发的。

《荀子·性恶》说：“善言古者必有节于今。”荀子也认为王道礼制千古不变，但因为远古圣王之道的失传，使人只好效法较近而清楚可见的王道，“舍后王而道上古，譬之是犹舍己之君而事人之君也”。韩非子的厚古薄今思想的产生，如果要寻找思想发展的逻辑环节的话，荀子的“法后王”说就是其间不可忽视的一环。

法后王，荀子主张兼王霸。

《荀子·强国》中说：“粹而王，驳而霸，无一焉而亡。”

《荀子·王霸》中说：“义立而王，信立而霸，权谋立而亡。”这就是王道、霸道、亡国之道。

荀子在《荀子·王制》篇中又有四分法：“王者富民，霸者富士，仅存之国富大夫，亡国富筐箧、实府库。”“聚敛者，召寇、肥敌、亡国、危身之道也，故明君不蹈也。”

荀子没有固守孔孟的“仁政”“王政”而主张“礼治”，没有取法“先王”尧舜，而是取法“后王”春秋五霸，提出“兼王霸”。所谓“兼王霸”，就是兼取“王政”和“霸政”的长处，而弥补其各自的不足。单纯的王可以存国安民，而不足以应变创业；单纯的霸可以兼并而不足以守业有成。荀子提出“兼王霸”的政治主张，放弃夏商周的政治模式，而取法于春秋时期的历史，这是他对春秋战国以来现实社会状况的充分思考与研究的结果。

君民关系是先秦诸子争鸣的重点。如何认识君民地位及处理好二者之间的关系，也是荀子政治学说中的一项重要内容。

荀子主张立君为民说。

他说：“天之生民，非为君也；天之立君，以为民也。故古者列地建国，非以贵诸侯而已；列官职、差爵禄，非以尊大夫而已。”（《荀子·大略》）

在荀子的王道观中，君与民的关系是：“君者，仪也，民者，景也。仪正而景正。”“君者，民之原也。原清则流清，原浊则流浊。”（《荀子·君道》）“主者，民之唱也，上者，下之仪也。彼将听唱而应，视仪而动。”（《荀子·正论》）“君者，舟也；庶人者，水也。水则载舟，水则覆舟。”（《荀子·王制》）君臣关系是：“君人者，爱民而安，好士而荣”，“生则天下歌，死则四海哭。”（《荀子·解蔽》）相反，“世无王，穷贤良，暴人刍豢，仁人糟糠”（《荀子·成相》）。唐人李白也有与荀子相同的体会，他的《古风》诗中有“珠玉买歌笑，糟糠养贤才”之类的名句。

君与民关系，既然是“仪”与“景”的关系，“盘”和“水”的关系，“原”与“流”的关系，“唱”与“应”的关系，“舟”与“水”的关系，那么荀子谈隆礼致治，讲修身治国平天下，自然不能不重君、尊君，同时也不能不重民、顺民。

在大讲重君、尊君的同时，荀子亦特别重视“裕民以政”，主张重农抑商。

荀子是先秦诸子中第一个以“富国”二字为题来论述经济问题的思想家。他的富国论建立在富民的基础之上，是一种以富民为目的的富国论。

荀子在《富国》篇中提出了“节用裕民”为“足国之道”的政治思想。他说：“足国之道：节用裕民，而善臧其余。节用以礼，裕民以政。彼裕民，故多余；裕民，则民富。民富，则田肥以易；田肥以易，则出实百倍。上以法取焉，而下以礼节用之。余若丘山，不时焚烧，无所臧之。夫君子奚患乎无余？故知节用裕民，则必有仁义圣良之名，而且有富厚丘山之积矣。此无他故焉，生于节用裕民也。不知节用裕民，则民贫；民贫，则田瘠以秽；田瘠以秽，则出实不半。上虽好取侵夺，犹将寡获也；而或以无礼节用之，则必有贪利纠譑之名，而且有空虚穷乏之实矣。此无他故焉，

不知节用裕民也。《康诰》曰：‘弘覆乎天，若德裕乃身。’此之谓也。”（《荀子·富国》）

荀子认为：保障国家富足的途径，在于节约费用，使民众富裕，并妥善储藏多余的粮食财物。节约费用依靠礼制，使民众富裕依靠政策。推行节约费用的制度，所以粮食财物会有盈余；实行使民众富裕的政策，所以民众会富裕起来。民众富裕了，那么农田就会被多施肥并且得到精心的耕作；农田被多施肥并且得到精心耕作，那么生产出来的谷物就会增长上百倍。国君按照法律规定向他们收税，而臣民按照礼制规定节约地使用它们。这样，余粮就会堆积如山，即使时常被烧掉，也还是多得没有地方储藏它们。那君子哪里还用担心没有余粮呢？所以，懂得节约费用、使民众富裕，就一定会享有仁爱、正义、圣明、善良的名声，而且还会拥有丰富得像山陵一样的积蓄。这没有其他的缘故，而是由于贯彻了节约费用、使民众富裕的方针。不懂得节约费用、使民众富裕，那么民众就会贫困；民众贫困了，那么农田就会贫瘠而且荒芜；农田贫瘠而且荒芜，那么生产出来的谷物就还达不到正常收成的一半。这样，国君即使热衷于索取侵占掠夺，仍将得到很少；如果有时还没有按照礼制规定节约地使用它们，那就一定会有贪婪搜刮的名声，而且还会有粮仓空空穷困贫乏的实际后果。这没有其他的缘故，而是因为不懂得节约费用、使民众富裕的办法。他利用《尚书·康诰》中的内容为例来说明这个问题：“广大地庇护民众啊就像上天覆盖大地，遵行礼义道德就能使你本人也得到富裕。”说的就是这个啊。

荀子主张轻徭薄赋，保护民力。“轻田野之赋，平关市之征，

省商贾之数，罕兴力役，无夺农时，如是，则国富矣。夫是之谓以政裕民。”（《荀子·富国》）

总体上来看，先秦的儒学大家，各有主张，特质有别。荀子的政治学说，与孔学十分接近，二者之间传承关系也十分明显。

孔子强调仁，重视礼，其思想是复杂的、丰富的。孟子重点发展了孔子的心性修养方面的思想，着重于发掘仁政，属于内圣的范畴。荀子则主张隆礼重法，着重于外王，比较切合当时的政治需要，对中央集权制度，有可行性和实用性。荀子的政治思想对汉代以后的政治有着很大的影响，谭嗣同认为“荀学”统治中国思想界长达两千年之久。

荀子也强调人的修养，第一篇就是《劝学》，第二篇是《修身》，他的著作中还有《荣辱》等篇，都与修身有关，也属内圣的范畴。孔、孟、荀，虽各有侧重，但都还是比较全面的。孟子学说理想成分大一些，而荀子理论对于中国大一统的中央集权制度更切实可行。

先秦有两条政治路线：礼治与法治。用孔子话说，就是：“道之以政，齐之以刑，民免而无耻；道之以德，齐之以礼，有耻且格。”（《论语·为政》）法家主张法治，儒家主张礼治。荀子则熔二家精华为一炉，强调礼法并重，主张隆礼重法，起了综合的作用。在乱世，重法可以富国强兵，他的学生韩非、李斯帮秦王嬴政统一了天下，是成功的。在治世，不知隆礼，忽视文化，统治不巩固、不长久，秦因此迅速灭亡。汉以陆贾“下马治天下”，重视文化建设，才最终取得了“秦果汉收”的理想的结果。因此，荀子的政治学说，有功于中国政治，应当好好加以总结。

司马迁与孔学之传承

谈到汉代人对孔子学说的传承，我们不能不提及司马迁。

在我看来，孔子及其学说之所以能够在中国历史上一直熠熠生辉，这应该与司马迁在传世经典《史记》中对孔子及其弟子的修传有着很大的关系。

司马迁仕于汉武帝之世，续父职而任太史令，主要掌管天时星历，记载、著述之事本不在其职分内；《史记》之作，完全缘于其个人志趣。《史记》作为私家著作，较之官史，其著述动机显然更为个人化，更具主动性，从理解经典的角度看，也更为重要。在《史记·太史公自序》中，司马迁自述其著《史记》之由，着重引其父临终遗命为辞。司马迁说：

> 太史公执迁手而泣曰："余先周室之太史也。自上世尝显功名于虞夏，典天官事。后世中衰，绝于予乎？汝复为太史，则续吾祖矣……余死，汝必为太史；为太史，无忘吾所欲论著矣……幽、厉之后，王道缺，礼乐衰，孔子修旧起废，论《诗》《书》，作《春秋》，则学者至今则之。自获麟以来四百余岁，而诸侯相兼，史记放绝。今汉兴，海内一统，明主贤君忠臣死义之士，余为太史而弗论载，废天下之史文，余甚惧焉，汝其念哉！"迁俯首流涕曰："小子不敏，请悉论先人所次旧闻，弗敢阙。"

司马谈先论孔子作《春秋》之功，再言“获麟以来四百余岁”而“史记放绝”云云，明显有激勉司马迁之意，故司马迁在《史记·太史公自序》中接下来便以五百年之期宣明己志：

> 先人有言：“自周公卒五百岁而有孔子。孔子卒后至于今五百岁，有能绍明世，正《易传》，继《春秋》，本《诗》《书》《礼》《乐》之际？”意在斯乎！意在斯乎！小子何敢让焉。

五百岁之数，在古人有其特殊意义。孟子即言：

> 五百年必有王者兴，其间必有名世者。……夫天未欲平治天下也；如欲平治天下，当今之世，舍我其谁也！（《孟子·公孙丑下》）

司马迁借言五百岁之期，与孟子一样，欲上继孔子为圣人，明显是有当仁不让之意。至此，司马迁“继《春秋》”而著书的志向已经表露无遗。

司马迁是史家，不是思想家，似乎不可能对孔子思想有所传承，其实大大不然。司马迁是位极有思想深度的史家，对孔学的了解要远远高过与他同时代或其后的诸多五经博士。那些博士其实很不博，皓首通一经，只是摆弄章句，训释文字，“碎义逃难”，往往释一语而用数万言，且终不得要领。文字训诂的工作对理解孔子传授的“六经”和孔子的学说固然是必要的，汉人在这方面所作的贡献抹杀不了，例如，郑玄留下的《诗笺》《周礼注》《礼记注》《仪礼注》等著作，至今仍是学者必不可少的学术研究依据；但是，文字训诂不过是研究“六经”和孔子学说的初步，更重要的工作是进行义理的分析。对前人思想文化的理解，文字训诂属于初步层次，义理上的把握则属于比较高级的层次。司马迁对孔学的研究虽不多，但他是从义理上理解孔子的。论全面论专门，他不如董仲舒。但若论对后世的影响力与波及面，由于《史记》的影响力，或者比董仲舒的成就更大。

更重要的是，司马迁作为史家，到鲁国做过实地考察，熟谙孔子生前身后的史闻，其父是受《易》于杨何的司马谈，又从董仲舒习过《春秋》公羊学，对孔子和孔子的学说自然有相当深的理解。《史记》给孔子的地位极高。设《孔子世家》，将布衣与王侯同列。又设《仲尼弟子列传》，因重老师而重弟子。其《太史公自序》《十二诸侯年表》《儒林列传》等诸篇亦每每言及孔子。在《史记》中，《孔子世家》和《仲尼弟子列传》之外，司马迁称引孔子言 90 次，居全书所有人物之首。

在整部《史记》中，征引孔子言的地方非常之多，如：

孔子曰：“殷路车为善，而色尚白。”（《史记·殷本纪》）

孔子言“必世然后仁，善人之治国百年，亦可以胜残去杀”，诚哉是言！（《史记·孝文本纪》）

或问禘之说，孔子曰：“不知；知禘之说，其于天下也，视其掌。”（《史记·封禅书》）

孔子言吴太伯可谓至德矣：“三以天下让，民无得而称焉。”

(《史记·吴太伯世家》)

余闻孔子称曰：甚矣鲁道之衰也，洙泗之间，断断如也。(《史记·鲁周公世家》)

孔子称："微子去之，箕子为之奴，比干谏而死，殷有三仁焉。"(《史记·宋微子世家》)

余以为其人，计魁梧奇伟，至见其图，状貌如妇人好女；盖孔子曰："以貌取人，失之子羽。"留侯亦云！(《史记·留侯世家》)

孔子曰："伯夷、叔齐，不念旧恶，怨是用希。""求仁得仁，又何怨乎？"(《史记·伯夷列传》)

子曰："道不同，不相为谋，亦各从其志也。故曰：富贵如可求，虽执鞭之士，吾亦为之。如不可求，从吾所好。""岁寒，然后知松柏之后凋。""君子疾没世而名不称焉。"(《史记·伯夷列传》)

夫子罕言利者，常防其原也。故曰："放于利而行，多怨。"(《史记·孟子荀卿列传》)

孔子之所谓"闻"者，其吕子乎！(《史记·吕不韦列传》)

仲尼有言，"君子欲讷于言而敏于行"，其万石、建陵、张叔之谓耶！(《史记·万石张叔列传》)

孔子称曰："居是国，必闻其政"，田叔之谓乎！(《史记·田叔列传》)

孔子闵王路废而邪道兴，于是论次诗书，修起礼乐。适齐闻韶，三月不知肉味。"自卫返鲁，然后乐正，雅颂各得其所。"世以混浊莫能用。是以仲尼干七十余君无所遇。曰："苟有用我者，期月而已夫。"西狩获麟，曰："吾道穷矣！"(《史记·儒林列传》)

孔子曰："导之以政，齐之以刑，民免而无耻；导之以德，齐

之以礼，有耻且格。”（《史记·酷吏列传》）

孔子曰：“六艺于治，一也。”（《史记·滑稽列传》）

子曰：“我欲载之空言，不如见之于行事之深切著明也。”（《史记·太史公自序》）

上述这些话有的是引自《春秋纬》，有的是引自《论语》，有的是引自《礼记》，有的是现在已不晓得出处。很显然，司马迁熟读先秦典籍，尤其是《论语》等书，已经把这些元典中的成句，熔铸成自己的思想了。[1]

司马迁是七十子后学及孟、荀之后给孔子作出公允而适当评价的第一人。《史记·孔子世家》太史公赞语说：“天下君王至于贤人众矣，当时则荣，没则已焉。孔子布衣，传十余世，学者宗之。自天子王侯，中国言‘六经’者折中于夫子，可谓至圣矣。”司马迁这段话告诉我们：“六艺”和孔子有密切的关系，理解“六艺”应以孔子的认识为准。作为一介布衣，孔子无位无势，长期受到人们的尊敬、景仰，完全出自人们自己的心愿，无丝毫的强迫。强迫人们景仰，“没则已焉”。孔子的受人尊敬，用孟子的话说就是“中心悦而诚服也”的“以德服人者”（《孟子·公孙丑上》）。

司马迁《史记》对《周易》和《春秋》及孔子和它们的关系论述不多，然而一言一语，往往确切中肯綮。司马迁在《史记·孔子世家》中说：“孔子以《诗》《书》《礼》《乐》教，弟子盖三千焉，身通六艺者七十有二人。”三千弟子中通《周易》和《春秋》的只有七十二高徒，言外之意，此二书端非一般人所能够理

[1]　李长之著：《司马迁之人格与风格》，天津人民出版社 2015 年版，第 39—40 页。

解。由此可见，《周易》和《春秋》皆是理论高深之书。

对于孔子在中国文化史上的贡献，司马迁总结说：

> 《春秋》，上明三王之道，下辨人事之纪，别嫌疑，明是非，定犹豫，善善恶恶，贤贤贱不肖，存亡国，继绝世，补敝起废，王道之大者也。《易》著天地阴阳四时五行，故长于变；《礼》经纪人伦，故长于行；《书》记先王之事，故长于政；《诗》记山川谿谷禽兽草木牝牡雌雄，故长于风；《乐》乐所以立，故长于和；《春秋》辨是非，故长于治人。是故《礼》以节人，《乐》以发和，《书》以道事，《诗》以达意，《易》以道化，《春秋》以道义。拨乱世反之正，莫近于《春秋》。（《史记·太史公自序》）

总之，司马迁和董仲舒是汉代承传孔学贡献最大的两位，董仲舒与孔学之关系将在下节谈及。此外，汉代治经大家虽然不少，如郑玄等人，但都是些为“六经”作传注、搞训诂的人。其中有些人涉及义理，也都不得孔学的真谛，且每每背离孔子的精神，非但未能弘扬孔学，反而客观上起了埋没孔学的作用，限于篇幅，在此不再赘述。[1]

[1] 金景芳、吕绍纲、吕文郁著：《孔子新传》，湖南出版社1991年版，第352、353页。

董仲舒对孔学之改造

董仲舒是西汉时期著名的思想家、政治理论家。他上承孔子，下肩朱熹，对孔子学说的改造和利用起到了十分重要的作用。

司马迁说：

> 董仲舒，广川人也。以治《春秋》，孝景时为博士。下帷讲诵，弟子传以久次相受业，或莫见其面，盖三年董仲舒不观于舍园，其精如此。进退容止，非礼不行，学士皆师尊之。今上即位，为江都相。以《春秋》灾异之变推阴阳所以错行，故求雨闭诸阳，纵诸阴，其止雨反是。行之一国，未尝不得所欲。中废为中大夫，居舍，著《灾异之记》。是时辽东高庙灾，主父偃疾之，取其书奏之天子。天子召诸生示其书，有刺讥。董仲舒弟子吕步舒不知其师书，以为下愚。于是下董仲舒吏，当死，诏赦之。于是董仲舒竟不敢复言灾异。
>
> 董仲舒为人廉直。是时方外攘四夷，公孙弘治《春秋》不如董仲舒，而弘希世用事，位至公卿。董仲舒以弘为从谀。弘疾之，乃言上曰："独董仲舒可使相胶西王。"胶西王素闻董仲舒有行，亦善待之。董仲舒恐久获罪，疾免居家。至卒，终不治产业，以修学著书为事。故汉兴至于五世之间，唯董仲舒名为明于《春秋》，其传公羊氏也。（《史记·儒林列传》）

司马迁与董仲舒是同时期人，也是汉代对孔学传承有极大贡献者，他的这个记载应该是有说服力的。

司马迁认为:“汉兴至于五世之间，唯董仲舒名为明于《春秋》，其传公羊氏也。”这就是说，在司马迁的眼中，从汉高祖到汉武帝五世间，虽然治经者代不乏人，但只有董仲舒才称得上是最精通《春秋》学的经学大师。

东汉时期，班固在《汉书》中也称董仲舒“为世儒宗，定议有益天下”(《汉书·刘歆传》),“为群儒首”(《汉书·董仲舒传》)，是汉代儒学的宗师。王充对董仲舒更是赞誉有加。他甚至说:“文王之文在孔子，孔子之文在仲舒。”(《论衡·超奇篇》)晚清康有为在《春秋董氏学》中说董仲舒思想“轶荀超孟”。孟子是亚圣，荀子是大儒，超过孟子和荀子，自然就是圣人了。历代学者对董仲舒在儒学承继方面的赞誉，从另一方面说明了董仲舒在改造和利用孔学方面的重要作用。

西汉时期,《春秋公羊学》盛行，当时有两位大师：一是董仲舒，二是胡毋子都。他们都是汉景帝时代的博士。胡毋子都比董仲舒年长，董仲舒曾经“著书称其德”，敬佩他的品德。胡毋子都由于年老，退休回到故乡齐国，在那里教授弟子。齐地讲《春秋》的学者都以他为宗师，公孙弘也曾经向他学习过。胡毋子都的学生不少，而出名的只有公孙弘一人。公孙弘以研究《春秋》出身，后来因为善于给汉武帝的政策“缘饰以儒术”，得到汉武帝的赏识，平步青云，位至三公，封平津侯，成为当时攻读经学的学子们倾慕的楷模。公孙弘官大，名气大，但他忙于从政，没有弟子，在研究学问上也不如董仲舒用心，对后代影响比较大的还是董仲舒。

在胡毋子都与董仲舒之前，谁传《公羊传》，史无定论。唐代徐彦在《春秋公羊传·疏》中说："孔子口授子夏。"引《说题辞》云："传我书者，公羊高也。"又引《戴宏序》曰："子夏传于公羊高，高传于其子平，平传于其子地，地传于其子敢，敢传于其子寿。至汉景帝时，寿乃（与）其弟子、齐人胡毋子都著于竹帛，与董仲舒皆见于图谶是也。"按照这种说法，传承的脉络应当是孔子把《春秋》传给弟子子夏，然后子夏传给公羊高，公羊高以后父子相传，五代到了公羊寿。公羊寿与其弟子胡毋子都合作，把《春秋公羊传》写在竹帛上，形成了有文字的《春秋》注释。《汉书·儒林传》说胡毋子都"与董仲舒同业"。如果这个史实成立的话，那么，董仲舒与胡毋子都同受业于公羊寿，就是同窗的关系，而不是师生之间的关系。

《公羊传》是汉景帝时的公羊寿主持撰写的，并非是公羊氏一家的思想汇编。在汉代，《春秋公羊传》影响很大，与这一学派靠近政权、介入政治有着一定的关系。胡毋子都和董仲舒都是汉景帝时的《春秋》学博士。汉武帝当政以后，举贤良对策，董仲舒和胡毋子都的弟子公孙弘都通过对策，进入政界。然董仲舒对策虽然受到汉武帝的赏识，但只做过江都相、胶西相之类的官职，并未能进入中央政府的决策层。公孙弘则深受汉武帝信任和器重，位至三公，封平津侯，在汉武帝一朝的政治中起到过举足轻重的作用。公孙弘 80 岁终于相位上，对世风有导向作用。

《史记·儒林列传》说：

> 公孙弘以《春秋》，白衣为天子三公，封为平津侯。天下

之学士靡然向风矣。

因为公孙弘的成功，天下学士学儒，特别是学《春秋公羊传》，一时成为时髦。董仲舒本人虽然没有公孙弘政治地位那么显赫，但他的学问大，弟子多，当官的也多，例如兰陵褚大任梁相，温吕步舒任丞相长史，还有嬴公在汉昭帝时任谏大夫，其他任郎、谒者，掌故者有数百人。而且他的子孙也当了大官。

据郑玄《六艺论》中记载："董仲舒弟子嬴公，嬴公弟子眭孟，眭孟弟子庄（严）彭祖及颜安乐，安乐弟子阴丰、刘向、王彦"，严彭祖传王中，王中传东门云和公孙文。颜安乐的弟子很多，除了郑玄提到的三人，《汉书》中还提到冷丰、任公、管路、冥都。冷丰的弟子有马宫和左咸。管路的弟子有孙保。据范晔的《后汉书·儒林传》记载，治《春秋严氏学》的学者有丁恭、周泽、甄宇、楼望、程曾。严彭祖的弟子王中，王中的弟子东门云下狱诛，大概就再没有弟子了。王中的另一弟子公孙文任东平太傅，"徒众尤盛"，因此，东汉治《严氏学》的丁恭等人可能都是公孙文的弟子。东汉治《春秋公羊学》的还有张玄、李育，李育的弟子羊弼，羊弼的弟子何休。何休是东汉时代著名的公羊学大师，代表作是《公羊解诂》。总之，这些公羊学家都是董仲舒的后学。由于这些学者都在汉代朝廷中任博士、谏大夫、太傅或国相，参与政治，使公羊学盛行于汉代，并影响着汉代的政治、思想和文化。[1]

董仲舒一生著述颇丰，《汉书·董仲舒传》说："仲舒所著，皆

---

[1] 周桂钿著：《十五堂中国儒学课》，北京师范大学出版社 2014 年版，第 68—71 页。

推明经术之意，及上疏条教，凡百二十三篇。”实际上，这只是董仲舒的一部分著作，主要还是一些解经义的论文、上书、文告之类。在《汉书·艺文志》儒家类，著录有董仲舒百二十三篇，应该就是上面所说的那些著作。但就是这些著作，现在大部分也已经散失了。《汉书·董仲舒传》中又说：“而说《春秋》事得失，《闻举》《玉杯》《蕃露》《清明》《竹林》之属，十余万言皆传于后世。”这些著作也大部分散失了，只有一些残片保存。此外，在《汉书·董仲舒传》中包含了三策，《汉书·五行志》中有董仲舒论灾异的七十七事，而在《汉书·食货志》中有《说武帝使关中民种麦》《又言限民名田》，在《汉书·匈奴传赞》中有《论御匈奴》。还有《汉书·艺文志》中列出《公羊董仲舒治狱》十六篇，而在《后汉书·应劭列传》中有《春秋决狱》二百三十二事，有学者怀疑这两本书是同一本。《春秋决狱》本为张汤等人向董仲舒请教断狱的案例汇编，晋以后失传，清王谟、马国翰有辑本，收入《玉函山房辑佚书》。

董仲舒现存最为重要的著作是《春秋繁露》，曾在《隋书·经籍志》中列有《春秋繁露》十七卷。由于《春秋繁露》（今本凡八十二篇）始见于《隋书·经籍志》，而未曾出现于《汉书·艺文志》，因此就有人怀疑这本书是后人的伪作。不过，现代学者经过对其中篇章与其他材料比对研究，认为今本《春秋繁露》应该是董仲舒的著作。徐复观在《两汉思想史》中认为，《春秋繁露》只有残缺，并无杂伪。[1] 通过以上的概述可知，董仲舒的著作现在主要

[1] 徐复观著：《两汉思想史》第二卷，华东师范大学出版社 2006 年版，第 195 页。

保存在《春秋繁露》中，这也是现代人了解董仲舒学说的主要文献。

汉武帝登基以后，为了施展雄才大略，招揽人才，多次举行贤良对策，即由各地方推荐贤良文学之士，汉武帝亲自提出策问，贤良文学之士进行对策，汉武帝亲自阅读对策，从中发现人才，加以任用。公孙弘就是参加对策，受到汉武帝赏识，才进入仕途的。董仲舒也是通过对策，而被任为江都相的。《史记》中没有提到董仲舒参加对策，只说“今上（汉武帝）即位，为江都相”（《史记·儒林列传》）。《汉书·董仲舒传》则明确说董仲舒由于对策受到汉武帝赏识而被任为江都相，并把董仲舒对策系于元光元年五月（《汉书·武帝纪》）。司马光的《资治通鉴》则把董仲舒对策认定在建元元年，即汉武帝即位的当年，根据就是《史记》上的“今上即位”。

在《汉书·董仲舒传》中，收录了汉武帝三篇策问和董仲舒的三篇对策全文。在这三篇对策中，董仲舒讲天人关系主要是讲天人感应，因此又称“天人三策”。董仲舒的著作较多，而这三篇对策则是他的代表作，是他政治哲学的核心。后人汇集的《春秋繁露》则是三策思想的展开与细化、深化。

殷周时代的上帝说、天命论为天人感应说的产生奠定了基础。西周时代的“天道无亲，惟德是辅”的政治思想与墨子的顺天意者“必得赏”，逆天意者“必得罚”的天志论，也为天人感应说增添了催化剂。战国时代，天人感应说的观点已成雏形。同气相应思想与天命论思想相结合，产生了天人感应说，在先秦的著作中就已经有了这种思想，《周易·乾卦·文言》和《吕氏春秋·应同》都有“同声相应，同气相求”之类的思想。《吕氏春秋》首先将同气相应用于说明朝代更替的征兆，“凡帝王者之将兴也，天必先见祥乎下民。黄帝之时，天先见大寅大蝼，黄帝曰‘土气胜’。土气胜，故其色尚黄，其事则土。及禹之时，天先见草木秋冬不杀，禹曰‘木气胜’，木气胜，故其色尚青，其事则木。及汤之时，天先见金刃生于水，汤曰‘金气胜’。金气胜，故其色尚白，其事则金。及文王之时，天先见火，赤乌衔丹书集于周社，文王曰‘火气胜’。火气胜，故其色尚赤，其事则火。代火者必将水，天且先见水气胜，水气胜，故其色尚黑，其事则水。水气至而不知，数备，将徙于土”（《吕氏春秋·应同》）。秦始皇用武力统一天下，他不怎么相信天命论，但他却相信五德终始说，认为自己是得了“水”德，以水德胜周的火德。因为水的颜色尚黑，数尚六，因此，秦始皇在制度上做了一系列的规定，如旗帜、服饰用黑色，车轴长六尺。由于秦朝很快灭亡，天命论又反弹了回来，西汉一些思想家认为秦始皇灭亡的原因有不信天命，不施仁义，封建制改为郡县制，好大喜功，贪欲无度等若干条。西汉陆贾在《新语·明诫》中说：“治道失于下，则天文变于上；恶政流于民，则虫灾生于地。”当时，天人感应、灾异谴告的思想都已经有了萌芽。汉初的刘邦、吕雉、汉文帝、汉武帝等人都有天人感应的思想，并在政治活动中有所表现。例如刘邦有病，不肯就医，说他自己的命是由上天决定的，医生如何能改变天意。“吾以布衣提三尺剑取天下，此非天命乎？命乃在天，虽扁鹊何益？”（《史记·高祖本纪》）吕雉在刘邦死后，任用吕氏家族的人，垄断了朝廷上下要害部门，排挤刘氏家族。当时发生一次日食，吕雉很紧张。根据阴阳学说，日食是阴侵犯阳。吕雉是个妇女，属阴，在朝廷擅权，正是阴侵犯阳。根据天人感应理论，天文变化是上天对政治的态度，日食是大灾异，表明上天对当时政治的严厉谴责，谴责女人居然在朝廷擅权。吕雉对别人说：“此为我也。”（《史记·吕后本纪》）她认为日食是上天针对她而发的。男女分阴阳，君臣也分阴阳。君为阳，臣为阴。赏罚也分阴阳。赏，大家高兴，属阳；罚，悲哀痛苦，属阴。德为阳，刑为阴。因此，汉文帝时也曾经发生日食，当时并没有皇后干政擅权的问题，那就可能在别的方面出现了毛病。汉文帝小心行政，不知哪儿有问题，赶紧下诏，承认错误，承担责任：“人主不德，布政不均，则天示之以灾，以诫不治。”然后，他向广大贤良征求意见，“举贤良方正能直言极谏者，以匡朕之不逮”（《史记·孝文本纪》）。他希望敢直讲真话的人，给他指出缺点错误，指出他的不足之处，以便他更正。这说明，汉文帝是相信天人感应的，是真心诚意征求改善政治的意见的。有天命论或天人感应论在那儿，对皇帝的主观施政有抑制作用，对皇权也有制约作用。文、景盛世的出现与此不无关系。

汉武帝对汉初的天人感应说有点怀疑，因此才会提出策问：“三代受命，其符安在？灾异之变，何缘而起？”（《汉书·董仲舒传》）他询问：夏、商、周三代受命，他们的瑞符在哪儿？历代灾异的出现都是怎么产生的呢？

董仲舒的对策是：

> 臣闻天之所大，奉使之王者，必有非人力所能致而自至者，此受命之符也。天下之人，同心归之，若归父母，故天瑞应诚而至。《书》曰：“白鱼入于王舟，有火复于王屋，流

为乌”，此盖受命之符也。周公曰:“复哉复哉。”孔子曰:“德不孤，必有邻”，皆积善絫德之效也。及至后世淫佚衰微，不能统理群生，诸侯背畔，残贼良民，以争壤土，废德教而任刑罚。刑罚不中，则生邪气;邪气积于下，怨恶畜于上。上下不和，则阴阳缪盭而妖孽生矣。此灾异所缘而起也。(《汉书·董仲舒传》)

董仲舒回答汉武帝的疑问说，天要让谁当王，是自然而然的，人是无能为力的，这就是“受命之符”。天下人都同心归向它，天的瑞祥就应天下人的诚心而到来，例如,《书》中所载的（商汤时）白色的鱼跳入汤的船,（周文王时）有火落在文王的屋顶上，变成红色的乌鸦。这些都是“受命之符”。周公说，善报啊！善报啊！孔子说，有德的人不会孤立，一定会得到帮助，这些都是不断积累善德的结果。后世君主贪图享受，又不能统理百姓，诸侯背叛，驱逐民众投入战争来争夺土地，不进行道德教化，只用刑罚。刑罚使用不当，就产生邪气。民众中积累邪气，对官方的埋怨和厌恶也在积累。官民不协调，阴阳就会混乱，而产生妖孽。这就是灾异之所产生的原因。

董仲舒在对策中又说:

臣谨案《春秋》之中，视前世已行之事，以观天人相与之际，甚可畏也。国家将有失道之败，而天乃先出灾害以谴告之，不知自省，又出怪异以警惧之，尚不知变，而伤败乃至。以此见天心之仁爱人君而欲止其乱也。自非大亡道之世者，天

尽欲扶持而全安之，事在强勉而已矣。(《汉书·董仲舒传》)

董仲舒提出《春秋》。《春秋》是孔子根据古史编的中国最早的政治学典籍，有很高的权威性。在尊古卑今、厚古薄今的时代，利用《春秋》讲道理，就更有说服力。董仲舒说自己认真考察了《春秋》中所记载的前世已经做过的事情，来观察天与人相互作用的关系，是很可怕的。一个国家将要发生失道的败坏时，天就先发出灾害来警告它，这个国君如果不知道反省，天就会发出怪异现象来恐吓他，如果还不知道改变，那才会达到伤害败亡。由此可以看出，天对人君是仁爱的，想帮助人君防止祸乱。只要不是十分无道的时代，天都要给予扶持，让君主安全。这事就在君主的勤勉。也就是说，如果君主勤勉地为民众做好事，那么上天一定会扶持他，他就可以平安地做君主，相反，如果君主不勤勉政事，贪图享受，那么，上天就会使他家破国亡，身败名裂。

天人三策，董仲舒提出了天人感应说的主要内容，借助于《春秋》的权威，适应了当时社会的政治需要，产生了一定的影响。后来，他退休在家，又加以思考与修改，使天人感应说更加完善了，这就是他的《春秋繁露》一书。在这本书中：

第一，董仲舒提出宇宙模式，这就是天有十端说，十端是天地阴阳五行与人。具体说来，就是：天、地、阴、阳、木、火、土、金、水、人。他说："天有十端，十端而止已。"(《春秋繁露·官制象天》)"天、地、阴、阳、木、火、土、金、水，九，与人而十者，天之数毕也。"(《春秋繁露·天地阴阳》)

第二，董仲舒认为天地生万物。他说："天地之气，合而为一，分为阴阳，判为四时，列为五行。”（《春秋繁露·五行相生》）天地之气派生阴阳五行，阴阳五行化生万物。人也是天地生的，而且是天的骄子。“天者万物之祖，万物非天不生。”（《春秋繁露·顺命》）“为人者，天也。”（《春秋繁露，为人者天》）“人之超然万物之上，而最为天下贵也。”（《春秋繁露·天地阴阳》）

第三，董仲舒提出了天人同类感应。董仲舒认为天生人，人象天，“以类合之，天人一也”（《春秋繁露·同类相动》）。天人同类，同类相动，因此，天人相感。人们从共振现象概括出同类相动，董仲舒用这个道理为根据来论证自己的天人感应说。

第四，天人相感，为什么都看不见？董仲舒列举出许多同类相动的现象，如把不同的琴瑟摆在那里，“鼓其宫，则他宫应之；鼓其商，而他商应之”。音调相同的琴瑟会感应自鸣，“非有神，其数然也”。天将阴雨，人欲睡卧，这是阴气相感。鸡到天将明，都相互鸣叫。美事招美害，恶事招恶类。总之，物本来就有“以类相招”的本性。弹这把琴上的宫调，那把琴上的宫调也自动响起来，这是同类相动，“其动以声而无形，人不见其动之形，则谓之自鸣也。又相动无形，则谓之自然。其实非自然也，有使之然者矣。物固有实使之，其使之无形”（《春秋繁露·同类相动》）。感应是看不见的，但它是确实存在的。所谓自鸣、自然都不是独立自然的，都有相互作用的东西，只是这种作用是无形的，没有被人们所发现、所认识而已。

第五，董仲舒认为，同类相感有中介物，天人相感的中介物是阴阳五行之气。弹宫而宫应，弹商而商应，中介物是声音。声音是无形的，所以看不见，人以为是自鸣的。天与人之间的中介物是阴阳五行之气，这种气充满空间，人在气中，就像鱼在水中，不知道自己周围充满了气，空间好像是虚空的，其实是充满气的、实的。他说："天地之间，有阴阳之气，常渐人者，若水常渐鱼者也。所以异于水者，可见与不可见耳，其澹澹也。然则人之居天地之间，其犹鱼之离水，一也。其无间，若气而淖于水。水之比于气也，若泥之比于水也。是天地之间，若虚而实，人常渐是澹澹之中，而以治乱之气，与之相流通相淆也。"（《春秋繁露·天地阴阳》）"渐"在这里是浸的意思。这里提到气是"无间"的。鱼之离水，这里的离，不是离开的意思，相当于"丽"，是附着、接触的意思。《诗经·渐渐之石》载："月离于毕，俾滂沱矣。"月接近毕宿时，天就将下大雨。《周易·离卦·象》载："离，丽也。日月丽乎天，百谷草木丽乎土。"

第六，对于天人感应，宁可信其有，不可信其无。说的道理太多，人们对天人感应仍然持怀疑态度，根据当时人的理性，不能使人相信天人感应。董仲舒举出当时人们尚未认识的十种现象，都是奇怪的，人们还理解不了的现象。董仲舒认为，大家都不理解而又确实存在的现象，对人们有利还是不利，也无法知道，那是十分可怕的，有些为当时人所观察到，但还无法解释的现象，对人有利还是有害还不清楚，因此也是很可怕的。盲目性是可怕的。盲人骑瞎马，夜半临深池，危险性就在于盲目性。董仲舒的可贵在于承认事实，对于这些奇怪现象，自己解释不了，没有妄加否定，承认奇怪现象的存在，承认"非人所意"，而且提出这些现象对人有利有害还不清楚。

第七，利用阴阳五行讲灾异劝戒当政者。在《春秋繁露》中有论阴阳的五篇，论五行的九篇。以阴阳五行讲天人感应、灾异遣告，占相当大的篇幅。董仲舒以天、君、父为阳，为尊，地、臣、子为阴、为卑，因此强调："孝子之行，忠臣之义，皆法于地也。地事天也，犹下之事上也。"（《春秋繁露·阳尊阴卑》）"是故《春秋》君不名恶，臣不名善。善皆归于君，恶皆归于臣。"任何荣誉都要归于国君，任何罪过都要臣子承担。臣子做一件事，做好了是应该的，是托皇帝的洪福；做坏了，则是自己的失误。这当然是为国君树立权威的说法，这种说法用于维护君权，维护大一统政权，维护正常的稳定的社会秩序。然而事情总有两方面。维护了君权还要对君权有所限制。这就是从另一方面来维护君权。为国君者，要法自然，要以德配天。董仲舒说：

> 夫王者不可以不知天。知天，诗人之所难也。天意难见也，其道难理。是故阴阳入出实虚之处，所以观天之志；辨五行之本末、顺逆、小大、广狭，所以观天道也。天志仁，其道也义。为人主者，予夺生杀，各当其义，若四时，列官置吏，必以其能，若五行；好仁恶戾，任德远刑，若阴阳。此之谓能配天。（《春秋繁露·天地阴阳》）

在董仲舒看来，当政的王者不应该不知道天，天又是难知的。通过阴阳出入虚实的变化来观察天志，通过五行的性能、生克来观察天道。根据阴阳变化，王者在行使授予、剥夺、赏赐、诛杀时要适时恰当，像四季变化那样。设置官吏，必须知人善任，像使用五行那样。王者要好仁恶恶，常施德政，讨厌残酷，尽量远离刑罚，像阴阳那样。这些都做好了，王者才可以说“能配天”。

天志、天意，都是可以从各种灾异中解说出来的。例如，“土干火，则多雷；金干火，草木夷；水干火，夏雹；木干火，则地动。”（《春秋繁露·治乱五行》）雷震多，就是“土干火”。土干火，可以有多种解释。据《五行顺逆》载，水主成长，“举贤良，进茂才，官得其能，任得其力，赏有功，封有德，出货财，振困乏，正封疆，使四方”。土是“君之官”。官是指功能、作用的意思。土的功能与国君的职能相似。土干火，就是国君干扰、妨碍了选举贤良，用人不当。也就是说，打雷多，皇帝就要考虑一下，在选举和任用方面有没有不妥之处。董仲舒用五行相生相克来比附政治，希望将各官尽职尽责，让国家的政治进入正常的轨道。[1]

总之，董仲舒系统论证了天人感应说，形成了完整的政治思想体系，为官员向皇帝进谏提供了实用的理论武器，为制约皇帝权力、稳定政治与社会起了一定的积极作用。“董仲舒的宇宙系统的核心是天人感应，天人感应的目的则在于政治。”[2]董仲舒的天人感应说：“一方面说皇帝代表天意，要人民服从皇帝，这就是所谓‘君权神授’。另一方面要皇帝尊天保民，不要胡作非为，这就是所谓‘神道设教’。这两方面的意义，在董仲舒的以下两句话中得到充分的体现，即屈民而伸君。屈君而伸天。”[3]出于政治的需

[1] 周桂钿著：《十五堂中国儒学课》，北京师范大学出版社 2014 年版，第 72—80 页。

[2] 周桂钿著：《周桂钿文集·秦汉思想研究肆·董学探微》，福建教育出版社 2015 年版，第 59 页。

[3] 周桂钿著：《周桂钿文集·秦汉思想研究肆·董学探微》，福建教育出版社 2015 年版，第 65 页。

要，董仲舒以天为主导，以天人关系为轴心，以阴阳五行为材料，编造出一套以儒家学说为核心的，融合了先秦诸子思想的天人感应说并将它用于国家的政治生活领域，使儒家学说从此成为中国传统政治思想和文化的主干，统治中国思想界长达两千年之久。

然而，董仲舒的这种天人感应说，是孔子学说中根本没有的，是董仲舒出于政治的需要歪曲孔子作《春秋》记灾异的本意而建立起来的，不是孔子自己的东西，这一点我们必须讲清楚。

除了天人感应说外，董仲舒对孔子学说的利用与改造，还主要表现在政治大一统上面。

大一统，包括思想统一和政治统一两个方面。

“大一统”政治主张的形成与不断完善，是中华民族政治与文化共同体建设和发展的客观需要。

早期儒家在这方面下了很大的功夫。

大一统观念产生比较早。儒家经典中很早就有对“大一统”理想的描述与向往。

在《尚书·尧典》中有“光被四表”“以亲九族”“平章百姓”“协和万邦”，虽然还比较松散，却已有了一个中心，尧就是这个中心。在这个中心之外，围绕这个中心形成不同层次的政治圈，由小到大，由最亲近的“九族”到周围的“百姓”，再到远方的“万邦”。这是一个大一统系统，是中国政治文明史大一统的最初雏形。后来，这个系统一直延续了下来，并且在夏商时期得到进一步的发展。到了周王朝，周公采取封建制度，运用分片包干的办法，把天下广阔的土地与众多的民众，一起分封给先王之后、开国功臣以及自己的亲戚，由他们分别管理。周王称周天子，封国国君称诸侯。《诗经·小雅·谷风之什·北山》中说:“溥天之下,莫非王土;率土之滨,莫非王臣。”这就是说:“王”的权力遍及四海之内,宇内田野都是“王”的土地,民众都是“王”的臣民。这一诗句,充分体现了早期人们心目中的大一统观念,后来不断被世人频繁引用,成为国人所信奉的一种普遍的政治信条。

春秋时期,周王室衰微,五霸率诸侯尊王攘夷,是对大一统观念的继承。秦得天下,就下令统一文字货币度量衡,这些措施,也可以看作大一统的继续。“车同轨,书同文”对后代影响很大,成为中华民族形成强大凝聚力的一个重要因素。

周公定制,其礼乐制度一直为后人所继承。据《左传·昭公七年》中记载,楚王做令尹的时候,使用国君的旌旗去打猎。大臣芋尹无宇就砍断了他的旌旗,义正词严地说:“一个国家两个君王,有谁受得了?”臣下刚有分君权的企图,就受到“一国两君,其谁堪之?”的严正责难。芋尹无宇说:“天子经略,诸侯正封,古之制也。封略之内,何非君土?食土之毛,谁非君臣?故《诗》曰:普天之下,莫非王土。率土之滨,莫非王臣。”引用《诗经》的名句来作为他论证的依据,告诫君王不要数典忘祖。

孔子的理想国是大一统的君主国家。《礼记·坊记》载孔子之言说:“天无二日,土无二王,家无二主,尊无二上。”在大一统的君主国家里,天子享有至高无上的权力,国家的一切政事出自天子:“天下有道,则礼乐征伐自天子出。”(《论语·季氏》)春秋时“礼乐征伐自诸侯出”正是天下无道的表现。由于君主的至尊地位,君主必须是圣王明君。儒家宣扬的尧、舜、禹、汤、文、武等就是理想国中的理想王。“天无二日,民无二王”,显然是“大一统”政治意识的朦胧体现。

“大一统”一词的提出，最先见于《公羊传》。

《公羊传》在解说《春秋经》“隐公元年春王正月”时说：

> “元年”者何？君之始年也。“春”者何？岁之始业。“王”者孰谓？谓文王也。曷为先言“王”而后言“正月”？王正月也。何言乎“王正月”？大一统也。

元年是指国君登基的第一年。春是一年的开始。王指周文王。为什么先说“王”后说“正月”呢？这是说周文王历法的正月。为什么要用周文王历法的正月呢？这是大一统。这里所说的“大一统”，首先是指统一历法。其次，大，可以理解为重视，视某物为大，那么，大一统可以理解为重视统一历法，即孔子重视使用统一的历法。最后，从使用统一历法推出，孔子是主张政治统一的。先秦历法有古六历，分别是黄帝历、颛顼历、夏历、殷历、周历、鲁历。孔子不用鲁历，而用周历，说明他尊崇周朝的中央地位，也反映他对统一政治的倾向。

汉承秦制，建立了以皇帝为核心的中央集权制度，这是适应中国社会与政治发展规律的。汉代秦后，社会经济虽然稳定发展，但统治集团内部政治斗争的风波不断。悍将造反，诸侯国割据，外戚专权，朝局动荡，等等，都极大影响了统治者对国家的治理与统治。在政局不稳的背景下，董仲舒将儒家尊君重民思想用于现实政治，提出了用儒家大一统学说来统一政治，统一人们的思想，以巩固中央集权制度与封建国家的全方位的统一。

首先，维护君权至上是董仲舒的基本政治主张之一。他把君主视为国家政治的核心。他说："君人者，国之本也。""夫为国，其化莫大于崇本。"（《春秋繁露·立元神》）

董仲舒根据《公羊传》的"大一统"作了政治上的发挥。这就是，天下大一统，必须统一于王。所谓"大一统"，"尊王"之义是也。

董仲舒在给汉武帝的对策中说：

> 《春秋》大一统者，天地之常经，古今之通谊也。（《汉书·董仲舒传》）

天地指空间，古今指时间。天地古今，古人称宇宙，佛教称世界。董仲舒把"大一统"称为宇宙普遍存在的根本法则。在这里，大，已经不能解释为重视，而是作为广大的意思，与一统组成一个特殊词组。把"大一统"看作宇宙普遍法则，不是《春秋》和《公羊传》的明确思想，而是董仲舒借《春秋》的名义发挥出来的思想，是他的重要的政治观点。

董仲舒对"春王正月"作了进一步的解释，以君权神授来论证君权的合理性。他说："置'王'于'春''正'之间，非曰：上奉天施而下正人，然后可以为王也，云尔。"（《春秋繁露·竹林》）王介于天人之间，起着联系天人的作用。他又说："唯天子受命于天，天下受命于天子，一国则受命于君。""《春秋》之法，以人随君，以君随天。"（《春秋繁露·为人者天》）民众要服从皇帝，皇帝要服从上天。董仲舒把"春王正"变成社会的三个层次：天、王、人。王即天子、皇帝。人即天下之民，泛指天子以外的所有人，包括各诸侯王、各级官员和普通百姓。人受命于天子，服从天子的命令。天子受命于天，顺从天的命令。上天的命令，就是天命。董仲舒用阴阳五行学说解释灾异现象来探讨天意，直接为汉武帝以及后来执政者强化君主专制与集权制造理论根据。

王，只有皇帝一个人，至高无上，权力极大，地位特殊。

人却是非常复杂的，上有卿相大夫、诸侯国王，中有各级官员，下有平民百姓。平民百姓中有父子、夫妻、兄弟、朋友诸种复杂关系。董仲舒用父为子纲、夫为妻纲，把小到封建社会的细胞——家庭都树立了中心，再把各家庭统一于为民父母的各级官员，然后统一于皇帝一人身上。这就实现了全社会的政治大一统。社会形成一个整体，单个人是无法破坏这种统一的，只有那些盘踞一方的诸侯王有条件闹独立，搞分裂割据。吴楚七国之乱就是破坏统一的现象，因此，董仲舒所谓“屈民而伸君”，所要屈的不是平民百姓，而是各地诸侯王。而且这种政见正是从吴楚七国之乱的教训中引申和总结出来的。

其次，董仲舒认为，思想统一是政治大一统的基础。

如何统一全国民众思想？

董仲舒提出，“罢黜百家，独尊儒术”。儒家思想代表天意，思想统一应该统一到儒学那里去。

董仲舒在对策中说：

今师异道，人异论，百姓殊方，指意不同，是以上亡以持统一，法制数变，下不知所守。臣愚以为诸不在六艺之科，

孔子之术者，皆绝其道，勿使并进，邪辟之说灭息，然后统纪可一而法度可明，民知所从矣。(《汉书·董仲舒传》)

师异道，人异论，百姓殊方，指意不同，讲的是百家争鸣。百家议论不同，法制常变，使民众不知道如何是好，会造成思想混乱，从而危及政治统治。《吕氏春秋·不二》篇中早说过："一则治，异则乱。一则安，异则危。"《吕氏春秋·执一》篇又称："王者执一，天子必执一。"治理国家，思想必须统一。这是政治的根本思想。政治的根本思想统一了，社会才能正常运转，保持稳定的局面。政治的思想一旦改变，社会就会大动荡，就要进行社会大改革或革命。政治的根本思想在一个国家中不允许是多元的。根本思想确立之后，在不违背根本思想的前提下，对于特殊情况，可以采取特殊的方式处理事情，或者实行特殊制度、特殊政策。汉武帝时，董仲舒提出罢黜百家，独尊儒术，把全国思想统一于儒学。儒家学说就成了当时以及以后历代政治的指导思想。儒学产生于分封制时代，而在汉代也采纳了秦朝的郡县制，同时保存一部分分封制。但不影响儒学根本思想的权威地位，也不影响在全国政治中推行儒家的思想原则，即仁义之道。

周汉两代的政治实践证明，分封制度下的诸侯国容易搞独立活动，诸侯国各自独立，全国就会出现分裂、割据的局面。甚至有些比较大而富强的诸侯国还想叛乱、夺权。世界历史也表明，欧洲那些国家就是由于过去没有统一的政治力量和统一的权威思想，才留下至今分散的几十个国家。中国从秦汉开始，历代统治者都强调统一，而且深入人心，因此能保持统一大国的局面。一旦有分裂的危机就群起反对。在各种条件的逼迫下，不得已分裂了，中国人还都追求统一。东晋祖逖率军渡河北伐，虽然未能成功，临死还大喊“渡河”。南宋诗人陆游有“王师北定中原日，家祭无忘告乃翁”的诗句，反映了统一祖国的强烈愿望，虽然知道“死去原知万事空”，还对祖国不能统一感到极度悲哀。祖国统一成为中华民族魂。全民族都为统一而奋斗。谁搞分裂就会成为历史的罪人，提倡统一的则是民族的功臣。这些都是董仲舒提倡大一统，独尊儒术给中华民族奠定的灵魂。董仲舒也因此成为中国历史上影响最大的思想家和政治理论家之一。[1]

政治大一统，有利于维护统一大国的局面。思想大一统，有利于统一思想，增加民族凝聚力，突显民族精神的特色。不可否认，思想大一统也存在一些弊端，限制了主流思想之外的各种所谓“异端”思想，使思想界失去百家争鸣的活泼局面。另外，政治家强化主流思想，在民众中也会导致逆反心理，并使原有较多合理性的活泼的主流思想僵化，被歪曲成实用主义的工具。人类历史的实践表明，凡事都是利弊相连、功过并存的。利大还是弊大，功过孰多，要由实践来说话。由于董仲舒大一统论的深刻影响，中国始终维持统一的大国局面，分开了仍要再合。中华民族精神有极强大的凝聚力、向心力和同化力。从历史上看，太平盛世如文景之治、贞观之治都是出现在统一大国的时代，分裂时期难有这种景象。中国与周边国家相比，在两千年中一直处于天朝地位，无论在文化、科技、经济诸方面，都是各国不可企及的高

[1]　周桂钿著：《十五堂中国儒学课》，北京师范大学出版社 2014 年版，第 81—85 页。

水平。从总体上分析，大一统论对中国的影响，利大于弊，功大于过，应当肯定并坚持。

“三纲五常”是董仲舒在“天人感应说”“政治大一统”外对孔子学说的又一大改造。

在治国方略上，董仲舒十分重视人伦政治的建设。

孔子学说认为，社会有五伦，即所谓君臣、父子、夫妇、兄弟和朋友五种基本的人伦关系。其关系准则既有道德规范的意味，又兼具政治规范的含义，但主要还是非强制性的伦理规范。

在五伦中，孔子强调的主要是君臣关系和父子关系，并未涉及夫妇关系。如齐景公问政，孔子回答：“君君、臣臣、父父、子子。”（《论语·颜渊》）就君臣关系来说，孔子说：“君使臣以礼，臣事君以忠。”臣之忠君，以君的礼让为前提。孔子还提出“以道事君，不可则止”的为臣之道。

董仲舒则在孔学的基础上将各种人际关系择其要者定为“三纲”，即“君为臣纲、父为子纲、夫为妻纲”。再将孔子宣扬的五种德行——仁、义、礼、智、信合为“五常”。这样，他就提出了以“三纲五常”为基本内容的伦理政治学说。

“三纲”是实现董仲舒理想社会等级秩序的总纲，是他最为欣赏的人伦等级基本公式。“三纲”概括了人类社会生活中最主要的人际关系，在这三种关系中，父子、夫妇关系是基础。这种对家族宗法伦常关系的强化，是与自给自足的家庭小农经济相适应的。董仲舒认为国家政治生活中的君臣关系就是家庭伦常关系的扩大，国家是大“家”，家庭是小“家”，其中的上下尊卑关系是相同的。倡导维护尊卑、贵贱等级秩序的礼，是儒家的一贯传统，“礼治”

的根本任务就是要维护等级制。

董仲舒的“三纲”思想，附会上阴阳学说和天意论来论证其尊卑关系。他以类比的方式说明自然界的“贵阳而贱阴”，人类社会与此相应，则是“阳尊阴卑”。在自然界中：“阳始出，物亦始出；阳方盛，物亦方盛；阳初衰，物亦初衰。物随阳而出入，数随阳而终始，三王之正随阳而更起。以此见之，贵阳而贱阴也。”（《春秋繁露·阳尊阴卑》）董仲舒将人类社会的基本人伦关系用阴阳关系来比附。他说：“君臣父子夫妇之义，皆取诸阴阳之道。君为阳，臣为阴；父为阳，子为阴；夫为阳，妻为阴。”其间的关系是“阳尊阴卑”。这是一种严格的等级关系，不可逾越，即君尊臣卑，夫尊妻卑，父尊子卑。

董仲舒认为，“三纲”思想不仅符合阴阳之道，也是天意的体现。“王道之三纲，可求阴阳化生万物于天。”“三纲”是顺应天意而产生的，是不能改变的。董仲舒说：“凡物必有合。”（《春秋繁露·基义》）“合”就是相互配合，协调统一。他说，“阴者阳之合”，因此“妻者夫之合，子者父之合，臣者君之合”（《春秋繁露·基义》）。三纲的实质，是君为臣主、父为子主、夫为妻主；相反臣、子、妻则是完全为了配合君、父、夫才存在的。这样，董仲舒就把儒家的“五伦”简化为“三纲”，并使之成为绝对的服从和被服从的关系，使源自血缘的天伦关系完全成为一种人为的强制性的外在规范。董仲舒对儒家伦理思想的修正，使儒家思想变成为专制政治服务的学说，成为君（政）权、父（族）权、夫权的辩护者和有力维护者。

“五常”，则是董仲舒把先秦儒家“仁、义、礼、智、信”五种德行用阴阳五行理论加以神秘化，从而成为不变的“五常”。仁，爱人也。义，宜也，是要求人们安于自己所处的地位，品行与其身份地位相符合。礼，敬也，用以“序尊卑大小之位，而差内外、远近，新旧之级者也”（《春秋繁露·奉本》），是一种行为规范和社会规则。智，聪明之质也，是一种“不惑”的资质，是达到仁的境界的前提和条件。信，诚也，是人与人交往言而有信的品质。

董仲舒把“五常”视为统治者永享天命的根本保证，他说：“仁、义、礼、智、信五常之道也，王者所专修饬也，五者修饬，故受天之佑，而享鬼神之灵，德施于方外，延及群生也。”（《汉书·董仲舒传》）在“五常”之中，仁、义最为根本，是其他“三常”的基础。他把仁、义看作天志、天理的体现：“人之血气，化天志而仁；人之德行，化天理而义。”（《春秋繁露·为人者天》）《春秋》讲的就是仁义的基本原则，而仁义的作用则在于：“仁之法，在爱人不在爱我；义之法，在正我不在正人。”（《春秋繁露·仁义法》）爱人和正我，是处理人与人关系的最基本准则，人们懂得这一点，国家就能安定。

董仲舒以五德配五行，以五行的永恒性证明五常的不变性。他先以五行配五官，再以五德配五官，即以木、金、水、火、土五行，与司农、司徒、司寇、司马、司营五官相配，并把五常确立为五官的道德准则，使之成为体现天道之不变伦常。

董仲舒借助阳尊阴卑和五行的观念，使“三纲五常”成为调整君臣、父子、夫妇关系的天道，使“五常”成为忠臣孝子之伦，构建起了一套封建专制的社会秩序的政治理论。“三纲五常”在此后两千多年的封建社会中，不断因为统治者的重视与贯彻，从而对中国人的基本社会生活与规范产生了决定性的影响。[1]

综上所述，董仲舒承前启后，继往开来，用天人感应的神学形式包装起来了一整套新的政治哲学。它的核心内容是“大一统”“三纲五常”和“罢黜百家，独尊儒术”。“大一统”包括政治统一和思想统一两个方面。政治统一，一方面，要求全国臣民绝对服从皇帝；另一方面，要求皇帝服从上天。至于上天是什么？上天有什么命令？这就得由儒家来解释天命。因此，皇帝服从天命，实际上就是服从儒家学说的标准。思想统一，就是罢黜百家，独尊儒术。儒家在先秦是百家之一，到汉代登上了独尊的地位，并且从此以后，儒学在中国两千多年的政治思想中一直居于指导地位，深深地渗入中华民族的文化传统，成为中华民族精神的主干。思想统一和政治统一是一致的，都统一于儒学，这就是董仲舒在改造孔子学说的基础上对中国政治学的一种开创性的贡献。

朱熹对新儒学之贡献

朱熹，生于公元 1130 年，卒于公元 1200 年，字元晦，又字仲晦，号晦庵，六十岁以后又改称晦翁，别称紫阳，云谷老人、沧州病叟等。祖籍徽州婺源（古属安徽，今属江西），出生于福建南剑州尤溪（今福建尤溪县）城外毓秀峰下的郑氏馆舍。为南

[1]　丁小萍著：《中国古代政治智慧》，浙江大学出版社 2005 年版，第 163—164 页。

宋宗师级的儒家学者，宋代理学的集大成者，南宋“闽学”的开山者。

《宋史·朱熹传》说：

> 熹幼颖悟，甫能言，父指天示之曰：“天也。”熹问曰：“天之上何物？”松异之。就傅，授以《孝经》，一阅，题其上曰：“不若是，非人也。”尝从群儿戏沙上，独端坐以指画沙，视之，八卦也。

朱熹不但从小聪颖，且幼承家学，其家为“婺源著姓，以儒名家”，其父朱松为二程再传弟子罗从彦的门人，少时又师从属于“洛学”一派的胡宪、刘勉之、刘子翚，三人皆为理学的信奉者，又好佛学。特别是刘勉之，对朱熹早年的人生影响很大，他视朱熹如子侄，并以其女嫁之。朱熹理学思想的形成，以受学于刘勉之为开始。朱熹早年为学博杂，泛滥词章，出入佛老，对各种学问都有着极为浓厚的兴趣。三十一岁时，他受学于其父同学、程颐的三传弟子李侗，继承了程颐的学说，从此真正走上理学的发展道路。“其为学，大抵穷理以致其知，反躬以践其实，而以居敬为主。”（《宋史·朱熹传》）在经过长期的刻苦研究和努力之后，朱熹终于学有所成，不仅自成“闽派”师宗，而且成为中国封建社会后期影响最大的思想家、经学家、教育家。

朱熹自五岁就学，开始励志圣贤之学，一生乐此不疲，刻苦勤奋，因此学问渊博，在先秦诸子、佛道思想、史学文学、天文地理、文字音韵、训诂考据、典章乐律等诸多方面，都有相当深入且独到的研究与见解，取得了巨大的学术成就。更重要的是，朱熹以继承二程“洛学”为己任，广泛吸收了周敦颐、张载、邵雍等北宋理学家的思想养分，成为一代理学的集大成者，他的学说构建起一个规模庞杂而又不失缜密精致的哲学、政治、文化思想的体系。清代学者全祖望在《宋元学案》中盛赞朱熹思想“致广大，尽精微，综罗百代矣”。清康熙皇帝更是称赞朱熹是：“集大成而绪千百年绝传之学，开愚蒙而立亿万世一定之归。”[1] 由此可见他的学说与贡献不同一般。

朱熹于宋高宗绍兴十八年（1148 年）中进士，曾任泉州同安县主簿，后任枢密院编修官，在江西南康、福建漳州、湖南潭州等地做过几年最高行政长官，晚年曾任焕章阁待制兼侍讲。朱熹平生不喜为官，“仕于外者仅九考，立于朝者四十日”（《宋元学案·元晦学案上》），只是考察巡视九次，在朝廷只有四十天，没有正儿八经坐下来当个像模像样的官。为什么呢？一则他不喜为官，更因为是讲了真话，得罪了当朝权贵，仕途不顺。他将一生大部分时间（约四十年）用在福建讲学，其弟子也多是福建人，因此，以他为主的学派被称为“闽学”。绍熙五年（1194 年），朱熹 65 岁时，政治风云突变，他不幸被卷入当时的政治斗争的旋涡，权臣韩侂胄称朱熹学派“伪学猖獗”，不断从攻击上给予升级，从“伪学”“伪党”直到“逆党”“死党”，甚至上书要求“斩熹”，不仅将朱熹夺职罢祠，而且还将朱熹定为“伪学首魁”，直到朱熹去世之时，加于他身上的罪名还没有解除。但韩侂胄死后，

[1]　王月清主编：《影响中国文化的十大哲人》，江苏人民出版社 2016 年版，第 210 页。

局势立即改变，“党禁”解弛，朱熹的地位又开始日渐上升。嘉定二年（1209年），宋宁宗追谥朱熹为文公，三年后，《四书集注》被立于国学。宝庆二年（1226年），宋理宗“诏赐熹遗表恩泽，谥曰文。寻赠中大夫，特赠宝谟阁直学士”。宝庆三年（1227年），又追赠朱熹为太师，“追封信国公，改徽国”（《宋史·朱熹传》），按照祭祀孟子的礼仪祭祀朱熹。淳祐元年（1241年），宋理宗又手诏朱熹跟周敦颐、张载、二程一起“从祀孔子庙”，最终成为配享孔庙的宋代大儒，在历代儒者中的地位及实际影响仅次于孔子和孟子。咸淳五年（1269年），宋度宗下诏赐文公阙里于婺源。阙里，本专指孔子故里或曲阜孔庙，诏赐朱熹故里为阙里，实际上是使用国家政权的力量将朱熹提升到了与孔子比肩的高度。

自元朝中期，元仁宗年间恢复科举后，朱熹的《四书集注》被定为科举考试的标准解释，朱熹理学作为官方主导思想的地位正式确立。明王朝建立后，朱元璋推崇朱子之学，登基第二年即诏令天下，规定科举取士以朱熹等宋儒的“传注为宗”。清康熙皇帝亦很重视朱子之学，他诏命李光地等人编辑《朱子全书》并亲自为之作序，认为虽圣人复起，也不能超越朱子。晚清名臣曾国藩、李鸿章等也十分推举朱子之学。曾国藩以朱子为日课，李鸿章在光绪八年（1882年）还特地为《婺源县志》作序，称朱熹“道德文章，照耀千古”。一直到清末1905年袁世凯、张之洞主张废除科举制度为止，朱子之学统治中国思想界、教育界长达八百年之久。由此可见，朱熹的思想学说成为元明清三代的官方哲学。朱子理学不仅深刻地影响了中国封建社会后期的传统思想文化，而且还远播海外，如李朝时期的朝鲜、德川时代的日本，“朱子学”在政治领域和思想文化领域都拥有举足轻重的地位。

朱熹一生著述颇丰，是中国历史上著作最多的儒家学者之一。影响最大的当推《四书集注》，其他有重要影响的还有《周易本义》《朱文公文集》《朱子语类》《朱子家礼》，等等，研究其思想的材料主要是《四书集注》《朱文公文集》《朱子语类》等。

2002 年 12 月，上海古籍出版社与安徽教育出版社共同出版了《朱子全书》，共计 27 册，不仅囊括了朱熹的全部著述文字，而且将今人对已经失传的朱熹文字考订辑录编辑成册，并附有历代文献家对各种版本朱熹著作的著录、序跋、考订，等等，是目前最为完备的《朱子全书》，这对于想深入研究探讨朱熹的学人，无疑是一种福音。

朱熹强调所谓的“王霸之辩”，认为汉唐等朝代都是霸道政治，不以汉唐之治为理想，他的理想是直接孔孟的仁政，效法与实现夏商周三代的王道政治。他结合历史经验，以理学为指导，针对当时国家的政治形势，提出了一整套自己的颇具有理学特色的治国理政的方略。

天理观是朱熹政治思想的理论基础，“理”是朱熹政治哲学的最高范畴。

一、朱熹提出：“宇宙之间，一理而已。”

在朱熹看来，“理”是宇宙之本体，万物之本原。“宇宙之间，一理而已。天得之而为天，地得之而为地，而凡生于天地之间者，又各得之以为性。”（《朱文公文集·读大纪》）“未有天地之先，毕竟也只是理。有此理，便有此天地；若无此理，便亦无天地。无人无物，都无该载了。有理便有气流行，发育万物。”（《朱子语类》

卷一)

朱熹吸取并改造了张载哲学气本体论的思想，继承并发展了二程的理本气化论，提出以理为宇宙本体，以气为构成万物的材料的理本气末的观点。

朱熹认为，“理”是“所以生万物之原理”，“气”则是“率理而铸型之质料”。理是本，气、物则是末。从本体来说，是理在气先：“以本体言之，则有是理然后有是气；而理之所以行又必因气以为质也。”(《孟子或问》卷三)“理也者，形而上之道也，生物之本也。气也者，形而下之器也，生物之具也。”(《朱文公文集·答黄道夫书》)从万物生成来看，他说：“二气五行，天之所以赋受万物而生之者也。自其末以缘本，则五行之异，本二气之实。二气之实，又本一理之极。是合万物而言之，为一太极而已也；自其本而之末，则一理之实，而万物分之以为体，故万物之中各有一太极。”(《通书·理性命注》)作为本体的理，派生出二气、五行、万物，而万物又复归于理，这就是朱熹的宇宙生成论。在朱熹看来，理生万物是这样一个过程：“既有此理，便有此气；既有此气，便分阴阳，以此生许多物事。”(《朱子语类》卷九四)

二、朱熹提出：宇宙万事万物皆是“一体两分”。

朱熹的宇宙观是辩证的，是理气同体两分。他在其理气论的基础上，提出了“一体两分”的辩证法命题。

朱熹认为，宇宙万物是理与气妙合而成的，理和气是统一的，二者不能截然分开。他说：“须是合理与气看。理是虚的物事，无那气质，则此理无安顿处。《易》说‘一阴一阳之为道’。这便兼理与气而言。”(《朱子语类》卷七四)“理是形而上者，气是形而下者。”（《朱子语类》卷一）“理也者，形而上之道也，生物之本也。气也者，形而下之器也，生物之具也。”（《朱子文集·答黄道夫书》）朱熹说，对于理气的一体二分，“当离合看”（《朱子语类》卷七四）。他进一步解释说：“形上形下，只就形处离合分别，此正是界至处，若只说在上在下，便成两截矣。”（《朱子语类》卷九四）这就是说，合而看，理气浑然一体，不能分开认成两截；离而看，理气又可谓有先后，理在气先。朱熹在理气论的基础上进一步解释“凡一事物便有两端”（《朱子语类》卷十三）的道理。“天下的道理，只是一个包两个。”（《朱子语类》卷六二）于此可见，朱熹的宇宙观包含着十分丰富的辩证法思想，他的所谓的“一体两分”，实质上就是对立统一。这就使得他在提出自己治国理政的政治主张时，能够比较好地做到各方面辩证的统一。

三、朱熹提出：“父子、兄弟、夫妇皆是天理自然。”

朱熹认为，理不仅是宇宙万物创生的本原，而且还是社会运行的最高准则。作为封建统治秩序的道德伦理——“三纲五常”规范即是天理在人类社会中的体现。朱熹说：“宇宙之间，一理而已……而凡生于天地之间者，又各得之而为性，其张之为三纲，其纪之为五常，盖皆此理之流行，无所适而不在。”（《朱文公文集·读大纪》）他还说：“未有这事，先有这理，如未有君臣，已先有君臣之理，未有父子，已先有父子之理。”（《朱子语类》卷九五）“如舜之命契，不过是欲使‘父子有亲，君臣有义，夫妇有别，长幼有序，朋友有信’，只是此五者。至于后来圣贤千言万语，只是欲明此而已。这个道理本是天之所以与我者，不为圣贤而有余，不为愚不肖而不足。”（《朱子语类》卷十四）这样，他把

“三纲五常”这一人类社会的政治和伦理关系，说成是天理的表现。“父子、兄弟、夫妇皆是天理自然。”（《朱子语类》卷十三）

四、朱熹提出：“人人都有一个太极。”

朱熹提出“理一分殊”的观点，来说明作为万物本原的“理”与丰富多样的具体万物的关系。他把“理”之全体称为“太极”，这个太极就是一，是宇宙的本体。就每一事物来看，它们都完整地禀受了这个“理”（太极）作为自己的本性。他举例来说：“人物之生，天赋之以此理，未尝不同，但人物之禀受自有异耳。如一江水，你将勺去取，只得一勺；将碗去取，只得一碗；至一桶一缸，各自随器量不同，故理亦随以异。”（《朱子语类》卷四）“一江水”是“理一”：容器不同，水之体未变，而水之量随之而不同，是“分殊”。不同容器的水来自“一江水”，这是万殊归于一理：“一江水”变成不同容器里的水，则是一理化为万殊。这一思想源于佛教的“一多相摄”，通过“一即多，多即一”的论证来说明一和多的关系。朱熹用“月印万川”的比喻来说明“理一分殊”。佛教说：“一月普现一切水（月），一切水月一月摄”，天上的月亮只有一个，却完整地映现在每条江河之上。他进一步指出，“人人都有一个太极（理）”，这个太极并非太极的一部分，而是太极的整体，就像月亮只有一个，“及散在江湖，随处可见”一样。以此，朱熹论证人人固有伦理道德规范的各种德性。既然德性是人人所共有的，那么遵守君臣、父子、夫妇之理是人人应尽且能尽之本分。

五、朱熹提出：“性即理。”

从天理观和理一分殊的观点出发，朱熹得出了“性即理”的结论。

朱熹认为，从人类的本性来说，“理”构成人的性，具有天理的人性叫“天命之性”。性即理，也就是性本善。然而，虽然人人都有一个本善之性，在实际中却不是人人皆善、事事皆善。原因何在？关于这一问题，从张载开始，理学家引入了“气质之性”说来解释，朱熹沿袭了这个概念。与“理”构成人的“性”相应，“气”构成人的“形”。由此，朱熹把人性区分为“天命之性”和“气质之性”两个层面，前者指人禀理而生、纯粹至善的性；后者指人禀气而有形的、有清浊、偏正、善恶的性。这也是朱熹与其理气观相应的人性观。

朱熹利用传统的“气禀说”，认为气禀的“精粗”“通塞”决定了人物之分。作为禀气而生的人，其贵贱、贫富、寿夭都取决于其所禀得之气。气禀的“昏明”“清浊”决定了圣凡、智愚之别；气禀的多少、厚薄则决定了贵贱、贫富之分。“禀得精英之气，便为圣为贤，便是得理之全，得理之正。禀得清明者便清爽；禀得敦厚者便温和；禀得清高者便贵；禀得丰厚者便富；禀得久长者便寿；禀得衰颓薄浊者便为不肖、为贫、为贱、为夭。”（《朱子语类》卷四）

朱熹在“天命之性”和“气质之性”的基础上，与此相应，引入“道心”和“人心”两个概念。“道心”出于“天命之性”，来源于“性命之正”，是至善的。人人都有天赋的善性，即便是小人也同样有“道心”。“人心”则生于“气质之性”，来源于“形气之私”，即口、身、鼻、目、四肢等私欲，所以有善与不善。人人都有“形气之私”，故君子也有“人心”。

“道心”和“人心”之别，就提出了一个问题，即如何使“人心”服从“道心”，使“道心”常为一身之主的问题。这是如何保存心中之天理，即善本性的问题。

六、朱熹提出：“存天理，灭人欲。”

朱熹认为，保存心中的天理，就是恢复自己的本性，就是保持自己的“道心”。要保存天理，保持“道心”，就必须去掉那蒙蔽了天理的东西，也就是恶的“人心”，这就是人欲。因此，恢复本性的过程，就是存天理、去人欲的过程，这是使人们“气质之性”回归“天命之性”的问题，也是克己复礼的过程。依朱熹所说，礼就是理，是理之节文。复礼，就是复理，就是恢复本性。

理、欲关系一直都是儒家思想的重要论题。天理，人欲之分首见于《礼记·乐记》。其中把天理、人欲作为一对对立的伦理范畴提出来：“人生而静，天之性也。感于物而动，性之欲也。物至知知，然后好恶形焉。好恶无节于内，知诱于外，不能反躬，天理灭矣。夫物之感人无穷，而人之好恶无节，则是物至而人化物也。人化物也者，灭天理而穷人欲者也。”《乐记》认为，天理与人欲是相对应的，人易受外物的影响而好恶无节，就会人欲横流而天理灭绝。先秦时期的儒家思想，一般肯定“饮食男女，人之大欲”，肯定人欲一定的正当性与合理性，并认为在一定程度上，人的正当合理欲望正是道德规范和道德原则的出发点。同时提倡，当人欲与天理冲突时，人欲应服从天理。一个人不能无限制地放纵自己的欲望，而要把自己的欲望限制在合理有限的范围内，要靠礼义道德来调节人的欲望。汉儒董仲舒提出，“正其谊不谋其利，明其道不计其功”，把理、欲关系对立起来，但也不是此消彼长的绝对对立关系，道、利之间有相互联系的一面。由此可见，在宋代以前，理、欲关系并非是绝对对立的，其基本主张是“以理节欲”。到了宋代，在程朱理学那里，天理和人欲的关系却走向了极端，成为截然对立的、不能相容相成的东西。

朱熹就认为，天理与人欲是相互对立，此消彼长，不可并存的。“人只有天理、人欲两途，不是天理，便是人欲……克得那一分人欲去，便复得这一分天理来。”（《朱子语类》卷四十一）“人之一心，天理存，则人欲亡。人欲胜，则天理灭，未有天理人欲夹杂者。”（《朱子语类辑略》卷三）“人只有个天理人欲，此胜则彼退，彼胜则此退，无中立不进退之理。”（《朱子语类》卷十三）在这种情况下，他提出：“一事不到，则天理便隔绝于一事之下；一刻不贯，则天理便隔绝于一刻之中。”（《朱子语类》卷四十四）因此，“天理”不会自发“扩充”，只有“革尽人欲”，才能“复尽天理”。因此，朱熹认为致学的目的就在于“存天理、灭人欲”。“革尽人欲，复尽天理，方始是学。”

不过，尽管朱熹把天理与人欲截然对立，但他还是通过对“天理”“人欲”的辩证统一给人的基本物质欲望留下了一席之地。朱熹说：“日用之间莫非天理。”（《朱子语类》卷四十）“饥便食，渴便饮，只得顺他。穷口腹之欲，便不是。盖天只教我饥则食，渴则饮，何曾教我穷口腹之欲？”（《朱子语类》卷九十）他认为饥食、渴饮是天所教我，亦即天理所然，但穷其欲则违背了天理。朱熹更明确地说：“饮食者，天理也。要求美味，人欲也。”（《朱子语类》卷十三）可见，朱熹并不完全否定人的客观物质需要和欲望，但他强调必须以理来限制、节制欲望，不知节制的欲望，才是与天理相悖的应灭之人欲。[1]

在政治方面，朱熹把传统儒家关于君主在施行仁政时的中心地位和关于正君心的重要性的主张概括为："正君心是大本。"

朱熹说："天下事有大根本，有小根本，正君心是大本。"（《朱子语类》卷一〇八）

在朱熹看来，正君心是人心与道心的理论要求。

第一，之所以要正君心，是因为君主之心也有可能不正；所以必须正君心，做臣子的有正君心的任务，做君主的有加强自我修养以保证自己的心常保持仁心，即道心常为一身之主，做到君心正的义务。

朱熹说：

> 盖自上古圣神继天立极，而道统之传有自来矣。其见于经，则"允执厥中"者，尧之所以授舜也；"人心惟危，道心惟微，惟精惟一，允执厥中"者，舜之所以授禹也。尧之一言，至矣，尽矣！而舜复益之以三言者，则所以明夫尧之一言，必如是而后可庶几也。
>
> 盖尝论之：心之虚灵知觉，一而已矣，而以为有人心、道心之异者，则以其或生于形气之私，或原于性命之正，而所以为知觉者不同，是以或危殆而不安，或微妙而难见耳。然人莫不有是形，故虽上智不能无人心，亦莫不有是性，故虽下愚不能无道心。二者杂于方寸之间，而不知所以治之，则

[1] 丁小萍著：《中国古代政治智慧》，浙江大学出版社2005年版，第196—200页。

危者愈危，微者愈微，而天理之公卒无以胜夫人欲之私矣。精则察夫二者之间而不杂也，一则守其本心之正而不离也。从事于斯，无少间断，必使道心常为一身之主，而人心每听命焉，则危者安、微者著，而动静云为自无过不及之差矣。

夫尧、舜、禹，天下之大圣也。以天下相传，天下之大事也。以天下之大圣，行天下之大事，而其授受之际，丁宁告戒，不过如此。则天下之理，岂有以加于此哉？（《四书章句集注·中庸章句序》）

以上一大段是在理学中极为有名的话。它包含了以下几项重要的内容：

（1）提出了传道与传心之说。所谓传道就是传道统。韩愈提出尧舜禹道统相传，至孟轲之死而不得其传，但韩愈没有提出传心之说。朱熹始阐传心之说。他认为“人心惟危，道心惟微，惟精惟一，允执厥中”，就是所谓十六字传心诀。所谓传道即传心，传圣人之学与其道，即是传圣人之心。

（2）区别人心与道心。朱熹说心是人人共有的，但其中有人心、道心之别。道心乃源于性命之正，人心则生于形气之和。这并不是说一个人有两个心，其为“心之虚灵知觉，一而已矣”。每个人都有人心、道心，虽上智不能无人心，虽下愚不能无道心。人们应当审慎地区别人心与道心，使二者不杂，坚守道心之正而不离。这就要通过不间断地修养，使道心常为一身之主，而人心听命于道心，就可以使人心由危而安，道心由微而著，言语行动起来，恰到好处，无过也无不及了。

（3）君心与常人一样不可以没有修养。既然人人皆有人心与道心，而人心与道心有别，包括上智在内，即使像尧舜禹这样的既是贤君又是圣人的君主也不能例外，他们的心也不全是道心。因此有可能存在不正的东西，更不用说是后代的君主了，因此格君心之非就是不可避免的事了，也就是说，修身对于每一个君主均是必要的。只有坚持修身，才可以使天理之公胜人欲之私。

（4）传道、传心的问题，也就是正君心问题，它是国家能否治理好的一件最大的事。所以，尧舜禹在他们传禅帝位时，才以此叮咛告诫接替他们帝位的人。

关于人心道心之辨，朱熹晚年在注《尚书·大禹谟》时，有进一步的解释。

他说：

> 心者，人之知觉，主于身而应事物者也。指其生于形气之私者而言，则谓之人心。指其发于义理之公者而言，则谓之道心。人心易动而难反，故危而不安。义理难明而易昧，故微而不显。惟能省察于二者公私之间以致其精，而不使其有毫厘之杂。持守于道心微妙之本以致其一，而不使其有顷刻之离。则其日用之间，思虑动作，自无过不及之差，而信能执其中矣。（《朱子大全文集》卷六五，《尚书·大禹谟》注）

这个注，可以帮助我们进一步理解朱熹关于人心道心的思想，特别是关于人心为什么会“危而不安”，道心为什么会是“微而不显”，朱熹在这里讲得更为清楚。

从以上朱熹关于人心道心之辨，可以看到他已经从他所理解的人的本质，从所谓自然道理，从政治伦理的角度上，阐释了为什么要正君心，正君心的任务是怎样提出来的问题。至于为什么正君心是治道的大本，这里虽然也已提到，但还没有展开阐释。

为什么说正君心是治道的大本？

朱熹是从两个方面展开对这一个问题的进一步阐释的。

朱熹指出："天下国家之大务，莫大于恤民。"（《朱文公文集·庚子应诏封事》）"天下之纪纲不能以自立，必人主之心术公平正大，无偏党反侧之私，然后有所系而立。"（《宋史·道学三》）要达到这个目的，君主就必须修德以正心。一方面，只有君心正了，政事才能正，君心如不正，他底下的臣子，虽可以在处理政事上帮他改正错误，但是这一事纠正了，在另一事上可能又犯了；这一个人用得不当，帮助他去掉了，他可能又用了另一个不该用的人。君主的错误将是纠不胜纠。而且，还要估计到君主根本不听谏的可能性。如果不听谏，连帮他纠正也不可能。为了从根本上解决问题，就只有"格君心之非"，使君心正。朱熹在《孟子集注》中，引用了一段程子的话，以注什么叫"格君心之非"，为什么要"格君心之非"，以此阐述自己的观点。

程子曰："天下之治乱，系乎人君之仁与不仁耳。心之非，即害于政，不待乎发之于外也，昔者孟子三见齐王而不言事，门人疑之。"孟子曰："我先攻其邪心，心既正，而后天下之事可从而理也。"夫政事之失，用人之非，知者能更之，直者能谏之。由然非心存焉，则事事而更之，后复有其事，将不胜其更矣；人人而去之，后复用其人，将不胜其去矣。是以辅相之职，必在乎格君心之非，然后无所不正；而欲格君心之非者，非有大人之德，则莫之能也。（《四书章句集注·孟子集注卷七·离娄章句上》）

总之，“君仁莫不仁，君义莫不义，君正莫不正。”（《孟子·离娄上》）君心正，政才得正，君主有仁心，才有仁政。这就是朱熹为什么讲治道以正君心为大本之第一个理由。朱熹认为，这个结论不仅是符合逻辑的，而且也是为历史所已经证实了的。他在平日与弟子的言谈中，就曾多次有所引证。

与君主正心问题密切联系的，还有一个心术问题。

朱熹的所谓心术相当于他讲的本领。他认为心术直接影响本领，本领即在心术。心术正，本领大；心术不正，本领就小。只有心术正、本领大的君主，才能施仁政，行王道，为尧舜之君。否则，虽有智谋、有能力，也只能为管仲、齐恒，为汉祖、唐宗。关于朱熹这方面的言论，《朱子语类》中记载的很多。例如：

问管仲小器。曰：“只为他本领浅……大凡自正心、诚意，以凡平天下，则其本领便大。……管仲资禀极高，故见得天下利害都明白，所以做得许多事。自刘汉而下，高祖太宗亦是如此，都是自智谋功力中做来，不是自圣贤门户来，不是自自家心地义理中流出。”（《朱子语类》卷二五）

太宗后来做处尽好。只为本领不足，与三代便别。（《朱子语类》卷一三四）

朱熹还认为，一个人如果心术不好，即使是有礼乐制度，也不能发挥作用。

他说：

> 圣人救世之心虽切，然得做便做，做不得便休。本领更全在无所系累处。有许大本领，则制度点化出来都成好物。故在圣人则为事业。众人没那本领，虽尽得他礼乐制度，亦只好小屋收藏器贝，宝塞都满，运转都不得。(《朱子语类》卷十四)

朱熹在这里明白地讲了本领如何在心术。心术好，本领就大；反之，就是没本领。

心术的状况还牵涉到君道与师道的统一问题。

在传统儒家思想中，君道与师道是统一的，称作之君，作之师。但朱熹认为既为君又为师是有条件的，这就是做君主的，必须君心正，能明明德，能亲民，否则就不能有师道，不能把君道与师道统一起来。所以，他又说：

> 自秦汉以来，讲学不明。世之人君，固有因其才智做得功业，然无人知明德亲民之事。君道间有得其一二，而师道则绝无矣！(《朱子语类》卷十三)

在朱熹看来，无师道，为君者仅凭才智以成功业，就决不能有理想的君道，其功业充其量也不过是霸者之业，而不可能是王道仁政。因此，这也就不是朱熹的理想。

以上主要是从心政的关系上论证正君心是治国的大本。

另一方面，正君心之所以是治国的大本，还由君主在一国中的地位和作用所决定。朱熹是“君权天授”论者，又是“君权天理论”的主张者。他在《大学章句序》中写道：

> 盖自天降生民，则既莫不与之以仁义礼智之性矣。然其气质之禀或不能齐，是以不能皆有以知其性之所有而全之也。一有聪明睿智能尽其性者出于其间，则天必命之以为亿兆之君师，使之治而教之，以复其性。此伏羲、神农、黄帝、尧、舜，所以继天立极，而司徒之职、典乐之官所由设也。（《四书章句集注·大学章句序》）

在这里，朱熹除了以他的理气心性的观点说明教育的必要性外，还讲了君主的起源、君主在国家中的地位与作用，以至整个国家机器设立的目的。

在朱熹看来，君主是受天命以为亿兆之君师的。君对民的影响很大，是国家治乱之所系，其地位朱熹又称之为“以一身托乎兆民之上”。“君者表也，民者影也，表正则影无不正矣，君者源也，民者流也，源清则流无不清矣。”（《朱子大全文集》卷十五，《经筵讲义》）

正是基于“论学便要明理，论治便须识体。”（《朱子语类》卷九五）的认识，朱熹十分重视强调识大体，抓根本，把正君心作为整个治国纲领的出发点和核心。人君一身即是天下国家之本，而人君的行止又决定于君心，所以抓根本就是抓正君心。“正心以正朝廷，正朝廷以正百官，正百官以正万民，正万民以正四方。”（《朱文公文集》卷六十七）这就是朱熹理学治国纲领的出发点。

朱熹之学，被人归结为正心诚意之学，朱熹自己对这个归结也深以为然。如前所述，朱熹认为，“存天理，灭人欲”就是治国之本。

至于如何才能做到“存天理，灭人欲”，朱熹主张以“格物致知，正心诚意”为去欲之方。他的格物穷理的道德目的，就是要实现封建道德的准则，使人能“革尽人欲，复尽天理”，达到穷理与尽心的统一，成为心与理想合一的圣贤。

“格物致知，正心诚意”是一个古老而常新的哲学命题。它最早出现于《礼记·大学》中。《大学》开篇即说：

> 大学之道，在明明德，在亲民，在止于至善。知止而后有定；定而后能静；静而后能安；安而后能虑；虑而后能得。物有本末，事有终始。知所先后，则近道矣。古之欲明明德于天下者，先治其国；欲治其国者，先齐其家；欲齐其家者，先修其身；欲修其身者，先正其心；欲正其心者，先诚其意；欲诚其意者，先致其知；致知在格物。物格而后知至；知至而后意诚；意诚而后心正；心正而后身修；身修而后家齐；家齐而后国治；国治而后天下平。自天子以至于庶人，壹是皆以修身为本。其本乱而未治者否矣。其所厚者薄，而其所薄者厚，未之有也。

朱熹十分重视格物致知论，并且将它作为构筑其理学体系的思想方法。在此基础上，他明确提出了以《大学》的“三纲八目”作为治国纲领的政治主张。

“三纲”，即明明德，亲民，止于至善。“明德”，指人本来清明、未被物欲所蒙蔽的德行。“明明德”，是使蒙蔽的清明德行重新清明起来。“亲民”，即用自己的清明之德，使天下人都清明纯净起来，做到日新，日日新，更日新。“止于至善”，即达到至善至美之境界，具体来说就是为人君至于仁，为人臣至于敬，为人子至于孝，为人父至于慈，与国人交往至于信的所谓儒家一套社会规范与社会秩序了。

八目是：格物、致知、诚意、正心、修身、齐家、治国、平天下。

朱熹以“三纲”之中的“明明德”为纲中之纲，即以君主的正心为治国的本源性功夫。同时，他又以八目中的修身为本，修身就是诚意己心。他试图通过澄清端正君心的功夫，使君主达到人格完善的境界，以身教引导下效，以此来成就他理想中的王道政治。

绍兴三十二年（1162年），他在《壬午应诏封事》中向宋孝宗建言治国大政时说：“帝王之学必先格物致知以极夫事物之变，使义理所存，纤悉毕照，则自然意诚心正，而可应天下之务。”（《宋元学案·晦翁学案》）

《大学》中的“八目”，以修身为本，格物致知、诚意正心为修身之方，齐家、治国、平天下则是修身之结果。如果说“正心诚意”是修身即“灭人欲”之方，那么，“格物致知”则是“正心诚意”之方。

朱熹在《大学章句序》指出，人们之所以不能保持自己本来的善性，原因之一是“不能皆有以知其性之所有”。因为不能知，所以不能全性；为了全性，首先必须知。这是朱熹特别强调格物、致知的真正目的之所在。

朱熹认为，所谓“格物”，就是指穷尽事物之理，通过研究认识事物，彻底认识其中所包含的道理；所谓“致知”，就是指扩大自己的认识，穷究一切道理，以求达到认识的极致境界。

朱熹所说的“格物”，原则上是格一切物，既包括有形的自然物，又包含社会现象和道德人伦。他说：“格，至也。物，犹事也。穷至事物之理，欲其极处无不到也。”“致，推极也。知，犹识也。推极吾之知识，欲其所知无不尽也。”（《四书章句集注·大学章句》）“如《大学》《中庸》《语》《孟》四书，道理粲然，人只是不去看，若理会得此四书，何书不可读，何理不可究，何事不可处？”（《朱子语类》卷十四）由此可见，朱熹提出的“格物致知”是一种要求人们养成“涵养心性”的功夫。

在朱熹看来，人心的灵明，都是有知的，而天下的万物，都是有理的，“格物致知”的目的即是“穷理”，理是不生不灭、永恒不变的。一旦有一天豁然贯通，大彻大悟，做到了“穷理”，就可以达到“顺理以应物”的境界，人们就可以在认识世界与改造世界中达到自由自在的地步。

朱熹所谓格物的一个意义就是读书，特别是读儒家的经典。他认为，通过读书就能学到圣贤的思想，就能用圣贤的思想去观察和了解客观的世界。

朱熹说："为学之道，莫先于穷理；穷理之要，必在于读书。"（《朱文公文集·甲寅行宫便殿奏札》）"读书以观圣贤之意，因圣贤之意以观自然之理。"（《朱子语类》卷十）"圣人言语皆枝枝相对，叶叶相当。不知怎生排得恁地整齐。今人只是心粗，不仔细穷究。若仔细穷究来，皆字字有着落。"（《朱子语类》卷十）"格物只是穷理，物格即是理明。"（《朱文公文集》卷三十）"格物，是物物上穷其至理。"（《朱子语类》卷十五）"致知，所以求真知，真知是要彻骨都见得透。"（《朱子语类》卷十六）"穷理须是穷得尽，得其皮肤是表也，见得深奥是理也。知粗而不知其精，皆不可谓之格，故云表里粗精无不尽。"（《朱子语类》卷十八）朱熹要求人们不脱离日常实际生活格物，要求对事物的大小粗精进行周密的考虑，他的方法论在历史上产生了很大的影响。

朱熹还指出："格物致知"的具体方法是"主敬"，即"居敬穷理"。所谓"居敬穷理"，就是要自始至终使自己保持一种恭敬警惕专一的心态，竭力体察认识事物之"理"，力争回归合于"理"的状态。朱熹说："学者功夫，惟在居敬穷理二事，此二事互相发。能穷理，则居敬功夫日益进。更居敬则穷理功夫日益密，譬如人之两足，左足行则右足止，右足行则左足止。"（《朱子语类》卷七）强调持敬的主体修养，使朱熹的认识论的伦理学意义更为突出，气味更为浓厚，伦理本位主义更为突出。

在修养功夫方面，朱熹主张"主敬涵养"；他不仅发展了程颐"涵养须用敬"的思想，也吸收概括了程门弟子及他自己的修养体验。朱熹的"主敬"理论突出强调了"未发"，即人在无所思虑及情感未发生时，仍须保持一种收敛、敬畏和警觉的心理状态，最大限度的平静思想和情绪，这样就可以涵养一个人的德行。此外，朱熹也注意人在动的状态中的“主敬”，这贯穿于“未发”和“已发”、知和行的全过程。而人们学习和道德修养的目的，朱熹认为就在于“存天理，去人欲”。一方面，这一结论有维护政治统治秩序的意味，但另一方面，在伦理学上也有用理性原则来作为社会普遍道德法则的意义。[1]

总之，孔学是孔学，汉学是汉学，宋学是宋学。宋学非常丰富，朱熹只是宋儒中一个典型代表人物而已。在继承儒家学说方面，朱熹首创“道统”二字，从形式上完善了儒家学说的传授体系。他提出“十六字心传”说，即“人心惟危，道心惟微，惟精惟一，允执厥中”，高度提炼并丰富了儒家道统说的内涵。在前人的基础上，他把《春秋》大义概括为“正谊不谋利，明道不计功；尊王，贱伯，内诸夏，外异狄”（《朱子语类》卷八十三），这对后世史学观产生了十分重要的影响。朱熹是继孔子、董仲舒之后对中国思想文化与政治生活影响最大的思想家、哲学家、教育家，他不仅改造和发展了先秦、汉以来的传统儒家学说，还继承和发展了北宋兴起的新儒家学说，他集儒家学说之大成，亦因其学问博大精深、内涵丰富，接近现实生活，有利于统治者巩固稳定其统治，从而对中国封建社会后期的政治实践与民众的社会生活都产生了重要的影响，成为中国传统文化发展的又一个新的里程碑。

[1]　丁小萍著：《中国古代政治智慧》，浙江大学出版社 2005 年版，第 202—203 页。

结语　民族复兴离不开孔学

在20世纪的近百年中，因为儒学与孔学不分等因素，孔学遭到人们的误解，受到了前所未有的批判。人们在清算批判儒学的同时将矛头对准孔学，将它视作阻碍中国社会进步的障碍，恨不得置之死地而后快，可以说是将孩子与污水一起倒掉。可是，随着时间的前进、实践的需要，现在发现我们的发展离不开传统时，又想将这个孩子捡回来。

李泽厚先生在论传统、论儒学对中国社会的影响时说过这样一段话：

> 真正的传统是已经积淀在人们的行为模式、思想方法、情感态度中的文化心理结构。儒家、孔学的重要性正在于它已不仅仅是一种学说、理论、思想，而是演化浸透在人们生活和心理中了，成了这一民族心理、国民性格的重要因素了。广大农民并不熟悉甚至不知道孔子，但孔子开创的那一套通由长期的宗法制度，从长幼尊卑的秩序到“天地君亲师”的

牌位，早已浸透在他们遵循的生活方式、风俗习惯、观念意识、思想感情之中。其他理论、学派，如老子、庄子、道家、佛教，都未能有这种作用和影响。

传统既然是活的现实存在，而不只是某种表层的思想衣装，它便不是你想扔掉就能扔掉、想保存就能保存的身外之物。所以，只有从传统中去发现自己、认识自己从而改换自己。[1]

孔学在今日中国的现实状况，何尝不是如此呢？

两千多年来，在官方和民间多重因素的作用下，孔子之学早已经沉浸、融化于国民意识形态的底层，成为一种国民文化心理的现实存在。“正因为它是文化心理的现实存在，已经浸入无意识的深层，这便不是想扔掉就能扔掉，想保存就可保存的身外之物。从而歌颂它如何好，要求全面守住它；或指责它如何坏，主张彻底抛弃它，都没有多少意义。重要的是做清醒的自我意识（包括将无意识予以意识化）和历史的具体分析，以首先了解而后促进它的转化或革新。”[2]

一种学说一旦成为一种文化，成为一种适合国民心理需要的恒久性文化时，它的价值也就是持久性、永恒性的。

孔子之学是集勤奋学习、理性思考、躬行实践三位一体的一种能够代表中国人生活实践的文化价值观念的学说。孔学中所强调的“与天地合其德”“天地人为三才”“天人合一”的宇宙观和强

[1]　李泽厚著：《启蒙与救亡的双重变奏》，载许纪霖编：《二十世纪中国思想史论》上卷，上海东方出版中心 2000 年版，第 101 页。

[2]　李泽厚著：《李泽厚集 · 杂著集》，生活 · 读书 · 新知三联书店 2008 年版，第 151 页。

调积极进取的人生观，等等，都不仅是中华文明中宝贵财富的一部分，而且也是世界文化的一部分。不仅超越了时空限制，而且进而成为世界众多先进文化的“领头羊”。请看下列数项事实：

（1）20世纪80年代，美国出版的《名人年鉴手册》列出的世界十大思想家是孔子、柏拉图、亚里士多德、阿奎那、哥白尼、培根、牛顿、达尔文、伏尔泰、康德。东方只有一个孔子，其他都是西方的名人。

（2）1988年1月，全世界的诺贝尔奖获得者在法国巴黎开会时，有一位诺贝尔物理学奖获得者科学家汉内斯·阿尔文博士（Dr. Hanes Aelven）在闭幕大会上说：“如果人类要在21世纪生存下去，必须回到二十五个世纪以前，去吸取孔子的智慧。”[1]

（3）1993年9月，全世界宗教领袖在美国芝加哥召开宗教会议，会议通过《全球伦理宣言》。宣言中有这么一段话：“这个原则是有数千年历史的宗教和伦理的传统所寻获并持守的：己所不欲，勿施于人！若由正面表达则是：己所欲，施于人！这个终极的、绝对的标准，适用于人生各个范畴，家庭和社会，种族、国家和宗教。”

（4）孔子生日是9月28日，被美国加州定为教师节。还有一些亚洲国家和地区也是以此作为教师节的。

（5）孔子的塑像矗立在美国和德国等国家，孔庙在日本和韩国也很受重视。

（6）中国与五十多个国家合作创办一百多所孔子学院。

[1] 吴德耀：《古今人对孔子的评价》，见《走向世界》1989年第5期。

（7）联合国设立孔子奖。

（8）今日传统文化愈来愈热，孔学压倒其他传统学说一枝独秀，几成显学之势。

（9）习近平总书记在纪念孔子诞辰2565周年国际学术研讨会暨国际儒学联合会第五届会员大会开幕会发表讲话指出："不忘历史才能开辟未来，善于继承才能善于创新。优秀传统文化是一个国家、一个民族传承和发展的根本，如果丢掉了，就割断了精神命脉。我们要善于把弘扬优秀传统文化和发展现实文化有机统一起来，紧密结合起来，在继承中发展，在发展中继承……要坚持古为今用、以古鉴今，坚持有鉴别的对待、有扬弃的继承，而不能搞厚古薄今、以古非今，努力实现传统文化的创造性转化、创新性发展，使之与现实文化相融相通，共同服务以文化人的时代任务。"[1]

集中起来说，孔子学说可以概括为如下十大特征：

（1）强大的文化引领力。从三皇五帝的远古传说到夏商周三代历史文化，孔子都给予了极大的关注、收集、整理与编纂，作为中华元典"六经"的形成，即是最好的说明。

（2）浓厚的道德伦理色彩。孔子以"仁、智、勇"为三达德，在此基础上提出礼、孝、悌、忠、恕、恭、宽、信、敏、惠、温、良、恭、俭、让、刚、毅、木、讷、克己等通过修身进境让人格尽善尽美的方法。

（3）鲜明的人文主义倾向。与所有"轴心时代"文化相比，

[1]《努力实现传统文化创造性转化、创新性发展（2014年9月24日）》，《习近平谈治国理政》第二卷，外文出版社2017年版，第313页。

孔子之学最体现中华文化精神中的现实人文关怀。如果说，苏格拉底追求的是人思想上的转化，耶稣追求的是对上帝意志的绝对奉献，释迦牟尼追求出世的沉思的话，那么，孔子学派则是把希望寄托在对人的平等教育以及以人为本的现世重民主义上面。

（4）天人合一的和谐精神。孔子学派主张天人合一、天人相同，尽人事知天命，“天道远人道迩”，“钓而不纲，弋不射宿”，主张不要过度开发自然，保持一种天人相合的和谐共生关系。

（5）仁政德政的民本思想。在孔子学说里面，“民惟邦本，本固邦宁”的民本思想根深蒂固。孔子主张统治者实行“仁政”“节财”“施实德于民”，反对“苛政”。

（6）入世济世的慈悲情怀。孔子关心民生疾苦，关注社会问题，积极寻找解决的答案。孔子没有“汲汲于名利”，而是一直抱有干政济世、追求人类社会“大同”“小康”的理想，知其不可而为之，苦苦孜孜，坚持不懈。

（7）自强不息、乐观进取的奋斗精神。“天行健，君子以自强不息。地势坤，君子以厚德载物。”孔子以成为“君子”人格自居，热爱生活，信仰坚定，拥有“君子疾没世而名不称焉”的紧迫感与实现人生“立德、立功、立言”的成就感。在人生的沧海中，“乐山乐水乐陶陶”，不管得意或者失意，都尽量保持一种乐观主义、坚定行进的人生态度。

（8）贵和中庸的处世方法。孔子在《论语·学而》中说：“礼之用，和为贵。”《礼记·儒行》中也讲：“礼之以和为贵，忠信之美。”在孔子看来，“和”是宇宙万物存在的基础，是人类社会存在运行的正常状态。治国理政应以“宽以济猛，猛以济宽，政是以和”（《左传·昭公二十年》）“和其民”（《左传·隐公四年》）为治理目标。“中庸”“中和”“中行”“过犹不及”是人们日常生活实践中应该采取的思维方式。

（9）笃学致用的“知行合一”哲学。重视学习和实践是孔子哲学的基础。《论语》从《学而》篇号召人们勤奋学习开始，中经《为政》《里仁》等篇探讨从政、交友、做人、做事，以《尧曰》篇成就圣贤结束。孔子学派通过《论语》启示世人，通过学习掌握入世本领，在社会生活实践中不断丰富自己的文献知识、交友、做事、从政等本领，最终通过努力与坚持，成就自己，成就事业，这是一条正确的人生之路。

（10）“修齐治平”的责任担当精神。孔子学说的基本脉络就是“修身、齐家、治国、平天下”。孔子最讲“修身”，这在《论语》中，此类言行比比皆是。孔子说：“德之不修，学之不讲，闻义不能徙，不善不能改，是吾忧也。”（《论语·雍也》）“子路问君子，子曰：‘修己以敬。’曰：‘如斯而已乎？’曰：‘修己以安人。’曰：‘如斯而已乎？’曰：‘修己以安百姓。修己以安百姓，尧、舜其犹病诸！’”（《论语·宪问》）孔子对治国平天下有着强烈的愿望。他说：“苟有用我者，期月而已可也，三年有成。”（《论语·子路》）通过“修身”途径达到“安百姓”的目标，这就是孔子学派的责任担当之所在。

从一定意义上说，“孔学”经过数千年的千锤百炼，已经成为中华民族核心价值体系中的一个极其重要的文化组成部分，它以其“礼”“仁”“中庸”等核心价值观，深深地根植于中国历史文化和现实人的心理活动之中，具有强烈的普世价值和民族性。我们的任务就是要“坚持古为今用”，努力实现孔学的创造性转化，“使之与现实文化相融相通”，共同服务于今日这个民族复兴的伟大事业。

主要参考文献

冯友兰著:《中国哲学史》，中华书局 1961 年版。

任继愈著:《中国哲学史》，人民出版社 1979 年版。

匡亚明著:《孔子评传》，齐鲁书社 1985 年版。

曲阜师范大学孔子研究所编:《孔子思想研究论集》，齐鲁书社 1987 年版。

李启谦著:《孔门弟子研究》，齐鲁书社 1989 年版。

金景芳、吕绍纲、吕文郁著:《孔子新传》，湖南出版社 1991 年版。

宋衍申、肖国良著:《孔子与儒学研究》，吉林教育出版社 1993 年版。

商聚德著:《孔子的智慧》，河北人民出版社 1997 年版。

赵逢玉著:《仁学探微》，中国矿业大学出版社 2003 年版。

张宗舜、李景明著:《孔子大传》，山东友谊出版社 2003 年版。

林存光著:《历史上的孔子形象》，齐鲁书社 2004 年版。

杨天宇撰:《礼记译注》(上下)，上海古籍出版社 2004 年版。

林语堂著:《中国先哲的智慧》，陕西师范大学出版社 2006 年版。

李零著:《丧家狗——我读〈论语〉》，陕西人民出版社 2007

年版。

孟文通著:《儒学五论》，广西师范大学出版社 2007 年版。

【汉】司马迁著:《史记》，中华书局 2008 年版。

林甘泉主编:《孔子与 20 世纪中国》，中国社会科学出版社 2008 年版。

《十三经注疏》，中华书局 2009 年版。

陈来著:《古代宗教与伦理》，生活·读书·新知三联书店 2009 年版。

庞朴著:《儒家辩证法研究》，中华书局 2009 年版。

陈明著:《文化儒学》，四川人民出版社 2009 年版。

王博著:《中国儒学史》(先秦卷)，北京大学出版社 2011 年版。

【宋】朱熹撰:《四书章句集注》，中华书局 2011 年版。

张锡勤著:《儒学在中国近代的命运》，人民出版社 2011 年版。

孔健编著:《孔子全集》，东方出版社 2012 年版。

何新著:《论孔学》，同心出版社 2012 年版。

干春松著:《制度化儒家及其解体》，中国人民大学出版社 2012 年版。

颜炳罡、彭战果著:《孔墨哲学之比较研究》，人民出版社 2012 年版。

傅佩荣编著:《孔子辞典》，东方出版社 2013 年版。

李木生著:《布衣孔子》，人民出版社 2013 年版。

蔡尚思著:《孔子思想体系》，上海古籍出版社 2013 年版。

梁涛著:《儒家道统说新探》，华东师范大学出版社 2013 年版。

【宋】黎靖德编，黄坤、曹珊珊注评:《朱子语类》，凤凰出版社 2013 年版。

关万维著:《先秦儒法关系研究——殷周思想对立性继承及流变》，上海人民出版社 2015 年版。

陈文洁著:《司马迁之志:〈史记〉之“继春秋”辨析》，华东师范大学出版社 2015 年版。

李长之著:《司马迁之人格与风格》，天津人民出版社 2015 年版。

卞朝宁著:《〈论语〉人物评传》，江苏人民出版社 2015 年版。

栾贵川著:《孔子的修齐治平之道》，社会科学出版社 2016 年版。

杨泽波著:《孟子与中国文化》，上海人民出版社 2017 年版。

钱穆著:《论语新解》，生活·读书·新知三联书店 2017 年版。

钱穆著:《中国思想史》，九州出版社 2017 年版。

钱穆著:《孔子传》，九州出版社 2017 年版。

李长之著:《孔子传》，新世界出版社 2017 年版。

陈鼓应著:《古代呼声》，中华书局 2017 年版。

杨伯峻译注:《论语译注》，中华书局 2017 年版。

韩星著:《走进孔子——孔子思想的体系、命运与价值》，福建教育出版社 2017 年版。

高专诚著:《荀子传》，北岳文艺出版社 2017 年版。

杨海文著:《孟子的世界》，齐鲁书社 2017 年版。

周桂钿著:《中国儒学讲稿》，福建教育出版社 2017 年版。

图书在版编目（CIP）数据

孔学门径／马平安著. —北京：中国工人出版社，2019.6
ISBN 978-7-5008-7186-6

Ⅰ.①孔… Ⅱ.①马… Ⅲ.①儒学—研究 Ⅳ.①B222.05

中国版本图书馆CIP数据核字（2019）第100508号

孔学门径

出 版 人	王娇萍
责任编辑	傅 娉
责任印制	黄 丽
出版发行	中国工人出版社
地　　址	北京市东城区鼓楼外大街45号　邮编：100120
网　　址	http://www.wp-china.com
电　　话	（010）62005043（总编室） （010）62005039（印制管理中心） （010）62379038（社科文艺分社）
发行热线	（010）62005049　（010）62005042（传真）
经　　销	各地书店
印　　刷	三河市东方印刷有限公司
开　　本	880毫米×1230毫米　1/32
印　　张	10.375
字　　数	228千字
版　　次	2019年8月第1版　2019年8月第1次印刷
定　　价	48.00元